Freie Schule I

Herausgegeben von der Arbeitsgemeinschaft Freier Schulen

Soziale Funktion der Freien Schulen in der Bundesrepublik Deutschland

Begründung und Darstellung

Mit einem Vorwort von Georg Picht

2., überarbeitete und ergänzte Auflage

Ernst Klett Verlag Stuttgart

CIP-Kurztitelaufnahme der Deutschen Bibliothek

Soziale Funktion der freien Schulen in der Bundesrepublik Deutschland: Begründung u. Darst. / mit e. Vorw. von Georg Picht. — 2., überarb. u. erg. Aufl. — Stuttgart: Klett, 1976.
(Freie Schule; 1)
1. Aufl. u. d. T. Gesellschaftliche Funktion des freien Schulwesens in der Bundesrepublik Deutschland.
ISBN 3-12-922550-1
NE: Picht, Georg [Vorw.]

2. Auflage 1976

Satz und Druck: Ernst Klett, 7 Stuttgart, Rotebühlstraße 77

Inhalt

3. Dokumentation

Abkürzungsverzeichnis

BVerfG	Bundesverfassungsgericht
BVerfGE	Entscheidungen des Bundesverfassungsgerichts (offizielle Sammlung)
BVerwG	Bundesverwaltungsgericht
BVerwGE	Entscheidungen des Bundesverwaltungsgerichts (offizielle Sammlung)
BFG	Bayerisches Begabtenförderungsgesetz
BVR	Bildungsverwaltungsreform
BW	Baden-Württemberg
DVO	Durchführungsverordnung
EFG	Ersatzschulfinanzierungsgesetz
ESchFG	Ersatzschulfinanzierungsgesetz
EUG	Erziehungs- und Unterrichtsgesetz
GG	Grundgesetz
KMK	Kultusministerkonferenz
NRW	Nordrhein-Westfalen
PrivSchG	Privatschulgesetz
PSchFG	Privatschulfinanzierungsgesetz
RdJB	Zeitschrift „Recht der Jugend und des Bildungswesens“
RP	Rheinland-Pfalz
SchOG	Schulordnungsgesetz
StP	Strukturplan des Deutschen Bildungsrats
VVdDSt	Veröffentlichungen der Vereinigung der Deutschen Staatsrechtslehrer

Vorwort

Die Freien Schulen bilden durch den Reichtum ihrer Motivationen und Erfahrungen, durch ihre erzieherischen Gehalte und durch die Vielfalt ihrer Formen einen nicht wegzudenkenden Bestandteil des deutschen Bildungswesens. Sie haben innerhalb unserer Gesellschaft pädagogische Funktionen übernommen, die das staatliche Schulwesen entweder überhaupt nicht oder nur unzureichend erfüllt, und müssen deshalb in einer demokratischen Gesellschaft als Sektor des öffentlichen Bildungswesens betrachtet werden. Gerade in Deutschland ist dieses breite und weitverzweigte Netz von Schulen, die wir der pädagogischen Initiative autonomer gesellschaftlicher Gruppen oder der Gestaltungskraft bedeutender Erzieher verdanken, von unschätzbarem Wert; denn die Demokratie ist, vor allem auf dem Gebiet des Schulwesens, durch eine ungebrochene Tradition obrigkeitsstaatlichen Denkens und durch das Übergewicht der Bürokratie ständig bedroht. Die Freien Schulen bilden ein Gegengewicht gegen die mächtigen totalitären Tendenzen, die hier noch längst nicht überwunden sind. Gewiß: es ist nicht zu verkennen, daß der Wert dieser Schulen empfindlich dadurch gelitten hat, daß ihre pädagogischen Initiativen immer wieder unter dem Druck der staatlichen Administrationen gebrochen wurden. Ein großer Teil der Reformideen, die heute vom staatlichen Bildungswesen rezipiert werden, sind aus der Arbeit Freier Schulen hervorgegangen; aber durch die Zwangsjacke staatlicher Normierung wurden diese Ideen oft deformiert, und so wurde eine der wichtigsten Quellen pädagogischer Innovation verschüttet. Das dürfen wir uns gerade jetzt nicht erlauben; das Bildungswesen ist auch in Zukunft auf kleine und bewegliche Zellen angewiesen, die auf die rapiden Veränderungen, die zu erwarten sind, durch die Entwicklung neuer Erziehungsmodelle antworten können. Deshalb muß eine demokratische Schulreform auch die gesellschaftlichen und pädagogischen Funktionen der Freien Schulen neu durchdenken; sie müssen weiter ausgebaut und gefördert werden und müssen die Möglichkeit erhalten, sich von den obrigkeitsstaatlichen Zwängen zu emanzipieren, in denen sie bisher gefesselt waren.

Der vom Deutschen Bildungsrat vorgelegte Strukturplan für das Bildungswesen hat auch für die Freien Schulen eine neue Situation geschaffen. In diesem Plan sind zwei entgegengesetzte Tendenzen in einer für die heutige Bewußtseinslage der Bundesrepublik höchst charakteristischen Weise miteinander verschmolzen. Einerseits wird ein – freilich partikulärer – Ausschnitt der Reformpädagogik auf eine bisher noch nicht erreichte Stufe gehoben; andererseits kulminieren in diesem Plan bestimmte reaktionäre Traditionen des kontinentaleuropäischen Erziehungssystems. Durch seinen fortschrittlichen Gedankengehalt erreicht der Strukturplan ein pädagogisches Niveau, das auch für die Freien Schulen neue Maßstäbe setzt. Auch die Freien Schulen werden also durch die jetzt endlich eingeleitete Schulreform zu einer tiefgreifenden Umgestaltung gezwungen werden. In seinen reaktionären Aspekten erweist sich hingegen der Strukturplan für die Freien Schulen als eine tödliche Gefahr. Es sind in ihm die Hebel eingebaut, die das freie Schulwesen durch Gleichschaltung oder finanzielle Auszehrung zu Fall bringen können. Reaktionär ist der Strukturplan dadurch, daß er (unter sorgfältiger Vermeidung des Wortes „Staat") den Staatsmonopolismus auf eine in Deutschland bisher noch nicht erreichte Spitze treibt. Reaktionär ist er durch seinen einseitigen Intellektualismus. Er organisiert ausschließlich – das aber total – die Steuerung der kognitiven Prozesse, während von Erziehung nur im Vorschulalter die Rede ist und auch „Bildung", sofern dieser Begriff eine Rangordnung geistiger Gehalte impliziert, dem unterschiedslosen Angebot vorpräparierter und ideologiekonformer, also zeitgemäßer „Bildungsgüter" weichen muß. Der Plan sieht vor, daß das gesamte Schulwesen nach dem Modell riesiger Einkaufszentren mit Selbstbedienung organisiert werden soll. Wie diese Einkaufszentren täuscht auch er durch den Anschein nahezu unbegrenzter Wahlfreiheit die Konsumenten des Bildungsangebotes über die faktische Freiheitsberaubung hinweg, die solche Systeme erst ermöglicht.

Jedes Erziehungssystem produziert seine Opfer. Es ist nicht schwer vorauszusagen, wo die Opfer dieses Systems zu finden sein werden. Psychisch labile, affektiv gefährdete, in ihrer Entwicklung gestörte oder bedrohte Kinder und Jugendliche werden in den überdimensionalen Schulorganismen, die hier geschaffen werden sollen, keine Oase mehr finden, in der sie, von personalen Bindungen gehalten, vor den Schrecknissen der *„brave new world"* geschützt werden könnten. Junge Menschen, die nach einem geistigen Zentrum suchen, erfahren in diesem Schulsystem nur noch, daß Geist in der modernen Gesellschaft als organisierendes Prinzip nicht mehr vorgesehen ist. Hier werden zwar Maßstäbe der Effektivität, es werden aber keine Standards mehr vermittelt. Lehrer, die in ihrem pädagogischen Studium begriffen haben, daß jeder Bildungsprozeß zugleich ein Prozeß der Sozialisierung ist, werden in ratloser Frustration entdecken, wie wenig die Planer über die psychologischen Gesetze jener Gruppenbildung nachgedacht haben, auf die jeder intensive Bildungsvorgang angewiesen ist. Das Vakuum, in dem sich das moralische Wachstum der Jugendlichen heute abspielt, wird durch die Modernisierung einer reinen Lern- und Unterrichtsschule nicht ausgefüllt, sondern zementiert. Der Plan ignoriert das bisher ungelöste Problem der Ökologie der Kindheit und Jugend und schließt dessen Lösung durch die Starrheit seiner administrativen Strukturen aus – die Folgen haben die Eltern und die Gesellschaft zu tragen.

Es wäre falsch, wenn man mit diesen Argumenten den Strukturplan bekämpfen oder gar verwerfen wollte. Dieser Plan muß durchgeführt werden, denn auf anderem Wege ist der Bedarf der Gesellschaft an qualifizierten und gut adaptierten Nachwuchskräften nicht mehr zu befriedigen. Aber wenn je ein Schulsystem, so ist dieses auf ein Antisystem angewiesen, das seine Opfer aufzufangen vermag und seine Einseitigkeiten kompensiert. Die Freien Schulen hatten schon immer jene erzieherischen Aufgaben zu lösen, die das staatliche Schulwesen seiner Struktur nach nicht bewältigen konnte. Die Dringlichkeit dieses Auftrages wird sich verschärfen. Das Zentralproblem der nächsten Jahrzehnte wird nicht der *Bildungs*notstand, so ernst er ist, sondern der *Erziehungs*notstand unserer Jugend sein. Hinterzarten 1971 *Georg Picht*

Vorwort zur 2. Auflage

Als das Vorwort von Georg PICHT geschrieben wurde, hatte die Schulreformbemühungen in der Bundesrepublik mit dem Strukturplan des Deutschen Bildungsrates einen bedeutsamen Anfang genommen; bei Erscheinen der 2. Auflage dieses Buches ist die Schulreform vordergründig wegen des Geldmangels, zutreffender aber wegen der unzulänglichen, überstürzten Art ihrer Verwirklichung in eine Krise geraten. Schulreform ohne vorbereitende Veränderungen der Lehreraus- und -fortbildung und ohne gleichzeitige Wandlung der auf massenhafte Gleichförmigkeit ausgerichteten Formen der Schulverwaltungsbürokratie kann sich nicht entfalten. An der theoretischen Bedeutung des Strukturplanes hat sich nichts geändert. Die „totalitären Tendenzen", die Picht auf dem Gebiet des Schulwesens befürchtete, äußern sich in den Jahren der „Mangelverwaltung" anders, aber nicht weniger gefährlich als in den Jahren der perfektionistischen Bildungs- und Schulplanung. Die Zurücknahme staatlicher Leistungen, wie sie der Geldmangel nahelegt, äußert sich vorläufig nur in der Form der Kürzungen der öffentlichen Finanzierung, nicht zugleich auch in der Lockerung der Kontrollen über freie Initiativen im Schulwesen. So gilt der Tenor von Pichts Vorwort heute wie damals, und es ist nicht nur Dokumentation, wenn es auch in dieser Auflage an seinem Platz belassen wird. Berlin 1976 *J. P. V.*

Einleitung

„Freie Schule" – manche mögen diesen Titel als Demonstration oder gar als Provokation verstehen, andere als Utopie. Die Arbeitsgemeinschaft Freier Schulen [1] legt hier ein Programm vor, dem sich etwa 2000 Schulen in der Bundesrepublik verbunden wissen.

Daß sich – wohl das erstemal in der Geschichte des deutschen Bildungswesens – Vertreter aller freien Schulgruppen über unterschiedlichste weltanschauliche und pädagogische Auffassungen hinweg so zusammengefunden und verstanden haben, ist nicht zuletzt ein Ergebnis der wachsenden Kooperation der Schulgruppen in den ersten 18 Jahren des Bestehens der Arbeitsgemeinschaft unter ihren Geschäftsführern Prof. Dr. h. c. Hellmut Becker und Dr. Paul Westhoff. Der Vergleich des gemeinsamen programmatischen Teils 1 mit den Selbstdarstellungen des Teils 2 zeigt die Unterschiede, zugleich aber auch die erreichte Einigung. Das im 1. Teil entwickelte Verständnis von Freier Schule kann bei aller unterschiedlichen Konkretion durch die einzelne Trägergruppe und durch die einzelne Schule verstanden werden als Basis für eine Kommunikation der Schulgruppen untereinander und für ein gemeinsames Begreifen der Funktionen in einem öffentlichen Schulwesen.

Bewußt wird nicht mehr von „Privatschule", sondern von „Freier Schule" gesprochen. Der große Anfangsbuchstabe soll deutlich machen, daß es sich um einen Begriff handelt und nicht um einen überheblichen Anspruch. In dieser begrifflichen Entwicklung kommen ein Wandel im Selbstverständnis der Freien Schule und die Veränderung ihres Standortes innerhalb des gesamten Schulwesens zum Ausdruck. Die Freie Schule nimmt öffentliche Bildungsaufgaben wahr, die der Staat nicht ausreichend oder gar nicht berücksichtigen kann oder will; doch erschöpft sich die Rolle der Freien Schule nicht in dieser Subsidiarität. Vielmehr versteht sich Freie Schule heute als notwendige Gewährlei-

[1] In der Arbeitsgemeinschaft sind folgende Verbände gemeinnütziger Schulen in freier Trägerschaft zusammengeschlossen:
Arbeitskreis katholischer Freier Schulen (Kirchliche Zentrale für katholische Freie Schulen, Köln; Direktorenvereinigung deutscher Ordensgymnasien und Internate; Arbeitsgemeinschaft bayerischer Klöster),
Arbeitsgemeinschaft evangelischer Schulbünde e. V. (die evangelischen Schulbünde in Nordwestdeutschland, Südwestdeutschland und Bayern),
Bund der Freien Waldorfschulen e. V.,
Vereinigung deutscher Landerziehungsheime,
Verband Deutscher Privatschulen e. V.

stung der Vielfalt in einem öffentlichen Bildungswesen. Diese Zusammenhänge werden im 1. Teil näher dargelegt.

Damit ist eine entscheidende Veränderung angedeutet, die sich im Verhältnis des Freien Schulwesens zum staatlichen Schulwesen gegenwärtig vollzieht. Bisher wurde weitgehend die bestehende Form des staatlichen Schulwesens mehr oder weniger unkritisch als Maßstab gesetzt für die Beurteilung der Freien Schule; allerdings verstand sich diese selbst oft allzusehr im Blick auf das staatliche Schulwesen, sei es in der selbstverständlichen Übernahme staatlicher Richtlinien, sei es in der Frontstellung gegenüber der staatlichen Schulaufsicht. Heute muß die Schule – und das gilt für das sich wandelnde staatliche Schulwesen in gleicher Weise wie für die Freien Schulen – grundsätzlich aus den Bedingungen für eine den Menschen in unserer Zeit gemäße Pädagogik konzipiert und beurteilt werden. Es wird darum aufgezeigt, wie dem freien Schulwesen gerade in der pädagogischen Entwicklung der Gegenwart eine besondere – und vielleicht unersetzbare – Bedeutung zukommt, wenn man die Bedingungen für eine optimale Verwirklichung der Pädagogik ernst nimmt. In dieser Darlegung wird bewußt nicht von einer bestimmten Konzeption der Freien Schule ausgegangen; vielmehr geht es darum, von einigen wesentlichen Gesichtspunkten aus zu begründen, daß die Verwirklichung pädagogischen Fortschritts bei adäquater Berücksichtigung der anthropologischen Bedingungen zur Forderung nicht nur nach der Freien Schule, sondern nach einer offeneren Gestaltung des Schulwesens überhaupt führen muß.

Die Aufgabe der Freien Schule, wie sie im 1. Teil begründet ist, muß notwendigerweise in der Gesamtkonzeption unseres Bildungswesens gesehen werden. Eine solche Gesamtkonzeption hat der Deutsche Bildungsrat vorgelegt. Darum wird die Frage „Freie Schulen und öffentliche Reformpläne“ untersucht. Die anspruchsvolle bildungspolitische und pädagogische Zielsetzung des Strukturplanes ist grundsätzlich auch aus der Sicht des freien Schulwesens zu bejahen. Dennoch, oder gerade um der Zielsetzung des Strukturplanes willen, muß eine Reihe kritischer Bedenken angemeldet werden. Die begrüßenswerten Ansatzpunkte in den Aussagen des Strukturplanes und der folgenden Empfehlungen bedürfen der Interpretation, um nicht als Fortsetzung vorher üblicher, nicht angemessener Praxis mißverstanden zu werden.

„Grundzüge eines Rechtes der Schulen in freier Trägerschaft“ werden am Schluß des 1. Teils dargelegt; das hier skizzierte Recht der Freien Schule ist eine Fortentwicklung des geltenden Privatschulrechts aus einem aus der Funktion der Freien Schule abgeleiteten Verständnis der Verfassungsgarantie des Artikels 7 Grundgesetz.

Im 2. Teil folgt eine Darstellung des freien Schulwesens der Bundesrepublik. Die einzelnen Trägergruppen des freien Schulwesens stellen die Theorie ihrer Schulen vor und erläutern sie jeweils durch Berichte einzelner Schulen. Die Darlegung von Theorie und Praxis der Vielfalt des freien Schulwesens will deutlich machen, daß das in Teil 1 erarbeitete Verständnis von Freier Schule keine Utopie ist.
Die Texte von Teil 1 sind vom Vorstand[2] der Arbeitsgemeinschaft Freier Schulen erarbeitet worden, diejenigen von Teil 2 jeweils von den genannten Autoren. Die gesamte Veröffentlichung wurde vom Plenum der Arbeitsgemeinschaft Freier Schulen einstimmig beschlossen.

Für den Vorstand der Arbeitsgemeinschaft

Johann Peter Vogel

---

[2] Mitglieder des Vorstandes sind:
Dr. Joachim Dikow, Ordinariat Münster, und Oberrechtsrat Dr. Richard Fackler, Ordinariat München, für den Arbeitskreis katholischer Freier Schulen;
Prodekan Herbert Bauer, Nürnberg, und Oberstudiendirektor Karl-Heinz Potthast, Sennestadt, für die Arbeitsgemeinschaft evangelischer Schulbünde;
Dipl.-Kaufmann Dr. Karl Obermayr, Wiesbaden, für den Verband Deutscher Privatschulen;
Erhard Fucke, Waldorfschule Kassel, für den Bund der Freien Waldorfschulen;
Dr. Klaus Weidauer, Hinterzarten, für die Vereinigung Deutscher Landerziehungsheime;
Rechtsanwalt Dr. Johann Peter Vogel, Berlin, als geschäftsführendes Vorstandsmitglied.

1. Begründung

Warum Freie Schule?

Freie Schule in der Bildungsgesellschaft

Wandel des Verständnisses

Warum gibt es Freie Schulen? Wozu dienen sie? Bei der staatlichen Schule stellt sich diese Frage nicht; die Antwort liegt in ihrer Bezeichnung „öffentliche Schule“: Sie dient der Öffentlichkeit, dient dem Gemeinwohl. Der gesetzliche Begriff „Privatschule“ deutet das Gegenteil an: Das „Private“ geht die Öffentlichkeit nichts an, kann also nicht mit einem öffentlich geförderten Zweck verbunden sein; es bezeichnet ja gerade das Exklusive und Partikulare. Die Vorstellung von einer „Privatschule als Träger öffentlicher Aufgaben“ stößt also auf einen begrifflichen Widerspruch, so richtig sie in der Sache ist. Nun hat sich seit WYNEKENS „Freier Schulgemeinde“ und Rudolf STEINERS „Freier Waldorfschule“ und darüber hinaus seit 1945 in weitem Umfang der Name „Freie Schule“ eingebürgert, neuerdings auch – etwas umständlicher, aber vielleicht weniger provozierend – die Bezeichnung „Schule in freier Trägerschaft“ [3]. Wir werden die Kurzform „Freie Schule“ verwenden. Der große Anfangsbuchstabe läßt erkennen, daß es sich um einen Terminus technicus handelt, nicht um einen überheblichen Anspruch.

In dem Wandel der Bezeichnung kommt ein Wandel der Rolle zum Ausdruck, die die Freien Schulen innerhalb des gesamten Schulwesens spielen, und damit zugleich ein Wandel in der Art, wie diese Schulen sich selbst und ihre Rolle verstehen. Naturgemäß vollzieht sich ein solcher Wandel nicht einheitlich; denn dem Block der Staatsschule steht nicht die geschlossene Front der Freien Schulen gegenüber, sondern eine Vielfalt von Schulgruppen und Einzelschulen, die ein sehr verschiedenes Verhältnis zu ihrer Eigenschaft als Privatschulen haben. Landerziehungsheime und Freie Waldorfschulen sind ursprünglich im betonten Gegensatz zur ausgebauten Staatsschule des beginnenden 20. Jahrhunderts entstanden; katholische und evangelische Schulen gab es schon vor der Einrichtung der Staatsschule; sie war von Anfang an öffentliche Schule; ein Selbstverständnis als Schule im Gegensatz zur Staatsschule legte sich dort nicht so nahe. All diese Schulen und Schulgruppen aber

---

[3] Jetzt auch gesetzlich in Rheinland-Pfalz: § 1 Privatschulgesetz und §§ 2, 17 Schulgesetz sowie in § 2 Schulgesetz in Baden-Württemberg.

sehen sich heute konfrontiert mit den Veränderungen, die sich gegenwärtig in den Auffassungen von Funktion und Bedeutung von Bildung überhaupt vollziehen. Sie stehen daher gemeinsam vor der Notwendigkeit, Rolle und Aufgabe der Freien Schule aus der heutigen Situation heraus neu zu überdenken und zu formulieren.

Die Funktion der Privatschule neben der öffentlichen Schule

Die Funktion der Privatschule wird vom Gesetzgeber wie folgt definiert: Die Privatschule soll „das öffentliche Schulwesen bereichern und durch besondere Formen des Unterrichts und der Erziehung fördern". Die Interpretation fällt leicht: Die Regelform der Schule ist die öffentliche; auf diesem Hintergrund hebt sich die Privatschule als Sonderform ab. Entsprechend sind Privatschulen – wieder mit den Worten des Gesetzgebers – negativ definiert: „alle nichtöffentlichen Schulen". Die Privatschule hat also ausschließlich subsidiären Charakter: Sie bereichert und fördert die Regelform. Begrifflich wird dies unterstrichen durch die gesetzlichen Bezeichnungen „Ersatz-" und „Ergänzungsschule".

Die Privatschule hat damit eine zwar begrenzte, aber immerhin fest umrissene Existenzberechtigung und besitzt damit eine klare Begründung. Lassen wir das Erscheinungsbild der Privatschule in Vergangenheit und Gegenwart an uns vorüberziehen, so sehen wir uns vor einer vielgestaltigen Fülle von Klosterschulen, Adelsschulen, Bürgerschulen, von Instituten der Mädchen- und der Berufsbildung, Internatsschulen, Sonderschulen, Modellschulen und vielen anderen. Die Schulen und andere Bildungseinrichtungen entsprachen den sozialen Schichten und Gruppen, ihren Bedürfnissen und Ansprüchen. Auch die fürstlichen Schulen waren gewissermaßen Privatschulen des Landesherrn, der an dem Nachwuchs für Verwaltung, Rechtsprechung und andere Aufgaben interessiert war. Gewiß sah sich der Landesherr auch vor einer gewissen Verantwortung für das allgemeine Schulwesen, wie sie in den Schulordnungen seit dem 16. Jahrhundert zum Ausdruck kommt. Er war aber deshalb nicht „Träger", vor allem auch nicht finanzieller Träger der Schulen. Die Einführung der Schulpflicht und ihre sehr allmähliche Durchsetzung im 18. Jahrhundert – nur im Bereich der Elementarbildung und für die unteren Stände – war eine Art Auftakt für das spätere öffentliche Schulwesen. Erst im Absolutismus der „aufgeklärten" Monarchen des späteren 18. Jahrhunderts entwickelte sich die planmäßige Ordnung und Fürsorge auch für das Höhere Schulwesen, und erst seit Anfang des 19. Jahrhunderts wurden die Kultusverwaltungen aufgebaut mit Gesetzgebung und Verordnungswesen für Lehrpläne, Prüfungen, Lehrerausbildung, kurz, es formierte sich das unter staatlicher Verwaltung stehende Schulwesen, freilich fast ausschließlich mit kommunaler Trägerschaft. Nicht davon betroffen waren das gesamte Mädchenschulwesen, das Berufsschulwesen, auch nicht das konfessionelle Schulwesen, das sich nur sehr langsam, meist erst gegen Ende des 19. Jahrhunderts, den staatlichen Bestimmungen unterwarf, um das Recht für staatlich anerkannte Prüfungen und Zeugnisse zu bekommen. Die allgemeinbildenden Schulen mit ihren ständisch bedingten Formen der Volksschule, der Realschule und des Gymnasiums bildeten im wesentlichen den Kreis der öffentlichen Schulen. Alle übrigen gehörten zum Kreis der Schulen, *deren Funktion die Wahrnehmung privater Bildungsaufgaben war, die vom Staat nicht berücksichtigt wurden, weil sie nicht dem allgemeinen Wohl dienten.*

Wenn Adels- und Bürgerschule nicht in die allgemeine Schulpflicht einbezogen wurden, so verdankten sie dies dem hohen Anspruch der Oberschicht an Schule, dem die öffentliche Schule zunächst nicht gewachsen war; damit wurde bereits das Element der Kritik angesprochen, das in der Existenz dieser Schulen immanent enthalten war: Kritik an einer Insuffizienz der öffentlichen Schule. Dieses Element der Kritik lag auch in den Gründungen der Mädchen- und berufsbildenden Schulen; stets trat die Privatschule da auf, wo ein gesellschaftliches Bedürfnis zunächst nicht befriedigt wurde. Besonders deutlich wird diese Kritik in den Programmen der Landerziehungsheime von Hermann LIETZ und Gustav WYNEKEN und der Waldorfschulen Rudolf STEINERS. Hier wurden nicht mehr nur Lücken ausgefüllt, sondern bewußt neue Konzeptionen verwirklicht. Diese Reformschulen waren also nicht eine weiterlebende Form aus älterer Tradition, sondern ein Neueinsatz als kritische Alternative zur sog. öffentlichen Schule. Die gesetzliche Anerkennung dieser Schulen in der Verfassung von 1919 als fruchtbare Anreger für das staatlich verwaltete Schulwesen und damit sozusagen die Stabilisierung einer lebendig verkörperten Kritik war ein bedeutsamer, notwendiger Schritt in der Entwicklung des deutschen Schulwesens, das in der Gefahr stand, immer mehr pädagogische Bereiche unter die unmittelbare Staatshoheit einzubeziehen und darüber seine innere Beweglichkeit zu verlieren.

So ist es zu verstehen, wenn die Gesetzgebung die Privatschulen alter und neuer Gestalt zusammenfaßte und ihnen einen subsidiären Charakter zusprach. Die Privatschule bereichert das öffentliche Schulwesen in der Tat. Aber ihre Funktion ist nicht mehr die Wahrnehmung privater Bildungsaufgaben, die der Staat nicht berücksichtigt, weil sie nicht dem allgemeinen Wohl dienen, *ihre Funktion ist die Wahrnehmung von Bil-*

dungsaufgaben, die der Staat nicht ausreichend oder gar nicht berücksichtigt, weil er dies nicht kann oder will.

Dies ist noch zu erweitern. Hinter dem Interesse an Schule stand der Wille des Landesherrn, geeignete Personen für die sich differenzierenden Aufgaben seiner Machtausübung zu gewinnen. Er war es daher, der zunächst die Schulaufsicht an sich zog, dann in steigendem Maß öffentliche Schulen anbot und ihren Besuch mittels der Schulpflicht erzwang. Heute hat sich die Situation gleichsam umgedreht: Der einzelne hat einen Anspruch auf die ihm gemäße Bildung, und die Gesellschaft ist verpflichtet, diesen Anspruch zu befriedigen. Sie kann dies nur mit einem möglichst differenzierten Schulwesen, das flexibel genug ist, auf die immer neuen, vielfältigen Anforderungen an Bildung zu antworten und zugleich frei zu bleiben von technokratisch perfekter Organisation. Bildung ist in einem umfassenden Sinne eine öffentliche Aufgabe geworden, der alle Bildungsinstitutionen, gleichgültig welcher Trägerschaft, dienen [4]. War schon früher Kompensation fehlender Bildungseinrichtungen durch Privatschulen eine Erweiterung der öffentlichen Schule, die genaugenommen öffentlichen Charakter hatte, so ist heute spontane Initiative auf sich neu eröffnenden Bildungsräumen eine existentielle Frage des öffentlichen Bildungswesens. Sie hat gerade in der Privatschule günstige Voraussetzungen. Mit der Totalität öffentlicher Bildungsaufgaben wird die Frage nach dem Schulträger gleichgültig. Funktion der Privatschule heute ist also – in erneuter Abwandlung der bisherigen Definition – *die Wahrnehmung öffentlicher Bildungsaufgaben, die der Staat nicht ausreichend oder gar nicht berücksichtigen kann.* Hier hat die konfessionelle Bildung ihren Ort; hier haben Experimentalschulen ihre besonderen Möglichkeiten [5]. Die erste Schulgruppe, die die integrierte Gesamtschule mit innerer Differenzierung im Sinne einer Förderung seit 1919 verwirklicht hat, sind die Waldorfschulen – die erste integrierte Gesamtschule ist die Odenwaldschule.

Damit ist aber die bisherige Einstellung von Schulverwaltung und Gesetzgeber grundsätzlich in Frage gestellt. Gegenüber dieser Definition halten weder die Einteilung in Ersatz- und Ergänzungsschulen noch das Institut der Anerkennung für gleichartige Ersatzschulen, noch die restriktive Vergabe von Berechtigungen, noch die beschränkte Subventionszumessung stand. Der Widerspruch zwischen der gesetzlich definierten Funktion der Privatschule und ihrer derzeitigen näheren gesetz-

---

4 Siehe Deutscher Bildungsrat — Empfehlungen der Bildungskommission: Strukturplan für das Bildungswesen. (Die jeweils zitierten Seitenzahlen sind die der Ausgabe des Ernst Klett Verlages Stuttgart, 1. Aufl. 1970).

5 Müller, Konrad: Kulturpolitik und Freie Schule. In: Neue Sammlung. 1969, S. 41 ff.

lichen Ausgestaltung wird gerade in dieser Interpretation besonders nachdrücklich sichtbar [6].

Aber auch diese Definition hält noch immer an der Privatschule als einer gegenüber der Staatsschule subsidiären Einrichtung fest. Das Fragwürdige auch dieser Definition besteht darin, daß, falls der Staat die gesamte Bildung mit einem differenzierten Netz von Schulen ausreichend anböte, die Privatschule ihre Funktion verlieren würde. So unwahrscheinlich es ist, daß eine Staatsschule diese Perfektion erreichen wird, so unbefriedigend bleibt doch der theoretische Ansatz einer Funktionsbestimmung der Privatschule, die ausschließlich an den Lücken und Unvollkommenheiten des Staatsschulwesens orientiert ist. Die sich entwickelnden bildungspolitischen Vorstellungen eröffnen heute einen weiteren Aspekt.

Freie Schule als Gewährleistung der Vielfalt im Bildungswesen

Das Infragestellen selbstverständlich einigender kultureller Traditionen, der Anspruch des einzelnen auf weitestgehende Bildung und die Forderung nach Chancengerechtigkeit in der Schule brechen die Einheit des traditionellen Bildungswesens auf. Solange der Staat bestimmte Bildungswege auf der Basis eines gesellschaftlichen Konsenses anbot, konnte er diese Bildungswege relativ gleichartig halten. Freilich zeigte die Föderalisierung der Schulpolitik, daß mindestens landschaftlich die Bildungsvorstellungen unterschiedlich waren. Versuche, über die Kultusministerkonferenz möglichst viel Einheit zu retten, wurden durch Alleingänge einzelner Länder immer wieder in Frage gestellt. Das war nicht bloßer föderalistischer Übermut, sondern vor allem Ausdruck der Vielfalt, die dem Bildungsprozeß seinem Wesen nach anhaftet.

In dem Maße, wie die Schulpolitik die Bildungsbedürfnisse des einzelnen in den Vordergrund rückte, mußte sich der Zug zu vielfältigen Ausprägungen verstärken. Das äußerte sich in verschiedenen Richtungen: so empfahl der Deutsche Bildungsrat eine verstärkte Selbständigkeit der Schulen und eine Mitsprache der Beteiligten auch bei den zentralen Schulentscheidungen [7]. Wenn er in diesem Zusammenhang ausführt, daß es in der Schule immer um die Frage gehe, „wie allgemeine, gesellschaftlich vorgegebene Ziele mit den konkreten Interessen, Bedürfnissen und Möglichkeiten der Lehrenden und Lernenden vermittelt

---

[6] Näheres dazu in dem Abschnitt: Grundzüge eines Rechtes der Schulen in freier Trägerschaft.

[7] Deutscher Bildungsrat — Empfehlungen der Bildungskommission: Zur Reform von Organisation und Verwaltung im Bildungswesen. Teil I. Verstärkte Selbständigkeit der Schule und Partizipation der Lehrer, Schüler und Eltern. Stuttgart 1973.

werden können", so wird deutlich, daß diese Vermittlung in vielfältiger Weise erfolgen muß. Zum anderen weist EDELSTEIN darauf hin, daß angesichts des geschwundenen gesellschaftlichen Konsenses über die Bildungsangebote „zentrale und hoheitliche Verordnung von Bildungstraditionen prinzipiell fraglich" geworden sei, daß es darüber hinaus nicht möglich sei, Bildungsziele und -gänge entweder nur politisch oder nur wissenschaftlich zu begründen, und, schließlich, daß die verschiedenen wissenschaftlich-kritischen Bildungsvorstellungen genauso wie die politisch legitimierte Zentralgewalt den Normen eines kritischen gesamtgesellschaftlichen Diskurses unterworfen seien [8]. Die Konsequenz ist eine Vielzahl unterschiedlicher Kompromisse. Wenn EDELSTEIN „auf der universalistischen Geltung von Curricula ebenso besteht wie auf der Kritik am Legitimitätsmonopol des Staates", so weist er – wie übrigens auch der Bildungsrat – darauf hin, daß eine öffentliche Legitimation der Curricula notwendig ist und daß Bildungsalternativen *gleichwertig*, nicht *gleichartig* sein müssen.

So ergibt sich das Bild eines gewandelten Bildungswesens: aus einem einheitlichen Staatsschulsystem, dem die Privatschulen subsidiär zugeordnet waren, wird sich ein öffentlich verantwortetes Schulwesen entwickeln müssen, bestehend aus einer Vielfalt mehr oder weniger selbständiger Schulen [9]. Angesichts dieser – staatlichen wie privaten Schulen – gemeinsamen Vielfalt verblaßt die Bedeutung der Unterschiedlichkeit in der Trägerschaft. Entscheidend wird vielmehr das Kriterium der *Gleichwertigkeit* bei der Qualifikation der unterschiedlichen Bildungsangebote sein. Maßstäbe für die Gleichwertigkeit ergeben sich aus den öffentlich verantworteten Rahmen [10]. Die erforderliche Vielfalt der Bildungsangebote kann freilich nur durch die Beteiligung freier Initiativen erreicht werden. Im Bereich der staatlichen Schulen müssen die freien Initiativen über eine weitgehende Partizipation der Beteiligten an den Entscheidungen ermöglicht werden. In der Privatschule erreicht die freie Initiative ihre institutionell stärkste Ausprägung. Die Privatschule wird damit zu einem konstitutiven Bestandteil des öffentlichen Bildungswesens. Angesichts dieser Funktion der Privatschule in einem öffentlichen Schulwesen wird ihre Bezeichnung falsch und irreführend. Weder ihre Funktion noch ihr Bildungsangebot ist „privat"; selbst ihre

8 Edelstein, W.: Diskursive oder ideologische Legitimation durch Wissenschaft — Überlegungen zur neueren Rahmenrichtlinien-Diskussion in der Bundesrepublik. In: Neue Sammlung. 1974, S. 133 ff.

9 Siehe die Empfehlung des Deutschen Bildungsrats zur Bildungsverwaltungsreform (Anmerkung 7).

10 Näheres dazu in „Freie Schule II". Öffentliche Verantwortung und freie Initiative. Herausgegeben von der Arbeitsgemeinschaft Freier Schulen. Stuttgart 1972.

Trägerschaft ist, wenn sie gemeinnützig ist, kaum noch „privat“ zu nennen. Zutreffender ist – in Analogie zum freien Wohlfahrtsverband oder zum freien Krankenhaus – die Bezeichnung „Schule in freier Trägerschaft“ oder, kürzer, „Freie Schule“. Rheinland-Pfalz und Baden-Württemberg haben die Bezeichnung „Schule in freier Trägerschaft“ inzwischen in ihren Schulgesetzen eingeführt [11].

Für ein Schulwesen, das den Bildungsanspruch des einzelnen in den Mittelpunkt stellt, ergibt sich die Vielfalt der Bildungsangebote nicht zuletzt aus der Sache, um die es im Bildungswesen geht: aus der Bildung von Menschen. Wo Steuern einzuziehen, Verkehr zu regeln, Renten zu bemessen sind, handelt es sich darum, vom Parlament getroffene Entscheidungen technisch durchzuführen. Im Bereich des Bildungswesens sollen dagegen nicht massenhaft gleichförmige Maßnahmen abgewickelt werden, sondern es soll – mit den Worten Hartmut von HENTIGS – „der in der Industriegesellschaft gute, freie, erkennende Mensch, der diese Beschränkung kennt und sie deshalb zu durchbrechen vermag“ [12], erzogen werden. An anderer Stelle formuliert er: „Die Möglichkeit zum Anderssein, Anderswollen und Andershandeln muß methodisch erhalten werden“ [13], und Paul GOODMAN folgert: „Da die Systemzwänge in der technischen Zivilisation sowohl universal wie rigoros sind, muß unsere Hauptanstrengung darauf gerichtet sein, die Jugendlichen vor Dirigismus zu bewahren, wenn deren Spontaneität und Eigeninitiative in dieser Welt nicht aussterben sollen.“ [14]

Spontaneität und Eigeninitiative – hier kehren als Bildungsziele die Eigenschaften wieder, die in jedem Bildungswesen enthalten sein sollten, aber in der Freien Schule schon von der Institution her potentiell angelegt sind; Bildung ist stets ein Spiegelbild der Schule. Selbst wenn es gelänge, ein staatliches Schulwesen so zu konzipieren und durchzuführen, daß Spontaneität und Eigeninitiative der einzelnen Schule gewährt würden, wäre zu fordern, daß Freie Schulen gleichwohl zu garantieren wären. Keine Demokratie sollte sich der Auseinandersetzung mit freien Initiativen, der konkreten Kritik und der Konkurrenz Freier Schulen berauben, einfach deshalb, weil Technokratie und Systemzwang nur durch Institutionen, die dem System nicht unterworfen sind, durchbrochen werden können. Jedes System hat seine Opfer; kein Staat, der jedem einzelnen einen Anspruch auf höchstmögliche Bildung zuspricht,

---

[11] Siehe Anmerkung 3.

[12] v. Hentig, Hartmut: Systemzwang und Selbstbestimmung. Stuttgart 1969, S. 73.

[13] Ders.: Ein Gesamtplan für die Schule? In: Das 198. Jahrzehnt. Hamburg 1969, S. 457 ff.

[14] Goodman, Paul: Freiheit und Lernen. In: Neue Sammlung. 1969, S. 419 ff.

kann es sich leisten, über die Minoritäten hinwegzugehen, die in diesem System keinen Platz finden können [15].

Es geht nicht darum, die Staatsschule durch ein Privatschulwesen zu ersetzen – dies wäre angesichts des Umfangs des Bildungswesens und der Traditionen des deutschen Schulwesens eine unrealistische Forderung. Es geht auch nicht darum, die Notwendigkeit von Teilhabe der Öffentlichkeit an der Entscheidung über das, was in der Schule geschieht und wozu Schüler gebildet werden, in Zweifel zu ziehen. Aber es geht darum, bürokratische Erstarrungen und technokratische Versteinerungen, die in jeder Massen- und Monopolsituation auftreten und die gerade im Bildungswesen verhängnisvolle Folgen haben, zu vermeiden. Es geht darum, das gesamte Bildungswesen offenzuhalten für eine Pädagogik in einer demokratischen Gesellschaft und für die Erziehung zu selbstverantwortlichen Menschen. Die Freie Schule hat hier eine wesentliche Aufgabe zu erfüllen. Die Gewährleistung einer gleichwertigen Freien Schule ist deshalb nicht nur eine Frage demokratischen Verfassungsrechts, sie ist vor allem Ausdruck der Bejahung einer Bildung, die befähigt zur autonomen Auseinandersetzung mit den Problemen, den Möglichkeiten und den Gefahren der Industriegesellschaft.

Freie Schule und pädagogischer Fortschritt

Wandlungen im Verhältnis vom staatlichen Schulwesen zur Freien Schule

Die kritische Bestandsaufnahme über die Wirklichkeit unseres Schulwesens, der Vergleich mit den Bildungssystemen anderer Länder und die Neubesinnung auf die fundamentale Bedeutung von Bildung und Schule haben eine grundlegende Reformierung unseres Schulwesens in Gang gesetzt, die auch für die Freien Schulen in verschiedener Hinsicht von Bedeutung ist. Bei der Neugestaltung des Schulwesens von der äußeren Form bis zu den Lehrinhalten und Unterrichtsformen soll bekanntlich die bisherige Pädagogik der Auslese möglichst weitgehend durch eine Pädagogik der Förderung ersetzt werden, die seit langem an verschiedenen Freien Schulen praktiziert wird – wenn auch nicht immer im Sinne der neuen Projekte. Wo heute das öffentliche Schulwesen in einer so grundsätzlichen Weise in Bewegung geraten ist, müssen auch die Freien Schulen z. T. bewußter als bisher ihre pädagogische Konzeption und ihre Stellung in der Gesellschaft bestimmen und formulieren.

---

[15] Becker, Hellmut: Bildungsforschung und Bildungsplanung. Frankfurt a. M. 1971, S. 124, 126.

Bisher beurteilte man die Freien Schulen fast ausschließlich im Hinblick auf ihre Stellung zum staatlichen Schulwesen. Dabei wurde die bestehende Form des staatlichen Schulwesens ohne sachliche Begründung als Maßstab gesetzt. Diese Verhältnisse relativieren sich heute vollständig durch die Veränderung im staatlichen Schulwesen, das selbst nach neuen Maßstäben sucht. Schule kann sich heute nicht mehr wie bisher nur an bestimmten Modellen orientieren; sie muß grundsätzlich aus den Bedingungen für eine der Zeit gemäße Pädagogik konzipiert und beurteilt werden. Das gilt für das sich wandelnde staatliche Schulwesen in gleicher Weise wie für die Freien Schulen.
Vom Gesichtspunkt einer solchen Betrachtung soll im folgenden dargelegt werden, wie dem Freien Schulwesen gerade in den pädagogischen Entwicklungen unserer Zeit eine besondere Bedeutung zukommt, wenn man nach den Bedingungen für eine optimale Verwirklichung der Pädagogik fragt. Bei dieser Darstellung wird bewußt nicht von einer bestimmten Konzeption der Freien Schule ausgegangen; die verschiedenen Formen Freier Schule werden in Teil 2 geschildert. Hier geht es zunächst um etwas Allgemeineres: nämlich von einigen der in Frage kommenden Gesichtspunkte aus zu begründen, daß die Verwirklichung pädagogischen Fortschritts bei genauer Betrachtung der Bedingungen zu einer freiheitlichen Gestaltung des Schulwesens führt. Wenn manches als Utopie erscheint, sollte man sich fragen, inwieweit diese Utopie nicht nur deshalb Utopie ist, weil man die Bedingungen für eine bewußt konzipierte Pädagogik noch nicht zu Ende gedacht hat oder weil man meint, es sei unmöglich, diese Bedingungen in die Praxis überzuführen. Auch wenn die Freien Schulen selbst das Ziel einer solchen freiheitlich konzipierten Pädagogik noch nicht voll erreicht haben, so haben sie einige wesentliche Schritte auf dem Wege zu diesem Ziel getan. Sie wollen vor allem in der heutigen Situation, wenn auch mit verschiedener Nuancierung, an der Realisierung dieser Bedingungen arbeiten.

Der anthropologische Ansatz bewußt begründeter Pädagogik

Im Zentrum der Bestrebungen um eine Neugestaltung des Schulwesens steht heute das Verhältnis von Individuum, Gesellschaft und Schule. Man sieht die Bedeutung der Schule für die individuelle Entwicklung des Menschen und sein späteres Wirken in der Gesellschaft und fordert deshalb mit Recht, die Schule sei so zu gestalten, daß sich in jedem Menschen die Fähigkeiten und Begabungen so entwickeln, daß er sich selbständig und produktiv in das gesellschaftliche Leben hineinstellen kann.
Die Verwirklichung dieses Zieles verlangt zunächst eine bewußte

Grundlegung der Pädagogik, auf der alle weiteren Entscheidungen, z. B. auch die Curriculumentwicklung, aufbauen können. Diese Grundlegung muß von der wohl fundamentalsten pädagogischen Tatsache ausgehen, daß nämlich jede pädagogische Handhabung, also jede Unterrichtsmethode, jeder Unterrichtsstoff und jeder Unterrichtsstil, im heranwachsenden Menschen notwendig zu spezifischen Wirkungen führt, dessen Entwicklung in einer bestimmten Weise beeinflußt. Es resultiert eine bestimmte Ausprägung des menschlichen Daseins, die deutlich macht, wie in allem pädagogischen Wirken implizit anthropologische Vorentscheidungen enthalten sind – auch wenn man sich diese nicht bewußtmacht. Will man sich über diesen Tatbestand, daß jede pädagogische Handlung und Konzeption implizit anthropologische Voraussetzungen in sich birgt, nicht hinwegtäuschen, um bewußt eine neue Pädagogik konzipieren zu können, muß man die anthropologischen Implikationen des pädagogischen Wirkens aufhellen. Ohne solche anthropologische Begründung bleibt die Pädagogik im Banne der unbewußten Vorentscheidungen und erreicht nicht die Ebene wissenschaftlicher Durchdringung. Deshalb entspricht nur eine in diesem Sinne bewußt anthropologisch konzipierte Pädagogik dem wissenschaftlichen Bewußtsein.

Vor allem ist nur eine solche Pädagogik die Gewähr dafür, daß die gesteckten Ziele erreicht werden können und nicht unter Umständen durch unvorhergesehene Nebenwirkungen von vornherein relativiert werden. Es geht also nicht nur darum, wie man die Schüler möglichst optimal zu einem bestimmten Können oder Wissen führt, sondern auch darum, wie die einzelnen unterrichtlichen Vorhaben fördernd oder hemmend auf die Entwicklung der in den Kindern und Jugendlichen liegenden Anlagen und Fähigkeiten einwirken. Ohne solche anthropologische Begründung wird Pädagogik zu funktionaler, operationalisierter Didaktik.

Die Bedingungen für die individuelle Entfaltung des Menschen und sein autonomes, produktives Wirken in der Gesellschaft ergeben sich unter diesen Gesichtspunkten aus folgenden Tatsachen:

– In der modernen Gesellschaft ist jeder Mensch neben seiner beruflichen Tätigkeit vielfältig mit dem sozialen Leben verflochten. Nur dadurch, daß er an den verschiedenen Bereichen des gesellschaftlichen Lebens (demokratische Entscheidungen, kulturelles Leben, mitmenschliche Beziehungen, wirtschaftliche Prozesse usw.) teilnimmt, mitwirkt und mitgestaltet, kann sich seine Persönlichkeit mit ihren verschiedenen Veranlagungen und Fähigkeiten betätigen und entfalten. – Die Schule muß durch ihren Lehrplan auf die Vielgestaltigkeit des modernen gesellschaftlichen Lebens bezogen sein und ein weitgespanntes Verständnis der gesellschaftlichen Prozesse sowie Urteilsfähigkeit für die verschiedenen Gebiete des sozialen Verhaltens begründen.

– Der volle Umfang menschlichen Wirkens ergibt sich erst aus drei Grundfähigkeiten:
Die *Fähigkeit selbständigen Erkennens und Beurteilens* muß über die Sachverhalte aufklären. Verstehen, Erkennen und Beurteilen umfassen allerdings auf vielen Gebieten des Lebens weit mehr als verstandesmäßige Bearbeitung.
Auf der Einsicht in die Tatsachen und deren Gesetzmäßigkeiten muß *sachgerechtes soziales Handeln* aufbauen. Soweit sich dieses nicht in festgelegten Normen erschöpft, erfordert es die *Fähigkeit produktiver Phantasie.* Denn dieses Handeln bezieht sich nicht auf die vorhandene, sondern auf die zu gestaltende Wirklichkeit.
Dieses Handeln sollte sich so in die gegebenen Verhältnisse eingliedern, daß es dem menschlichen Fortschritt dient. D. h., der heranwachsende Mensch muß *fähig werden, seine Handlungen aus dem Bewußtsein moralischer Verantwortung* gegenüber allem, auf das seine Tätigkeit wirkt, zu bestimmen.
Die Schule muß deshalb neben dem auf die Entwicklung der kognitiven Fähigkeiten bezogenen wissenschaftsorientierten Unterricht eine Pädagogik der schöpferischen und der moralischen Bildung enthalten, wenn sie nicht einseitig und insofern unangemessen sein will – sowohl gegenüber dem heranwachsenden Menschen als auch gegenüber der gesellschaftlichen Wirklichkeit.

– Jede dieser Grundfähigkeiten schließt im einzelnen eine Vielzahl seelisch-geistiger Kräfte und Fähigkeiten in sich zusammen. Schon auf einem so engen Gebiet wie dem des intellektuellen Erkennens ergibt sich die volle Leistungsfähigkeit erst dann, wenn sich mit dem verstandesmäßigen Verknüpfen der Fakten unter anderem die Fähigkeiten von Intuition, Phantasie, Erlebnisstärke und -tiefe, Interesse, bewußter Kontrolle der seelischen Prozesse und bestimmte Eigenschaften des Charakters verbinden. Intellektuelles Erkennen entwickelt sich nur dann vollständig, wenn durch einen entsprechenden Unterricht Phantasie, Erlebnisfähigkeit usw. ausgebildet werden. Die Entwicklung dieser Fähigkeiten kann eine besondere Förderung gerade auch durch solche Unterrichtsgebiete erfahren, die nur indirekt mit kognitiven Leistungen zu tun haben (z. B. durch vielseitigen künstlerischen Unterricht). Die kognitive Leistungsfähigkeit entfaltet sich um so reicher, je mehr diese einzelnen Fähigkeiten durch entsprechenden Unterricht spezifisch gefördert werden.

Das gleiche gilt auch für die Ausbildung schöpferischer Kräfte und der Fähigkeit zu moralisch-verantwortlichem Wirken. So entwickeln sich die schöpferischen Kräfte vor allem im Zusammenhang mit der Phantasie, mit der Intuitionsfähigkeit, mit einem beweglichen Vorstellungsleben *(fluency)* und mit dem Gefühlsleben. Die Fähigkeit moralischer Verantwortung baut unter anderem auf Tiefe und innerer Sicherheit des Gefühls, auf Phantasie, auf Überwindung selbstsüchtiger Interessen und Triebe auf.

Die Entfaltung und Entwicklung dieser Kräfte und Fähigkeiten verlangen einen Lehrplan und Unterrichtsmethoden, die primär auf diese Kräfte und Fähigkeiten und nicht in erster Linie auf die gesellschaftlichen Verhältnisse ausgerichtet sind. Die Hinorientierung auf Gesellschaft und Wissenschaft setzt nämlich die durch einen solchen Lehrplan und die entsprechenden Unterrichtsmethoden entwickelten Fähigkeiten in relativ weitem Umfang voraus.

So wird deutlich, daß die anthropologische Konzeption einer Schule zwar durchaus auf die Gesellschaft hinorientiert sein muß, daß die Fähigkeiten, durch die der Mensch selbständig und produktiv in der Gesellschaft stehen und wirken kann, aber auf die Entwicklung von Kräften und Begabungen aufbauen müssen, die nur dann voll gefördert werden können, wenn Lehrinhalte und Lehrmethoden nicht von einer pragmatischen Ausrichtung auf besondere gesellschaftliche Verhältnisse, sondern aus den Bedingungen für die Entfaltung und Entwicklung eben dieser Anlagen und Fähigkeiten bestimmt werden. Je intensiver und umfassender die genannten Grundfähigkeiten in jedem Kinde und jugendlichen Menschen durch Erziehung und Schule herangebildet werden, desto produktiver wird er als Erwachsener in der Gesellschaft wirken können.

Diese Grundfähigkeiten müssen sich aus den individuellen Anlagen und Begabungen des einzelnen Kindes entwickeln. Deshalb wird eine Schule dann um so besser im Sinne der Förderung des einzelnen Menschen wirken, zugleich aber auch um so besser ihren gesellschaftlichen Auftrag erfüllen, je uneingeschränkter sie im Sinne einer solchen anthropologischen Konzeption arbeitet.

Die Freie Schule als Konsequenz des anthropologischen Ansatzes

Hieraus ergeben sich einschneidende Konsequenzen für die Verflechtung von Schule und Gesellschaft und für die Organisation des Schulwesens im Hinblick auf die Stellung des Lehrers. Ganz grundsätzlich muß die Gesellschaft das größte Interesse daran haben, daß das Schulwesen im Sinne individueller menschlicher Förderung arbeiten kann, d. h., daß sich die Schule immer vollständiger bis in die Einzelheiten von Lehrplan und Unterrichtsmethoden nach den Bedingungen einer anthropologisch begründeten Pädagogik gestaltet. Indem die Schule durch diese anthropologische Konzeption den heranwachsenden Menschen in seiner Individualität optimal fördert und damit zugleich für produktives und verantwortliches Mitwirken in der Gesellschaft besonders wirksam vorbereitet, hat sie erhebliche Bedeutung für das wirtschaftliche, politische und geistige Leben. Gerade dieser gesellschaftlich bedeutsame Charakter kann aber nur dann sachgerecht zur Geltung kommen, wenn die Schule voll im Sinne der anthropologisch begründeten Pädagogik arbeitet und nicht durch andersartige Interessen politischer Parteien, der Wirtschaft, der Wissenschaft, der Kirchen und anderer weltanschaulicher Gruppierungen bestimmt wird. Es geht also darum, alle solche andersgerichtete Einflußnahme abzubauen. Die heute wirksame Einflußnahme der Gesellschaft auf die Schule muß zu einem Dialog zwischen Schule und den verschiedenen Bereichen der Gesellschaft werden. Durch solch einen Dialog kann die Schule eine konkrete Anschauung von den Verhältnissen und Notwendigkeiten auf den verschiedenen Gebieten des sozialen Lebens gewinnen und diese berücksichtigen. Ebenso könnte auf diesem Wege in weiteren Bereichen der Gesellschaft Verständnis für pädagogische und menschliche Fragestellungen fruchtbar werden. – So wäre gewährleistet, daß in der Schule die geschilderten Bedingungen für Unterricht und Erziehung uneingeschränkt zum Tragen kommen können, daß in der Pädagogik also nur Sachkenntnis und Erfahrung Geltung haben und die Schule dennoch eng mit der Gesellschaft verflochten bleibt.

Wo man heute die fundamentale Bedeutung des Erziehungs- und Bildungswesens für den einzelnen Menschen und für die Gesellschaft sieht, ist es notwendig, dieser fundamentalen Bedeutung dadurch gerecht zu werden, daß man die Schule nicht länger den jeweils zufälligen bzw. wechselnden Formen und Anschauungen über Gesellschaft unterwirft. Im öffentlichen Interesse müßte also garantiert werden, daß die Schule bei einer neuen Verflechtung mit der Gesellschaft vor sachfremder Einflußnahme von Politik, Wirtschaft, Wissenschaft usw. durch eine institutionalisierte Autonomie geschützt ist und daß die Bedingungen für eine anthropologisch konzipierte Schule geschaffen werden.

So ist im Sinne der öffentlichen Verantwortung eine freiheitliche Gestaltung des Schulwesens anzustreben. Diese muß aber über die in den

verschiedenen Empfehlungen der Bildungskommission [16] dargestellten Ansätze hinausgehen. „Verstärkte Selbständigkeit“ der Lehrer durch Freigabe von Initiative in den von Rahmenrichtlinien abgesteckten Feldern bedeutet eine rigide Anbindung an Leistungsziele und Leistungskontrollen, durch die kein freiheitlicher Geist in der Schule aufkommen kann. Die im Grundgesetz verankerte Aufsichtsfunktion des Staates sollte man nicht mehr in der bisherigen engen Form, sondern im Sinne des Wächteramtes für die Entwicklung und Verwirklichung eines pädagogisch optimalen Schulwesens auffassen.
Wesentliche Bedingungen für eine solche Gestaltung des Schulwesens sind bis heute nur durch die Freien Schulen insofern realisiert, als diese durch ihre relative Autonomie gegenüber dem staatlichen Einfluß und den über das staatliche Schulmonopol wirksamen Fremdeinflüssen einen autonomen Raum für eine anthropologisch begründete Schule ergriffen bzw. gegen mancherlei Schwierigkeiten ausgeweitet und in verschiedenem Umfange auch schon eine den gesellschaftlichen Erfordernissen entsprechende moderne Pädagogik realisiert haben [17].
Die Freien Schulen verstehen ihre Freiheit also nicht als bloße Unabhängigkeit, sondern als Voraussetzung für eine von der Zeit geforderte umfassende Bildung. Und wenn die Pädagogik immer mehr bewußt aus den Bedingungen für Ausbildung und Förderung der im Menschen veranlagten Begabungen und Fähigkeiten arbeiten will, muß die Schule im Sinne der dafür notwendigen Autonomie immer mehr Freie Schule werden.

Freiheitliche Gestaltung des Schulwesens als Konsequenz der pädagogischen Entwicklung

Wesentliche Bedingungen, die in der Entwicklung der Pädagogik gegeben sind, führen in ihrer Konsequenz ebenfalls zu einer Gestaltung des Schulwesens im Sinne Freier Schulen. Es handelt sich vor allen Dingen um Konsequenzen, die sich aus der Ausbildung und Fortbildung der Lehrer ergeben. In den vergangenen Jahrzehnten hat die Lehrerausbildung einen immer stärkeren wissenschaftlichen Charakter erhalten. So gewinnen die Lehrer heute Einsicht in die Entwicklung des Kindes und Jugendlichen, in die Lernprozesse auf den verschiedenen Unterrichtsgebieten und in die Gesetzmäßigkeiten des Lernens und der Begabungsbildung im allgemeinen; sie erwerben sich fundierte Fachkenntnisse, eine entsprechende Fachdidaktik und Kenntnis der verschiedenen Unter-

---

[16] Strukturplan für das Bildungswesen. 1970, S. 262 ff., 4. Aufl. 1972.
[17] Die latente Gefahr der Einflußnahme einzelner gesellschaftlicher Gruppen könnte noch verringert werden durch die Gewährleistung wirtschaftlicher Autonomie.

richtsmethoden. Eine solche auf die Gegebenheiten der Schule bezogene wissenschaftliche Lehrerausbildung soll in erhöhtem Maße für die Lehrer aller Schulstufen verbindlich [18] und durch eine entsprechende Fortbildung ergänzt werden [19]. Es ist wesentlich, daß die gewonnenen Kenntnisse und Einsichten sich aufgrund der täglichen Unterrichtspraxis konkretisieren und vertiefen und daß der Lehrer seine pädagogischen und psychologischen Erfahrungen laufend verobjektiviert und über den persönlichen Horizont hinaus ausweitet. Das verlangt neben der wissenschaftlichen Fortbildung, der eingehenden Auseinandersetzung mit den gesellschaftlichen Vorgängen und der Offenheit gegenüber den Schülern besonders den ständigen Austausch und die regelmäßige Beratung mit den Kollegen, besonders den Fachkollegen und den Kollegen, die die gleiche Schülergruppe unterrichten. So wird der Lehrer immer mehr zu einem Fachmann auf dem Gebiet des Unterrichtens und Erziehens: er gewinnt zunehmend die Voraussetzungen, um seinen Unterricht aus Einsicht in die für das betreffende Unterrichtsgebiet, in die jeweils individuellen Lerndispositionen seiner Schüler und in die für die Begabungsentwicklung geltenden Bedingungen zu gestalten. Wissenschaftliche Ausbildung und Fortbildung werden also dadurch fruchtbar, daß sie den Lehrer letzten Endes zum autonomen, voll verantwortlichen Gestalter seines Unterrichts machen. Niemand kann dem Lehrer die Aufgabe abnehmen, im Hinblick auf die besonderen Anlagen, Begabungen und Fähigkeiten seiner Schüler, seinen Unterricht jeweils neu und schöpferisch zu gestalten. Eine solche Individualisierung des Unterrichts ist die beste Gewähr für eine optimale Förderung der Schüler. Sie bedeutet für den Lehrer selbst eine laufende kritische Überprüfung und schöpferische Ausweitung seiner durch Ausbildung und Fortbildung gewonnenen Kenntnisse und Fähigkeiten.

Wie auf anderen Lerngebieten führt also auch in der Pädagogik wissenschaftliche Ausbildung aus dem Zustand von Bindung und Tradition in den Zustand individueller Urteilsfähigkeit und autonomer Handlungsfähigkeit. Damit werden aber andere Organisationsformen notwendig, als sie heute in unserem Schulwesen weitgehend bestimmend sind. Gegenüber der zentralen Verwaltung, die über eine Kompetenzhierarchie durch Vorschrift und Erlaß bestimmenden Einfluß auf den einzelnen Lehrer und seinen Unterricht nimmt, muß eine solche Dezentralisierung eintreten, die der berechtigten und notwendigen Autonomie des Lehrers Rechnung trägt, aber auch berücksichtigt, daß im Konkre-

[18] Strukturplan für das Bildungswesen. 1970, S. 221 ff.
[19] Ders.: S. 240 f.

ten noch nicht überall die geistigen Voraussetzungen für eine solche Autonomie in gleicher Weise realisiert sind.

Vor allem wäre die hierarchisch organisierte Weisungs- und Kontrollfunktion der staatlichen Behörden weitgehend durch neue Formen der Selbstverantwortung und Selbstkontrolle an den einzelnen Schulen zu ersetzen. Im gleichberechtigten Zusammenwirken der an einer Schule unterrichtenden Lehrer können die individuelle Urteilsfähigkeit und die selbstverantwortliche Handlungsfähigkeit voll zur Entfaltung und Auswirkung kommen. Durch regelmäßige Beratungen über Fragen des Unterrichts, des Lehrplans, der Schulgestaltung usw., bei denen nur Sachkenntnis, Einsicht und Erfahrung maßgebend sein dürfen, ist eine viel wirksamere Lösung der anliegenden Probleme möglich als über mehr oder weniger einsame Beschlüsse des zuständigen Beamten in der Kompetenzhierarchie. Solche Beratungen bedeuten einen fortlaufenden pädagogischen Erfahrungsaustausch und eine geistige Durchdringung des gesamten Schulbetriebs und damit die Voraussetzung für eine effektive Kontrolle. Die Realisierung der gemeinsamen Beschlüsse, Planungen und Ziele erfolgt in einer von Reflexion begleiteten autonomen Schulgestaltung.

Die Schulbehörden müßten sich auf die Schulaufsicht in dem Sinne beschränken, daß bei der Einrichtung von Schulen klare pädagogische Konzeptionen vorliegen, die einer der Zeit angemessenen Erziehung entsprechen, und daß die Bedingungen für die Erfüllung generell akzeptierter Minimalforderungen gegeben sind. Die entsprechenden Gremien sollten vor allem eine Repräsentanz von Lehrern der verschiedenen Schulformen und von pädagogischen Wissenschaftlern sein, damit die Beziehung zur pädagogischen Wirklichkeit wie zur pädagogischen Forschung garantiert ist.

Eine solche Gesamtreform des Schulwesens, der heute noch starke Kräfte entgegenstehen, würde dahin führen, daß im gesamten Schulwesen der pädagogische Sachverstand in wesentlich höherem Maße als heute zur Geltung käme. Mit dem Fortfall der hierarchischen Struktur würde die einzelne Schule im Sinne der auf wissenschaftlicher Ausbildung und Fortbildung basierenden Selbstverantwortung und Selbstkontrolle eine Autonomie erlangen, wie sie heute an den Freien Schulen schon mehr oder weniger stark realisiert ist. Die Freien Schulen haben im heutigen Schulwesen am ehesten den Status, den in der erforderlichen Reform die autonome Schule gegenüber der Schulbehörde haben würde. Sie praktizieren zum Teil seit langem Formen der kollegialen Schulführung, auch Formen des Zusammenwirkens von Lehrern und Schülern sowie eine enge Kooperation mit der Elternschaft. So verstehen sich die Freien Schulen als jene Schulform, in der die Bedingungen moderner Pädagogik am konsequentesten verwirklicht sind oder verwirklicht werden können.

Probleme der Bildungsplanung und Freie Schule

Dieses Selbstverständnis der Schule als Freie Schule weicht in wesentlichen Punkten von den Konzepten der modernen Bildungsplanung ab. In der geplanten „wissenschaftlichen Schule für alle" soll das Interesse der Gesellschaft an der Schule dadurch zur Geltung kommen, daß man die Grundsatzentscheidungen für die Curriculumentwicklung demokratisieren will. „Es entspricht demokratischer Gepflogenheit, alle wichtigen Entscheidungsprozesse unter öffentliche Kontrolle zu stellen. Diesem Prinzip sollte man auch bei der Normierung von Lehrplänen Geltung verschaffen ... Lehrpläne sollten von Gremien entwickelt werden, die stellvertretend für die Gesamtgesellschaft die erforderliche Willensbildung vollziehen. Wegen der quasilegislativen Funktionen sollten für Lehrplangremien parlamentsanaloge Strukturen und Verfahrensweisen gelten." [20] Ein solches Verfahren hat zur Folge, daß Erziehung und Unterricht als der wesentlichste Bereich im geistigen Leben unserer Gesellschaft auf das Prinzip demokratischer Beschlußfassung aufgebaut wird, nämlich auf den Kompromiß zwischen verschiedenen geistigen Standorten und gesellschaftlichen Interessen.

Diese Konstruktion ist der Versuch, in einer geistig ungeklärten Situation dennoch zu Entscheidungen zu kommen. Das wird auch deutlich ausgesprochen: „Die Bestimmung allgemeiner Lernziele und der dazu notwendigen Kriterien setzen allgemein anerkannte Wertvorstellungen voraus. Solche Wertvorstellungen zu fixieren und ihnen eindeutig Ausdruck zu geben, ist jedoch schwierig. Überdies waren die Sozialwissenschaften bisher nicht nur in Deutschland außerstande, eine allgemein anerkannte Gesellschaftstheorie zu erstellen, aus der sich gesamtgesellschaftliche Interessen und Prozesse ableiten ließen. Die Setzung der Lernziele wird sich darum vielfach auf Hypothesen und Konsensusbildung gründen müssen. Konflikte zwischen Zielvorstellungen sind Teil dieses Prozesses." [21] Hieraus wird deutlich, daß die demokratische Konsensusbildung als Ersatzlösung für eine zur Zeit unerreichbare bessere Lösung angesehen werden muß.

Von dem Ansatz der Freien Schulen her wird diese demokratische Ersatzlösung aber überflüssig. Zum einen ist eine allgemeine Übereinkunft über Wertvorstellungen nicht mehr notwendig, wenn man die geschil-

---

[20] Tütken, H.: Begabung und Lehrplan. In: Begabung und Lernen, hrsg. von H. Roth, Stuttgart 1969, S. 466.

[21] Strukturplan für das Bildungswesen. 1970, S. 60.

derte anthropologische Konzeption zum Ausgangspunkt nimmt. Bei diesem Vorgehen werden überhaupt nicht bestimmte normativ verstandene Wertvorstellungen der Pädagogik zugrunde gelegt, sondern eine Beschreibung der für das Leben in der modernen Gesellschaft notwendigen menschlichen Grundfähigkeiten und jener Kräfte und Fähigkeiten, die in diesen Grundfähigkeiten zusammenwirken. Ihre Entwicklung durch die Schule ist die heute erforderliche geistige Ausrichtung des Unterrichts. Die inhaltliche Bestimmung der Schule (Lehrplan und Curriculum) läuft im Grundsätzlichen also darauf hinaus, genau zu untersuchen und zu beschreiben, wie durch die verschiedenen Unterrichtsgebiete und Unterrichtsmethoden diese Grundfähigkeiten herangebildet werden können.

Ebenso ist für die Curriculumentscheidungen keine „allgemein anerkannte Gesellschaftstheorie" erforderlich, wenn man das für die Pädagogik relevante Verhältnis von Individuum und Gesellschaft berücksichtigt. Jede gesellschaftliche Entscheidung ist eine Entscheidung von Menschen; jede gesellschaftliche Veränderung geht, soweit sie nicht durch Naturereignisse bedingt ist, auf Menschen zurück, auf deren Planung, auf deren Können, Fähigkeiten, Gewohnheiten, auf das Aufeinandertreffen menschlicher Handlungen. Dabei wirken die Formen des gesellschaftlichen Lebens ebenso wie die in der Gesamtgesellschaft oder in bestimmten Gruppen herrschenden Verhaltensweisen, Wertvorstellungen, Gedanken usw. auf den einzelnen Menschen und insofern an der Ausgestaltung seiner Persönlichkeit mit.

In diesem Sinne ist die Gesellschaft auf jedem ihrer Gebiete der Ausdruck dessen, was durch die hier wirkenden Persönlichkeiten – d. h. durch deren Gedanken und Intentionen, durch deren Fähigkeiten und Gewohnheiten, durch ihre Intuitionen und Bindungen und durch ihren Charakter – bewirkt und geleistet wird. Von diesen vielfältigen Wirkungen wird die Gesellschaft im positiven wie im negativen Sinne beeinflußt und bestimmt. Je mehr durch die Pädagogik in den im gesellschaftlichen Leben wirkenden Persönlichkeiten an Verständnis für die Vorgänge und Bedingungen dieses Lebens veranlagt und entwickelt ist, je mehr sie ihr Handeln nach den sachlichen Erfordernissen richten, desto vollkommener und humaner wird sich die Gesellschaft gestalten. In all diesen Dingen hängt der Fortschritt von dem Grad des individuellen menschlichen Wirkens ab. Dieses individuelle Wirken ist dem selbstbezogenen absolut entgegengesetzt, in dem der Mensch weitgehend der Herrschaft unkontrollierter seelischer Triebkräfte unterliegt. Es entwickelt sich dadurch, daß der Mensch lernt, sein Denken und sein Handeln so zu regeln, daß er bewußt – und insofern individuell – die Bedingungen und Wirkungen seiner Gedanken und seiner Handlungen durchdringt. In diesem Sinne bedeutet individuelles Wirken das genaue Gegenteil von Willkür und Anarchie, nämlich einen Zustand höchster Sachlichkeit und Verpflichtung.

So lebt die Gesellschaft wesentlich von der stärkeren individuellen Entwicklung des Menschen. Diese Entfaltung aber ist wesentlich abhängig von einer Förderung der im Menschen liegenden Anlagen und Kräfte durch Pädagogik, d. h. von einer Pädagogik, die die Bedingungen für eine solche Förderung bewußt aufgreift. In welcher Breite das durch den anthropologischen Ansatz der Freien Schulen gegeben ist, wurde dargestellt. So kann deutlich werden: der notwendige gesellschaftliche Fortschritt ist nicht so sehr durch eine Demokratisierung von Curriculumentscheidungen, sondern durch die freie Entfaltung einer Pädagogik zu erreichen, die durch ihre anthropologische Begründung bewußt im Sinne der Entwicklung dieser individuellen Entwicklung menschlicher Fähigkeiten arbeitet.

Wenn man berücksichtigt, daß die „Fragen des Curriculum ... gegenüber den Fragen nach dem Gefüge der Institutionen einen Vorrang“ [22] haben und es sich bei den Curriculumentscheidungen um die einschneidendsten Festlegungen des Bildungswesens wie der Gesellschaft handelt, kann die Bedeutung hervortreten, die der besondere Ansatz der Freien Schulen hat, insofern er die kompromißhafte Ersatzlösung einer demokratischen Konsensusbildung überflüssig macht. Die konsequente Verfolgung des anthropologischen Ansatzes bietet den Freien Schulen ein sicheres Fundament für die inhaltliche Ausarbeitung einer eigenen Bildungskonzeption. Diese kann im Vergleich zu der „wissenschaftlichen Schule für alle“ von besonderer gesellschaftlicher Bedeutung werden. In dieser Schule wird von den für den Menschen wie die Gesellschaft wichtigen Grundfähigkeiten im wesentlichen nur die kognitive Leistungsfähigkeit gefördert. Das tritt besonders deutlich hervor, wenn man die Wissenschaftsbezogenheit des Curriculums und das Fehlen einer Konzeption für die Entwicklung der produktiv-schöpferischen und der moralisch-sittlichen Kräfte – besonders in der Sekundarstufe – betrachtet [23]. Insofern beruht diese Konzeption auf einer reduzierten Anthropologie. Die Freien Schulen sehen ihren besonderen Auftrag darin, in verschiedener Weise und bis heute mit verschieden weit ausgearbeiteten pädagogischen Konzeptionen den Menschen in einem vollständigeren Umfang und insofern individueller, zugleich aber auch für die Gesellschaft produktiver zu bilden.

---

[22] Ders.: S. 60.

[23] Vgl. dazu Abschnitt 1.2: S. 42 ff.

Die Freien Schulen und die öffentlichen Reformpläne

„Dieses Offensein des Staates für die Vielfalt der Formen und Inhalte, in denen Schule sich darstellen kann, entspricht den Wertvorstellungen der freiheitlichen demokratischen Grundordnung, die sich zur Würde des Menschen und zur religiösen und weltanschaulichen Neutralität bekennt.[24]

Tendenzen der Reformpläne

Mit dem Strukturplan für das Bildungswesen [25] hatte der Deutsche Bildungsrat eine erste, längst fällige Gesamtkonzeption für das Bildungswesen vorgelegt, die seit ihrer Veröffentlichung zwar durch weitere Empfehlungen des Bildungsrates [26] und den Bildungsgesamtplan der Bund-Länder-Kommission [26a] konkretisiert und aktualisiert wurde, aber nach wie vor die Grundlage aller weiteren Reformplanungen geblieben ist. Der Strukturplan hatte die zuvor in vielen Einzelaktionen versickernden Reformbestrebungen zusammengefaßt und ihnen auf dem Hintergrund eines geschlossenen Bildungssystems, das vom Elementarbereich des Kindergartens bis in die Weiterbildungsformen für Erwachsene reicht, ihren Stellenwert zugewiesen. So bot sich die Möglichkeit, die verschiedenen Bemühungen im Zusammenhang zu sehen und, aufeinander bezogen, Veränderungen einzuleiten.

Die Konkretion der Vorschläge des Strukturplans hat sich in einem gewissen Umfang in Empfehlungen der Kultusministerkonferenz [26b] und

[24] BVerfGE 27, 195 ff. (201).

[25] Siehe Anmerkung 4.

[26] Gemeint sind im folgenden insbesondere die Empfehlung zur Bildungsverwaltungsreform (s. Fußnote 7; abgekürzt BVR), und „Zur Neuordnung der Sekundarstufe II. Konzept für eine Verbindung von allgemeinem und beruflichem Lernen", Stuttgart 1974.

[26a] Bund-Länder-Kommission für Bildungsplanung: Bildungsgesamtplan, Bd. I und II. Stuttgart 1973.

[26b] Vereinbarung der Ständigen Konferenz der Kultusminister der Länder zur Neugestaltung der gymnasialen Oberstufe in der Sekundarstufe II vom 7. 7. 1972. Dazu: Arbeitsgemeinschaft Freier Schulen: Zur KMK-Vereinbarung zur Neugestaltung der gymnasialen Oberstufe der Sekundarstufe II — Text und Kommentar. Lünen o. J.

einzelnen Schulgesetzen [27] und damit in einer Veränderung der Schulorganisation niedergeschlagen, doch stagniert die Reformentwicklung heute vorgeblich wegen des Fehlens finanzieller Mittel, tatsächlich aber wegen der bürokratischen und übereilten Durchführung der Reform. Aus diesem Stagnieren ist jedoch nicht zu schließen, daß die im Strukturplan entworfene Konzeption wegen nachgewiesener Irrtümer oder wegen des Aufkommens einer neuen Gegenkonzeption beiseite gelegt worden wäre; der Strukturplan muß auch heute noch – mit gewissen Abstrichen in Details – als Leitlinie der neuen Bildungsvorstellungen ernst genommen werden. So ist es zweckmäßig, die Darstellung der Position der Freien Schulen in und gegenüber den öffentlichen Reformplänen und -maßnahmen am Strukturplan zu orientieren.
Wenn der Strukturplan auch zunächst Organisationsschema ist, so wäre er doch zu kurzatmig angesetzt gewesen, wenn er nicht gleichzeitig die Bildungsinhalte und Bildungsziele aller Bildungseinrichtungen überprüft hätte; folgerichtig beginnt der Text mit Grundsätzen und Elementen, in denen der Inhalt dessen, was in den Bildungsinstitutionen geschehen sollte, umrissen wird. „Ziel der Bildung ist die Fähigkeit des einzelnen zu individuellem und gesellschaftlichem Leben, verstanden als seine Fähigkeit, die Freiheit und die Freiheiten zu verwirklichen, die ihm die Verfassung gewährt und auferlegt" (StP. I. 3. 1., S. 29). Ausgehend von dem Grundrecht auf Bildung und dem Anspruch auf gleiche Bildungschancen wird die Forderung nach wissenschaftsbestimmtem Lernen erhoben. Diese Forderung beherrscht auch die Bildungsziele in den neuen Schulgesetzen und Rahmenrichtlinien [27a].
Von hierher kommt es zur Entwicklung der „Längsschnittchancengleichheit" und damit zur Forderung nach Ausbau des Elementarbereichs, nach hoher Differenzierung des Unterrichtsangebots und – als notwendige Folge – nach Abbau des vertikal „versäulten" Schulwesens zugunsten horizontal durchlässiger Organisationsformen. Die Gliederung des Schulwesens in Stufen ist in den neuen Schulgesetzen entweder an die Stelle oder neben die vertikale Gliederung getreten [27b].
Aus der Unterrichtsdifferenzierung ergibt sich das Anwachsen reichstrukturierter Schulorganismen, die sich zugleich zentraler Verwaltung entziehen und eine Dezentralisation der Schulverwaltung zur Folge ha-

---

[27] Etwa die neuen Schulgesetze in Rheinland-Pfalz (1974), Niedersachsen (1974), in Baden-Württemberg (1976); Schulverfassungsgesetze in Berlin, Hamburg, Nordrhein-Westfalen; Allgemeine Schulordnung Bayern.

[27a] Siehe Anmerkung 27 und die Rahmenrichtlinien in Hessen und Nordrhein-Westfalen.

[27b] Beispiele: Für vertikale Neugliederung Schulgesetz Niedersachsen; für gleichzeitige vertikale und horizontale Gliederung Schulgesetz Rheinland-Pfalz, Baden-Württemberg.

ben. Die stärkere Gesellschaftsbezogenheit der Unterrichtsinhalte und die Einsicht, daß Entwicklung der Jugendlichen zugleich ein Sozialisationsprozeß ist, erfordern auch eine organisatorische Öffnung der Schule zur Gesellschaft, den endgültigen Abschied von der Schule als „besonderem Gewaltverhältnis". Die Wendung von einer nach Möglichkeit enzyklopädischen „Ausbildung" zum „Lernen des Lernens" macht eine Neuorientierung der Lehrerbildung und -organisation notwendig. Bildung, verstanden als Fähigkeit, die verfassungsmäßig gewährten Freiheiten zu verwirklichen, wird in ihrer ganzen Breite eine öffentliche Forderung, eine öffentliche Aufgabe; sie entsteigt vollends dem Privaten und muß öffentlich verantwortet werden.

Die Rolle der Privatschule in den Reformplänen

Damit scheinen die Tage einer Institution, die gesetzlich das Private immer noch im Namen trägt, die Tage der Privatschule, gezählt zu sein. In der Tat: Hatte sich schon seit Jahrzehnten ihre exklusive Form durch den Einbruch der Gemeinnützigkeit in diese Unternehmen und durch die Verleihung von Hoheitsrechten weithin „veröffentlicht", so wäre nunmehr durch den öffentlichen Charakter aller Bildung auch der letzte Rest des Privaten getilgt.

Der Strukturplan beschreibt dies so: „Das private Schulwesen ist weitgehend in den öffentlichen Verantwortungszusammenhang einbezogen worden. Privatschulen, die dieselben Funktionen wie öffentliche Schulen erfüllen, bedürfen der staatlichen Genehmigung, die nur bei weitgehender Anpassung an das öffentliche Schulwesen erteilt wird. Dies führt zu einer ständigen Kontrolle der Gleichwertigkeit von staatlichen Schulen und privaten Ersatzschulen, die gelegentlich im Gegensatz zu Art. 7 Abs. 4 des Grundgesetzes zur Durchsetzung von Gleichartigkeit mißbraucht wird. Auch private Schulen unterliegen der staatlichen Schulaufsicht. Die Schulpflichtregelungen und die Entwicklung des staatlichen Prüfungs- und Berechtigungswesens führten zu einer weiteren Anpassung. Da die privaten Schulträger die finanziellen Lasten ihrer Schulen nicht mehr allein tragen können, gehen diese Lasten mehr und mehr auf den Staat über; die Rechtsprechung des Bundesverwaltungsgerichts hat diese Entwicklung mit der Annahme eines aus dem Grundgesetz abgeleiteten Subventionierungsgebots für private Ersatzschulen legitimiert. Man kann deshalb das Privatschulwesen nicht mehr in der Art dem öffentlichen Schulwesen gegenüberstellen, wie es die strenge rechtliche Trennung nahelegt" (StP. V. 2. 1., S. 258 f.).

Wohl werden Schulverwaltungen getadelt, die die verfassungsrechtlich garantierte Gleichwertigkeit der Privatschulen über eine restriktive Ländergesetzgebung und deren Interpretation zur Gleichartigkeit umformulierten, doch wird andererseits die Forderung erhoben, das Privatschulwesen auch begrifflich noch stärker in das öffentliche Schulwesen zu integrieren. Nun sind zwar die Aufgaben staatlicher wie Freier Schulen gleichermaßen öffentlich, aber die insoweit durchaus richtig gewünschte Integration wird falsch, solange „öffentliche" und „staatliche" Schule gleichgesetzt werden und die Integration der Privatschulen in das öffentliche Schulwesen die Integration in das staatliche Schulwesen meinen sollte. Hier rächt sich bereits, daß bei der Skizzierung einer zukünftigen Schulorganisation die alte und damals schon überlebte Nomenklatur „öffentlich" und „privat" weiter fortgeschleppt wird, statt daß sie zugunsten eines neuen Verständnisses von Öffentlichkeit, das für staatliche wie Freie Schulen gleichermaßen gilt, aufgegeben wird.

Auch die späteren Empfehlungen des Bildungsrats und der Bildungsgesamtplan bleiben auf dieser Linie.

Wenn die Reformpläne eine Integration der Freien Schulen in das öffentlich verantwortete Schulwesen anstreben, so wird dies notwendigerweise auf der Basis der Gleichwertigkeit geschehen müssen. In diesem Zusammenhang bedürfen zwei charakteristische Gedankengänge aus Kapitel V des Strukturplans der Interpretation. Der Bildungsrat selbst hat dies in seinen späteren Empfehlungen, insbesondere denen zur Reform von Organisation und Verwaltung im Bildungswesen und denen zur Neuordnung der Sekundarstufe II, getan.

Das Verhältnis zwischen öffentlicher Verantwortung und Autonomie der Bildungsinstitutionen

„Die Verantwortung für das gesamte Bildungswesen liegt beim Staat und wird durch Regierung und Parlament ausgeübt" (StP. V. 2.2.1., S. 261). Diese „richtet sich auf die Planung des Bildungswesens und auf die Formulierung von Lernzielen. Sie muß in allen Bildungsinstitutionen, unabhängig von der Trägerschaft, die Einhaltung von Mindeststandards gewährleisten, die die Beurteilungskriterien für die verschiedenen Ausbildungsgänge, für Zugang und Abschluß, für die Curricula und die Leistungsbewertungen und für die Ausbildung der Lehrenden enthalten" (StP. V. 2.2.1., S. 260). „Durch diese Planung wird nicht ausgeschlossen, daß von privater Seite darüber hinaus ergänzende Bildungsmöglichkeiten angeboten werden, die in der staatlichen Planung nicht vorgesehen sind. Solche Bildungsmöglichkeiten stehen dann nicht

mehr unter der öffentlichen Verantwortung; sie unterliegen deshalb nicht den Mindeststandards" (StP. V. 2. 2. 1., S. 261).
Dies konnte noch so verstanden werden, als würde die „private Seite" auf „ergänzende" Angebote außerhalb der öffentlichen Verantwortung verdrängt, während die noch etwas skizzenhafte Definition des Curriculums und der Mindeststandards so interpretiert werden könne, daß in öffentlicher Verantwortung nur gleichartige, aber nicht gleichwertige Bildungsangebote hingenommen werden könnten.
Hier hat die Empfehlung zur Verwaltungsreform manches geklärt: das dort näher ausgeführte Partizipationsverständnis, das sich nicht nur auf Randbereiche der Schule beschränkt, sondern das Zentrum der Schule, den Unterricht, einbezieht, schließt ins Detail gehende Curricula und Rahmenrichtlinien ohne die Möglichkeit gleichwertiger Alternativen aus; die Partizipation der Beteiligten im Unterrichtsbereich bliebe sonst auf dem Papier [27c].
An den abweichenden Voten zu dieser Empfehlung, insbesondere zur Funktion der Schulaufsicht (BVR II. 5. 1), wird freilich deutlich, daß das Drängen auf Einheitlichkeit des Schulwesens, wie es auch im Bildungsgesamtplan zum Ausdruck kommt, zugleich ein Drängen auf Gleichartigkeit der Bildungsangebote ist. Dieses Drängen wird scheinbar vom Grundsatz der Gleichbehandlung insbesondere bei der Bewertung für den universitären Numerus clausus legitimiert. Auch die Detailliertheit einzelner Partien der hessischen und nordrhein-westfälischen Rahmenrichtlinien macht deutlich, wie schwach der Gesichtspunkt der Gleichwertigkeit in den Überlegungen der Schulverwaltungen ausgebildet ist.
Ein Ausgleich für diese Zentralisierung soll in der Beteiligung an der öffentlichen Verantwortung liegen, die den Bildungsinstitutionen zugedacht ist (StP. V. 2. 2. 1., S. 262). „Die nichtstaatlichen Träger von Bildungseinrichtungen werden ihre Freiheit mit der allgemeinen Planung des Bildungswesens nur dann sinnvoll verbinden können, wenn sie an dieser beteiligt werden" (StP. V. 2. 2. 3., S. 265). Diese Beteiligung kann jedoch stets nur eine solche an der Vorbereitung der Planung, nicht aber an ihrer Entscheidung sein, denn „die politischen Zielentscheidungen in der Bildungsplanung müssen dort fallen, wo die politische Verantwortung dafür liegt, bei Regierung und Parlament" (StP. V. 3. 1., S. 272).
Für die Aufstellung der Pläne schlägt die Bildungskommission „besondere Planungseinheiten aus Fachleuten unterschiedlicher Ressorts und

[27c] Empfehlung zur Bildungsverwaltungsreform, I 2.

Fachrichtungen" innerhalb der Bildungsverwaltung vor, an deren Arbeit „die Bildungsinstitutionen und ihre Träger sowie wissenschaftlicher Sachverstand und die interessierte Öffentlichkeit beteiligt werden. Auf diese Art und Weise könnten die Repräsentanten der Bildungseinrichtungen und ihre Träger unmittelbar als Instanz in den Planungsprozeß eingeschaltet werden" (StP. V. 3. 1., S. 273). Auch hier aber sollten „die abschließenden Entscheidungen ... über die Pläne ... bei Regierung und Parlament liegen" (StP. V. 3. 1., S. 273). Was also der Lehrer infolge der Curriculumverordnung an pädagogischer Autonomie einbüßt, das soll er in Form der Mitwirkung an der Curriculumentwicklung wiederbekommen. Doch kann diese Mitwirkung immer nur auf wenige Lehrer beschränkt sein, während alle Lehrer gewisse Einschränkungen ihres Dispositionsspielraums hinnehmen müssen [28]. Der Strukturplan drängt die Überlegungen in die „falsche Alternative nicht einlösbarer Freiheit [des Lehrers] zur eigenen Curriculumplanung im Rahmen sehr globaler Ziele und der eingestandenen Abhängigkeit von einer den Unterricht gänzlich bestimmenden Curriculumindustrie in der Lehrerbildung und Lehrerweiterbildung" [29]. Der andere Ausgleich, die „materielle Selbstverwaltung", d. h. eine gewisse, im administrativen Bereich liegende Selbständigkeit der Bildungsinstitutionen (StP. V. 2. 2. 2., S. 262 ff.), kann ohnehin kaum als Ausgleich für pädagogische Kompetenzverluste angeboten werden. Sicher haben auch die Freien Schulen bisher an öffentlicher Lehrplanentwicklung und Bildungplanung offiziell nicht teilgenommen, jedoch blieb ihnen im Rahmen der Gleichwertigkeit ein Spielraum eigener pädagogischer Formen, für dessen Verlust die angebotenen Kompensationen erst recht kein Ausgleich sein können [30].

---

[28] Knab, D.: Lehrer und Lehrplan. In: Geschichte in Wissenschaft und Unterricht. 1969, S. 802.

[29] Dies.: S. 796.

[30] Die Gründe gegen eine pädagogische Autonomie einzelner Schulen umreißt Ingo Richter, einer der Autoren des Konzepts zum V. Kapitel, wie folgt:
„Die geistige Grundlage der Selbstverwaltungskonzeption beruht jedoch auf der Trennung von Staat und Gesellschaft und auf der Autonomie bürgerlicher Interessen gegenüber gesamtgesellschaftlichen Ansprüchen. Die selbstverwaltete Schule ist sozusagen eine Privatschule im Rahmen des staatlichen Schulwesens. Sie läßt sich nur für beschränkte gesellschaftliche Gruppen verwirklichen. Sie wird häufig eine traditionelle Schule sein. Sie dient nicht der gesamtgesellschaftlichen Integration. Sie beschränkt sich auf organisatorische Veränderungen. Sie geht von einer mündigen, aber statischen Gesellschaft aus und verkennt, daß Demokratisierung ein permanenter Prozeß ist. Die Selbstverwaltungskonzeption ist Ausdruck von Resignation gegenüber der gesamtgesellschaftlichen Veränderung und führt zur Exemtion fruchtbarer Elemente aus der politischen Verantwortung." (Die Schule auf dem Boden des Grundgesetzes. In: Neue Sammlung. 1969, S. 402.)
Deutlich auch hier die Gleichsetzung von Staat und Gesellschaft, die Interpretation

Das Verhältnis zwischen Bildungsfinanzierung und Autonomie der Bildungsinstitutionen

„Die öffentliche Verantwortung für das Bildungswesen und die Bildungsfinanzierung sind grundsätzlich voneinander unabhängig" (StP. V. 2. 2., S. 260). „Die öffentliche Verantwortung besitzt ihre eigene Legitimation, so daß die staatliche Gesetzgebung und Verwaltung nicht darauf angewiesen sind, die nichtstaatlichen Träger von Bildungseinrichtungen in ihrer Gestaltungsfreiheit dadurch zu beeinflussen, daß die staatliche Finanzierung an besondere Bedingungen geknüpft wird. Auflagen dürfen deshalb im Prinzip mit dieser Finanzierung nicht verbunden werden" (StP. V. 2. 2. 1., S. 261). „Alle Bildungseinrichtungen erhalten eine Grundfinanzierung; sie können darüber hinaus durch eine Zusatzfinanzierung gefördert werden" (StP. V. 2. 2., S. 260). Bei diesen Zitaten entsteht zunächst der Eindruck, als würden Freie Schulen wegen ihrer Beteiligung an der öffentlichen Bildungsaufgabe unabhängig von ihren Zielen und Inhalten (allenfalls im Rahmen der Gleichwertigkeit) voll aus öffentlichen Mitteln finanziert.

Im Widerspruch zu diesen generellen Ausführungen steht dann immer wieder die Verkoppelung öffentlicher Finanzierung mit der restriktiv staatlich verstandenen öffentlichen Verantwortung. Bildungsinstitutionen, die über die staatliche Planung hinaus ergänzende Bildungsmöglichkeiten anbieten, tun dies außerhalb der öffentlichen Verantwortung in eigener Verantwortung; sie sind in diesen Fällen nicht an Mindeststandards gebunden, „kommen aber auch nicht in den Genuß der regulären staatlichen Finanzierung und sind vom öffentlichen Berechtigungswesen ausgeschlossen" (StP. V. 2. 2. 1., S. 261). „Die nicht vom Staat getragenen Bildungsinstitutionen finanzieren Bereiche eigener Verantwortung aus eigenen Mitteln" (StP. V. 2. 2., S. 260). Wie eng Planung und Finanzierung gegenüber Freien Schulen, im Gegensatz zu den guten Vorsätzen, zusammenhängen, zeigt die Empfehlung, daß, „soweit die nichtstaatlichen Träger ihre Bildungsinstitutionen mit zusätzli-

---

der Privatschule als bürgerliche Exemtion gegenüber gesamtgesellschaftlichen Ansprüchen, die nach Meinung Richters ausschließlich in einem staatlichen, öffentlich verantworteten, d. h. wissenschaftlich begründeten, von einer Majorität beschlossenen Bildungswesen eingelöst werden können. Dabei wird aber verkannt, daß sich der Bildungsbereich grundsätzlich von allen anderen Bereichen des gesellschaftlichen Zusammenlebens dadurch unterscheidet, daß Bildung die je individuelle Entfaltung des einzelnen zum Ziel haben muß, die Vielfalt menschlicher Natur also so weit wie möglich zu akzeptieren hat, während die Modalitäten des sozialen Lebens etwa im Bereich der Rechtsordnung, des Straßenverkehrs, der Steuerverteilung im Interesse des Schutzes der Mehrheit auch vom Willen der Mehrheit abhängig gemacht werden können. Auch aus dieser Sicht wäre die Frage zu stellen, ob wissenschaftlich fundierte Curriculumrevision prinzipiell zu zentraler Curriculumentscheidung zu führen habe.

chen Einrichtungen, Lehrern und Hilfskräften ausstatten möchten, die in der staatlichen Bildungsplanung nicht vorgesehen sind ... die Mittel hierfür einer Zusatzfinanzierung der Träger entnommen werden" müssen, „die in deren Ermessen gestellt ist" (StP. V. 2. 2. 4., S. 268). Nach heutiger Verwaltungspraxis könnte dies etwa so verstanden werden: Würde sich eine Freie Schule zwar an die staatlichen Curricula halten, aber mehr Lehrer beschäftigen (etwa weil sie den Lehrermangel an staatlichen Schulen vermeiden konnte), müßte sie diese selbst finanzieren. Nicht ausgeschlossen wird, daß nach Ermessen der Staat eine Zusatzfinanzierung gewähren kann, „nämlich dann, wenn sie [diese besonderen Ziele oder Einrichtungen] aus pädagogischen, sozialen oder wirtschaftlichen Gründen fördern möchte", doch sollte diese dann „an Auflagen gebunden sein, denn ihr Sinn ist gerade die Subventionierung aus bildungspolitischen Gründen" (StP. V. 2. 2. 4., S. 269).

Dies könnte konkret so verstanden werden, daß etwa die Waldorfschulen nicht in den Genuß der Sockelfinanzierung kommen könnten, aber auch eine Zusatzfinanzierung ganz vom politischen Ermessen eines Landes abhinge. Damit verharren die Empfehlungen, die für die gleichartigen Freien Schulen insgesamt eine Besserstellung vorsehen, gerade im Bereich der Modellschulen auf dem derzeitigen Stand. Wie staatlich die öffentliche Verantwortung gegenüber der freien Initiative im Bildungswesen ausgelegt wird, wird schließlich deutlich daran, daß die Grundfinanzierung „die Personal- und Unterhaltungskosten ... im Rahmen der durch Bildungsplanung und -verwaltung festgelegten Prinzipien" umfassen sollte, „die Baukosten und die Erstausstattung dagegen grundsätzlich bei den privaten Trägern verbleiben sollten, obwohl auch hier zusätzliche staatliche Zuschüsse, die freiwillig gewährt werden, nicht ausgeschlossen sind" (StP. V. 2. 2. 4., S. 268). Dies, obwohl für die Kommunen, die wie die Freien Schulen zunächst eine Sockelfinanzierung erhalten, staatliche Mittel für Bau, Erstausstattung und Unterhaltung im Rahmen der Baurichtlinien vorgesehen sind (StP. V. 2. 2. 4., S. 268).

Diese Empfehlungen werden insgesamt die Freien Schulen besserstellen als zur Zeit; doch ist nicht auszuschließen, daß diese Besserstellung wieder – wie schon im derzeitigen Privatschulrecht – die gleichartigen Schulen trifft, solange ein Gleichwertigkeitskriterium nirgends in Erscheinung tritt. Es erscheint erforderlich, den Strukturplan, der sonst in jedem Punkt reformierend in die Zukunft projektiert, im Bereich der Freien Schulen im Geiste der allgemeinen Grundsätze erst noch zu integrieren, um der gewandelten Nomenklatur auch einen gewandelten Sinn zu geben. So fehlt etwa eine spezifische Funktionsbestimmung der

Freien Schule, die der verfassungsmäßigen Garantie über gewisse formale Sonderregelungen in dem sonst einheitlichen Gesamtkonzept staatlicher Planung und Schulverwaltung hinaus einen neuen sachlichen Sinn gäbe[30a]. Der faktische Zustand vieler Freier Schulen – nicht zuletzt ein Ergebnis verfehlter Schulpolitik – ließ offenbar die potentielle Funktion, die freie Initiative im Bildungswesen haben könnte und müßte, nicht zum Bewußtsein des Bildungsrats kommen. Zugleich zeigen die Finanzierungsempfehlungen, daß dem Strukturplan ein Gesellschaftsbild zugrunde liegt, in dem es immer noch für möglich gehalten wird, Bildungsaufgaben frei zu finanzieren.

Bildungsziele und Curriculummodelle der Reformpläne

„Durch Planung, Mindeststandards und Finanzierung entsteht ein Gesamtsystem eines öffentlich verantworteten Bildungswesens, das den individuellen und gesellschaftlichen Bildungsbedürfnissen gerecht werden kann" (StP. V. 2. 2. 1., S. 261).

Die späteren Empfehlungen des Bildungsrats und der Bildungsgesamtplan bestätigen, daß hier ein Gesamtsystem gemeint ist, in das die Abweichungen bereits integriert sind und dem die Kritik in Form wissenschaftlicher Begleitung von vornherein immanent ist; ein Gesamtsystem, in dem freie Initiative die größte Chance hat, wenn sie sich an die Spielregeln des Systems hält; ein Gesamtsystem, das den Anspruch anmeldet, beurteilen zu können, ob Bildungsansprüche von Minoritäten öffentlich verantwortet werden können oder nicht. Auf diesem Hintergrund könnten die Empfehlungen so interpretiert werden, als sollte an die Stelle der die Geschichte des staatlichen Schulwesens begleitenden, immer neu entstehenden Modellschulen in freier Trägerschaft, die das staatliche Schulwesen kritisch immer wieder in Frage stellten und diese Kritik manifest und damit kontrollierbar werden ließen, der „Sachverstand externer Wissenschaftler" (StP. V. 6., S. 283 ff.) treten. Dieser Sachverstand würde freilich nicht die Wissenschaften, sondern nur Ausschnitte, einzelne Lehrmeinungen dieser Wissenschaften oder Kompromisse aus mehreren Lehrmeinungen dieser Wissenschaften einbringen können. Andere, möglicherweise ebenfalls triftige Lehrmeinungen hätten nur noch nach dem politisch, ökonomisch oder pädagogisch orien-

30a Unbefriedigend bleibt auch die Funktionsbestimmung, die Hellmut Becker (in: Bildungsforschung und Bildungsplanung, S. 129) gibt: Tarnung pädagogischer Modelle in privatrechtlichen Formen, falls „der Staatsapparat vorübergehend technokratisch-bürokratisch erstarrt".

tierten Ermessen der Regierungen eine Möglichkeit, in die Praxis umgesetzt zu werden – es sei denn, es fände sich ein potenter Geldgeber dafür.

Der Strukturplan selbst ist ein Beispiel solcher Auswahl aus den Wissenschaften. Zum Beispiel verzichtet er auf die Darlegung und Diskussion des ihm zugrunde liegenden Lernbegriffs, sosehr die Lernprozesse und ihre Organisation der eigentliche Gegenstand der Ausführungen sind. Die Ausführungen über das Lernen stellen einen berechtigten Katalog aktueller bildungspolitischer Postulate dar, eine Definition des Lernens fehlt jedoch, der Implikationszusammenhang eines jeden Lernens bleibt offen [31]. Verschiedentlich werden entwicklungspsychologische Erkenntnisse zugrunde gelegt, freilich fast ausschließlich bezogen auf den Entwicklungsvorgang kognitiver Leistungen. Unerwähnt bleiben die unterschiedlichen Dimensionen des Lernens [32], die Entwicklung der Motivation im Kindes- und Jugendalter, die Entwicklung des Willens und von Werthaltungen *(attitudes)*, etwa moralischer oder religiöser Gesinnungen oder Haltungen, der Erwerb auch der affektiven Haltungen. Die Frage nach einem anderen lerntheoretischen Ansatz stellt sich zwangsläufig angesichts der Unmöglichkeit, dem vordergründig als rational-kognitiven Vorgang verstandenen Lernprozeß einfach additiv Gesichtspunkte hinzuzufügen, die auf der Basis einer Betrachtung des Lernvorgangs als Sozialisierungsprozeß des Menschen gewonnen werden und vom Zusammenhang von Entwicklung und Lernen ausgehen. So bleibt außer acht die Entfaltung wesentlicher Eigenschaften des Menschen, z. B. die Befähigung zu Freude und Trauer, Liebe und Hilfsbereitschaft, Toleranz und Mitmenschlichkeit, Mitleid und Vergebung, Friedensliebe und Wiedergutmachung, Wahrhaftigkeit und Verantwortungsbewußtsein, Vorurteilslosigkeit und Ehrfurcht, Selbstbeherrschung und Dankbarkeit. Diese spezifische Aufgabe allen Lernens – man mag von „Erziehung“ sprechen – wäre aber auch dann zu postulieren, wenn diese Ziele nicht ohne weiteres operationalisierbar erscheinen.

Umfassendes Ziel der Bildung ist „die Fähigkeit des einzelnen zu individuellem und gesellschaftlichem Leben, verstanden als eine Fähigkeit, die Freiheit und die Freiheiten zu verwirklichen, die ihm die Verfassung gewährt und auferlegt“ (StP. I. 3. 1., S. 29). Wie der Mensch aus-

---

[31] Dazu z. B. Aebli, H.: Die geistige Entwicklung als Funktion von Anlage, Reifung, Umwelt- und Erziehungsbedingungen; und Bergius, R.: Analysen der „Begabung“: die Bedingungen des intellektuellen Verhaltens. In: Begabung und Lernen. 1969.

[32] Wie sie etwa bei Eigler, G.: Bildsamkeit und Lernen, Weinheim 1967; Roth, Heinrich: Pädagogische Psychologie, Hannover 1965; Oerter, R.: Moderne Entwicklungspsychologie, Donauwörth 1969, dargestellt sind.

sehen soll, der diese Fähigkeit gewinnen soll, erfahren wir nicht. Das formulierte Bildungsziel stellt qualitativ nichts anderes dar als die frühere Forderung des Landesherrn an Bildungseinrichtungen, geeignete Beamte und Staatsbürger zu bilden. Die Feststellung, daß zur Entfaltung der Lernfähigkeit „eine unbeschwerte emotionale Entwicklung besonders wichtig“ sei (StP. I. 1. 2., S. 44), kennzeichnet zwar eine völlig richtige Einschätzung affektiver Qualitäten, sie umschreibt aber zugleich die einseitige Funktion, die der emotionalen Bildung zugewiesen wird, nämlich intellektuelle Fähigkeiten zu stützen [33]. Dies wird besonders deutlich in der Darstellung der Ziele der einzelnen Bereiche: So soll die Kindergartenpädagogik „besonders emotionalen Störungen nachgehen“, weil sie „die eigentliche Ursache für den Entwicklungsrückstand“ (bezogen auf die Lernmöglichkeiten) sind (StP. III. 1. 5. 1., S. 114). Zur Zielsetzung im Primarbereich wird gleichfalls festgestellt, daß die Mängel in den Lernvoraussetzungen auf emotionalen und sozialen Verhaltensstörungen basieren (StP. III. 2. 3. 2., S. 129). Unter den Funktionsbereichen, auf die Eingangsstufencurricula abstellen sollen, finden sich „Umgang mit Menschen“ und „soziale Bezüge und Rollenspiele“ (StP. III. 2. 5. 1., S. 136) als die einzigen, die dem Bereich emotionaler Bildung zugerechnet werden könnten; im zweiten Schuljahr ist es die „Artikulation und Herauslösung der Kulturtechniken durch Lehrgänge“ (StP. III. 2. 5. 2., S. 139), die als Tendenz im emotionalen Bereich angesprochen werden könnte. In höheren Klassen wird emotionale Bildung nicht mehr erwähnt, auch nicht während der Altersstufen der Pubertät. Soweit sie im Elementar- und Primarbereich exemplifiziert wird, betrifft sie das Verhältnis zum anderen, den Bereich, in dem der Mensch – in der Formulierung Riesmans – „außen-geleitet“ [34] wird. Die Ausbildung einer für die charakterologische Balance erforderlichen „Innenlenkung“ ist, mindestens in Beispielen, nicht angedeutet. So stellt sich die Frage, ob die beschriebene Formalisierung der Lernziele den Menschen nicht zu einem systemgebundenen „Funktionär“ reduziert, dem es schwerfällt, den Sinn des Systems zu hinterfragen.

Die Lerngegenstände, die Lernziele, die Lern- und Lehrverfahren und die soziokulturellen Determinanten allen Lernens bestimmen den Lernprozeß und sind zu reflektieren bei der Erstellung des Curriculum. Hier müssen Entscheidungen gefällt werden, deren Kriterien sich aus dem didaktischen Modell ergeben, für das man sich entschieden hat. Von

---

[33] Zugleich wird die Entwicklung emotionaler Fähigkeiten in der Kompetenz der Familie belassen (II. 1.2., S. 44), obwohl an anderer Stelle bezweifelt wird, daß die Familie diese Aufgaben allein erfüllen kann (III. 1.3.3., S. 109).

[34] Siehe Riesman, David: Die einsame Masse. Hamburg 1966, S. 137 ff., 268 ff.

einem bildungstheoretischen oder lerntheoretischen Ansatz wird im Strukturplan nicht gesprochen, vielmehr entscheidet sich der Strukturplan für das Modell der Curriculumrevision. Es geht darum, „Raum- zu schaffen für wissenschaftlich gelenkte Rationalisierung bildungspolitischer Entscheidungen, um so die Bildungsreform als Revision des Curriculum leisten zu können“ [35]. Jedes Modell einer Curriculumrevision verlangt aber notwendigerweise Vorentscheidungen, z. B. über Umfang und Prioritäten bei der Curriculumermittlung, und Hypothesen, z. B. über das Verständnis von Schule. Diese Tatsache wird im Strukturplan nicht in ihren Bedingungen und Konsequenzen diskutiert, nicht einmal genannt.

Niemand wird bezweifeln, daß die Curriculumrevision ein bedenkenswerter Ansatz für die Lösung des didaktischen Problems und für die Erreichung der Reformziele sein kann [36]. Doch sollte die Frage gestellt werden, ob eine solche Curriculum-Revision, die bis zur Stunde eine noch nicht verifizierte Theorie ist, bildungsorganisatorische Konsequenzen in der Ausschließlichkeit legitimieren kann, die der Strukturplan impliziert. ROBINSOHN beschließt die Darlegung seines Modells einer Curriculumrevision mit der Bemerkung: „Curriculum-Propheten haben wir nicht. Auch hat uns bisher niemand gezeigt, wie eine solche Entwicklung unternommen werden muß. Also ist es an uns, nach ihren Methoden zu suchen.“ [37]

Diese ernüchternde Feststellung ROBINSOHNS steht im Widerspruch zur Kühnheit des Bildungsrats, aufgrund dieses theoretischen Modells einen mittelfristig konzipierten Strukturplan aufzustellen. Dennoch machten die Bundesregierung mit dem „BILDUNGSBERICHT ’70“ und die Kultusministerkonferenz mit ihrer Erklärung zum Strukturplan die Konzeption zum bildungspolitischen Programm bereits vor Einsetzen einer Diskussion in der Öffentlichkeit [38]. Auch in den späteren Empfehlungen wurde die Grundlage des Curriculummodells nicht mehr in Frage gestellt.

System und Ausnahme

Mit diesen Beispielen sollte angedeutet werden, daß notwendigerweise jede zentrale Bildungsplanung sektoral bleiben muß. Um so mehr wäre vor einer Totalisierung von Bildungsplanung zu warnen, sosehr anzuer-

[35] Blankertz, H.: Theorie und Modelle der Didaktik. München 1969.

[36] Siehe Abschnitt 1.12.

[37] Robinsohn, S. B.: Bildungsreform als Revision des Curriculum. Neuwied und Berlin 1967, S. 54.

[38] Siehe „Bildungsbericht ’70“ der Bundesregierung und Erklärung zum Strukturplan der Bildungskommission des Deutschen Bildungsrats der KMK vom 2. 7. 1970.

kennen ist, daß Bildungsplanung erforderlich ist und auch umfassend sein muß. Wo aber zur Autonomie und Demokratie gebildet werden soll, muß Bildungsplanung der Autonomie und Demokratie Raum lassen, d. h., sie muß offen sein für die Bildungsansprüche der Gruppen und für die verschiedenen Erkenntnisse der Wissenschaften; sie muß Alternativen zulassen und experimentelle Kritik, die nicht integriert ist und nicht majorisiert werden kann.

Hier liegen die spezifischen Aufgaben Freier Schulen; eine Gesamtkonzeption des Bildungswesens sollte diese Möglichkeiten mit einbeziehen und den erforderlichen Spielraum gewährleisten. Dies ist nicht damit getan, daß man sie jenseits der Schranke der Unterwerfung unter die staatliche Bildungsplanung der Zufälligkeit wirtschaftlicher Verhältnisse oder bildungsplanerischer Einfälle überläßt: auch noch die Abweichung von staatlicher Bildungsplanung liegt wegen ihres kritischen Gehalts im öffentlichen Interesse und deshalb in der, nicht nur staatlich verstandenen, öffentlichen Verantwortung. Ihre Gleichstellung hinsichtlich der Berechtigungen und der Finanzierung kann nicht von politischen, pädagogischen oder ökonomischen Erwägungen abhängig gemacht werden.

Vielmehr hätte auch hier die wissenschaftliche Begründetheit der Abweichung oder des Modells ausschlaggebend zu sein für die Einbeziehung in die öffentliche Verantwortung. Die Zulässigkeit läge dann nicht im unbestimmten Ermessen der Bildungsverwaltung, sondern hinge allein davon ab, ob die besonderen Bildungsangebote wissenschaftlich qualifiziert begründet und begleitet werden und die Ergebnisse dieser Begründung und Begleitung der Öffentlichkeit zugänglich sind.

Die wissenschaftliche Begleitung wäre im übrigen in gleichem Umfang zu finanzieren, wie dies bei den staatlichen Schulen geschieht. Erst dann wäre die Absicht verwirklicht, Bildungsplanung und -finanzierung unabhängig voneinander zu machen. Erst dann wäre eine öffentliche Bildungsverwaltung sozial; es ist inkonsequent, für eine soziale Chancengleichheit einzutreten und zugleich durch die Verweisung auf die Eigenfinanzierung – und das ist immer Elternfinanzierung – Modelle den Oberschichten zu überlassen. Erst dann würde die pädagogische Allgemeingültigkeit kritischer Modelle ernst genommen. Eine derartige Einbeziehung der freien Initiative und Öffnung des Gesamtbildungssystems über seine Grenzen hinaus würde nicht nur der Dynamik der Privatschulgarantie des Art. 7 GG entsprechen, sondern auch den prinzipiellen Intentionen des Bildungsrats, wie sie sich aus den Zielen des Strukturplans und den späteren Empfehlungen ergeben.

Grundzüge eines Rechtes der Freien Schule

Freie Schule als öffentliche Schule

Autonomie und Gleichwertigkeit gegenüber der öffentlichen Schule sind die Grundgedanken eines jeden Privatschulrechts. Beide stehen in Abhängigkeit voneinander: in dem Maße, wie der Freiheitsraum, der zwischen Gleichartigkeit und Gleichwertigkeit liegt, offen bleibt, ist zugleich die Autonomie gegeben. Infolgedessen ist die Qualität eines Privatschulgesetzes ablesbar daran, wieweit der Gedanke der Gleichwertigkeit berücksichtigt und nicht zur Gleichartigkeit verkümmert ist.

Wer die Texte der Privatschulbestimmungen liest, stößt immer wieder auf Formulierungen wie „... nicht hinter öffentlichen Schulen zurückstehen ...“, „... gegenüber öffentlichen Schulen als gleichwertig betrachten ...“, „... der Ausbildung an öffentlichen Schulen im Werte gleichkommen ...“ Der Spielraum, der hier gegeben zu sein scheint, wird aber ins richtige Licht gerückt durch Formulierungen wie „... den öffentlichen Schulen mindestens gleichwertig ...“ Der Trend, diejenige Privatschule als die höchstqualifizierte anzusehen, die im Verhältnis zur öffentlichen Schule „mehr“ als gleichwertig, nämlich gleichartig, ist, wird ausgelöst und bekräftigt durch Privilegierungen mit Berechtigungen und Subventionen [39]. Eine eingehende Betrachtung erweist, daß die öffentliche Schule in jeder Einzelheit als oberster Maßstab und verbindlicher Rahmen des Privatschulrechts gilt, ob es sich um die Einteilung in Ersatz- und Ergänzungsschulen, um die Erteilung der Genehmigung oder Anerkennung, um die Berechnung der Subvention handelt. Die volle Diskrepanz zwischen diesen Regelungen und einer richtig verstandenen Gleichwertigkeit wird daran offenbar, daß den Privatschulen gleichzeitig gesetzlich die Aufgabe zugewiesen wird, „das öffentliche

[39] Nur Berlin verlangt für die zur Erteilung allgemeingültiger Berechtigungen erforderliche Anerkennung einer Ersatzschule lediglich die Gewähr für dauernde Erfüllung der Genehmigungsvoraussetzungen (§ 7 PSchG) (kann freilich in den Anerkennungsurkunden das Recht zur Erteilung von Berechtigungen modifizieren), während alle anderen Länder die dauernde Erfüllung der an gleichartige oder verwandte öffentliche Schulen gestellten Anforderungen vorschreiben. Finanzhilfe erhalten nur in den seltensten Fällen Privatschulen, die nicht anerkannt sind; alle Ersatzschulen in Bremen (§ 17 PSchG), Hessen (§ 1 PSchFG) und NRW (§ 1 EFG); außerdem können sie Zuschüsse erhalten in Bayern (Art. 1 PSchLG), RP (§ 28 PSchG), Saar (§ 28 PSchG), Berlin (§ 8 PSchG); s. auch Campenhausen, A. v.: Erziehungsauftrag und staatliche Schulträgerschaft. Göttingen 1967, S. 59; Fuß, E.-W.: Verwaltung und Schule. In: VVdDSt Heft 23, S. 220 ff.

Schulwesen zu bereichern und durch besondere Formen der Erziehung und des Unterrichts zu fördern" [40]. Selbst wenn man diese Aufgabenstellung lediglich als Programmsatz interpretiert [41], steht die Bevorzugung der Privatschulen, die dieselbe Unterrichtsform wie öffentliche Schulen anbieten, in extremem Gegensatz zu diesem Programm [42].

Es gibt Stimmen, die diese Entwicklung als eine zwar bedauerliche, aber letztlich notwendige Folge betrachten: Ohne die Möglichkeiten, hoheitliche Berechtigungen zu erteilen und sich selbst finanziell zu halten, kann sich die Privatschule nicht mehr entwickeln; aus den öffentlichen Aufgaben, den öffentlichen Berechtigungen und den öffentlichen Mitteln erwachsen die Gegenleistungen der Privatschule: Verzicht auf eigene Unterrichts- und Erziehungsformen, Verzicht auf eigene Schüler- und Lehrerwahl, bis zur „Integration" in das – weiterhin unveränderte – öffentliche Schulwesen [43]. Die Notwendigkeit dieser Selbstaufgabe mag berechtigt erscheinen, solange ein in sich geschlossenes Staatsschulwesen mit wenigen Typen und vorgegebenem Lehrplan einen einigermaßen praktikablen Maßstab setzte und solange im wesentlichen eine Staatsauffassung herrschte, nach der die Veranstaltungen des Staates dem Allgemeinwohl, der „Öffentlichkeit" dienten, während Initiativen einzelner speziellen, exklusiven, „privaten" Interessen gewidmet waren. Gleichwertigkeit der privaten Einrichtungen war unter diesen Umständen das mindeste, was der Staat fordern mußte, sollte diesen Einrichtungen ein gewisser Öffentlichkeitscharakter verliehen werden. Hoheitliche Berechtigungen waren folgerichtig nur denkbar bei Schulen, die völlig gleichartig sind. Staatliche Finanzhilfe schließlich konnte nur die Form mäzenatischer und opportunistischer Subvention haben [44].

Heute sind beide Bedingungen nicht mehr gegeben. Das staatliche Schulwesen löst sich zunehmend in eine Vielfalt der Typen auf [45]; zumal

---

[40] So etwa gleichlautend Bayern Art. 4 (EUG), BW (§ 2 PSchG), RP (§ 2 PSchG), Saar (§ 2 PSchG).

[41] So Reuter, EUG-Kommentar, München 1960, Art. 4 Anm. 4, für das bayerische EUG.

[42] Siehe auch Strukturplan. 1970, S. 258 f.

[43] Campenhausen, A. v.: a. a. O., S. 66 ff. passim.

[44] Daß diese Auffassung immer noch vertreten wird, ergibt sich aus der Äußerung des damaligen Abgeordneten Prof. Dr. Stein (SPD): „Sobald eine Privatschule mehr als die Hälfte ihrer Gesamtmittel aus der öffentlichen Hand bekommt, trägt sie den Namen Privatschule eigentlich nicht mehr mit dem Recht, mit dem wir sonst private Dinge bezeichnen" (16. Sitzung des Berliner Abgeordnetenhauses vom 3. 10. 1963); sie kommt auch darin zum Ausdruck, daß Berliner Privatschulen öffentliche Turnhallen nur gegen Entgelt benutzen dürfen (Antwort des Senats auf eine kleine Anfrage, veröffentl. 15. 8. 1969).

[45] Siehe etwa die Dokumentation: Modellschulen in Baden-Württemberg. Villingen 1968; die Darstellung der Sonderformen des Gymnasiums in: RdJB 1969, S. 206 ff.; Strukturplan. 1970, S. 70 ff.

die Gesamtschulen verschmelzen in ihrer Verschiedenartigkeit und Übergröße überkommene Schultypen und prägen individuelle Strukturen aus [46]. Damit folgt das staatliche Schulwesen der Einsicht, daß im kulturellen Bereich „jede rein technisch administrative Verwaltung massenhaft gleichförmiger Leistungen unangemessen ist" [47]; es öffnet sich der Notwendigkeit zu Differenzierung, Einzelinitiative und zum Experiment. In dieser Differenzierung nähert es sich den individuell geprägten Freien Schulen; und aus einem Gegensatz von massenhaft gleichförmigen öffentlichen Institutionen zu wenigen, untereinander häufig unverbundenen, verschiedenartigen privaten Einrichtungen wird ein umfassendes Schulwesen differenzierter Schulen in unterschiedlicher Trägerschaft.

Vollends verschwimmt der alte Gegensatz von „Öffentlichem" und „Privatem". HABERMAS [48] hat nachgewiesen, in welchem Umfang Staat und Gesellschaft – als die früheren Träger des Öffentlichen und des Privaten – sich gegenseitig verzahnen und ineinander übergehen. Speziell im Bereich des Bildungswesens ist angesichts des Rechts eines jeden auf höchstmögliche Bildung [49], der „Bildung als Bürgerrecht" [50], Bildung nicht mehr unterscheidbar in eine solche für die Allgemeinheit und eine andere für exklusive Kreise. Vielmehr wird jede Art sinnvoller Begabungsförderung im öffentlichen Interesse liegen. Nicht erst seit heute haben zahlreiche Jugendliche über die Privatschule die ihren Fähigkeiten entsprechenden Schulabschlüsse erreicht, die sie an der öffentlichen Schule nicht erreichen konnten [51]. Die Privatschule wird damit zum Träger öffentlicher Bildungsaufgaben, sie wird Bestandteil eines allgemeinen differenzierten Schulwesens [52]. Als Institution der sozialstaatlichen Daseinsvorsorge gewinnt sie materiell-öffentlichen Charakter [53].

---

[46] Siehe Magdeburg, Horst: Gesamtschule. Weinheim/Berlin/Basel 1967; Sander/Rolff/Winkler: Die demokratische Leistungsschule. Hannover 1967; Empfehlungen der Bildungskommission des Deutschen Bildungsrats zur Einrichtung von Schulversuchen mit Gesamtschulen (Gesamtschulempfehlungen). 1969
Im Bereich der Freien Schulen: s. Anm. 11.

[47] Preuß, U. K.: Zum staatsrechtlichen Begriff des Öffentlichen. Stuttgart 1969, S. 204.

[48] Habermas, J.: Strukturwandel der Öffentlichkeit. Neuwied und Berlin 1962; in staatsrechtlicher Sicht: Preuß. U. K.: a. a. O., S. 81 ff.

[49] Art. 2 des Zusatzprotokolls zur Konvention zum Schutze der Menschenrechte und Grundfreiheiten.

[50] Dahrendorf, R.: Bildung als Bürgerrecht. Hamburg 1964; Stein, Ekkehard: Das Recht des Kindes auf Selbstentfaltung in der Schule. Neuwied und Berlin 1967.

[51] Es gibt eine Tradition, von diesen Schülern zu behaupten, sie erreichten die Berechtigungen mit Geld. Wer die Schwierigkeiten des „Fremdabiturs" und die behördlichen Kontrollen staatlich anerkannter Prüfungen kennt, kann sich eigentlich nur wundern, daß die „Versager" an den Staatsschulen diese Prüfungen trotzdem bestehen. Auch diese Argumentation kennzeichnet das antiquierte Selbstverständnis der Staatsschule als Maß aller Begabungen.

[52] Strukturplan. 1970, S. 260.

[53] Preuß, U. K.: a. a. O., S. 192, 214, 225 ff.

Auch neben einem wesentlich vielfältigeren staatlichen Schulwesen, als es dies jetzt ist, wird die Privatschule nicht überflüssig. In einem Schulwesen, das von der *rolling reform* geprägt ist [54] – einer Reform, die nicht einsinnig, sondern in zahlreichen verflochtenen Parallelströmungen verlaufen kann –, hat die Privatschule ihre Funktion dort, wo flexibler auf neue oder speziell auf Bedürfnisse von Minderheiten zu antworten ist. In dem Maße, in dem die Staatsschule auf besondere Ausprägungen weltanschaulicher Art verzichtet, muß die Privatschule die Aufgaben weltanschaulicher Profilierung übernehmen. Die Entwicklung wird gekennzeichnet durch Kirchenverträge [55] und Gesetze auf dem Privatschulsektor, die den herkömmlichen Duktus von Privatschulgesetzen durchbrechen [56].

Es wird deutlich: nicht nur öffentliche Schulen nehmen öffentliche Bildungsaufgaben wahr; andererseits ist es zweifelhaft, ob man überhaupt noch von privaten Bildungsaufgaben sprechen kann. Die Bezeichnungen „öffentliche" und „private" Schulen entsprechen nicht mehr der Wirklichkeit, so wie die mühsam aufgerichteten Gebäude des Privatrechts und des öffentlichen Rechts in ihrer strengen Geschlossenheit nicht mehr in der Lage sind, „die soziale Wirklichkeit angemessen zu ordnen" [57]. Die Bezeichnung „öffentlich" sollte dem gesamten Schulwesen vorbehalten bleiben; zur Unterscheidung der Schulen verschiedener Trägerschaft wären die bisher „öffentlichen" Schulen als „Staatsschulen" und die bisher „privaten" Schulen als „Schulen in freier Trägerschaft" („Freie Schulen") zu benennen [58]. Diese Nomenklatur findet sich bereits in den Schulgesetzen von Baden-Württemberg und Rheinland-Pfalz und soll im folgenden verwandt werden.

Staatliche und Freie Schulen antworten heute gemeinsam dem Anspruch auf Bildung; sie widmen sich gemeinsam einer öffentlichen Aufgabe; sie sind gemeinsam Teile des öffentlichen Schulwesens. Entscheidet man sich gegen die Schülerauslese aufgrund von Leistung und für die

---

54 Gesamtschulempfehlungen. S. 107; Strukturplan. 1970, S. 27 f.

55 Weber, S. W.: Die deutschen Konkordate und Kirchenverträge der Gegenwart. Göttingen 1962.

56 Z. B. das bayerische Volksschulgesetz vom 17. 11. 1966, das baden-württembergische Gesetz zur Ausführung von Art. 15 (2) Verf. BW vom 8. 2. 1967, auch das PSchG RP 1970.

57 Preuß, U. K.: a. a. O., S. 216; s. auch Erbe, W. W.: Die Öffentlichkeit der öffentlichen Schule. In: Neue Sammlung. 1969, S. 192 ff.

58 Diese Bezeichnung wird als angemessen angesehen u. a. von Heckel, H.: Deutsches Privatschulrecht, 1955, S. 6 ff.; Campenhausen, A. v.: a. a. O., S. 58; in der Resolution „Freie Schule" zur Neuordnung der Situation allgemeinbildender Freier Schulen der Mandatsträger- und Referentenkonferenz des Schulpolitischen Arbeitskreises der CSU München (1968). Im Grunde genommen ist aber die Aufhebung der Beschränkung des Begriffs „Öffentliche Schule" auf staatliche Schulen wichtiger als die Frage

höchstmögliche Begabtenförderung, so entscheidet man sich zugleich gegen ein uniformiertes und für ein differenziertes Schulwesen. Damit fällt aber zugleich – aus aktuellem bildungspolitischem Anlaß wie des sozialstaatlich-juristischen Prinzips wegen – die Entscheidung gegen ein auf möglichste Übereinstimmung mit dem Staatsschulwesen gerichtetes Privatschulrecht und für ein Recht der Freien Schule, basierend auf dem Gedanken der Gleichwertigkeit [59].

Einschränkungen der Privatschulgarantie

Gelten Freie Schulen nach Art. 7 (4) GG „als Ersatz" für Staatsschulen und wird diese Ortsbestimmung noch näher erläutert durch die Genehmigungsvoraussetzungen, daß nämlich Lehrziele, Einrichtungen und wissenschaftliche Ausbildung der Lehrer „nicht hinter den öffentlichen Schulen zurückstehen" dürfen, so geht daraus klar hervor, daß diese Freien Schulen nicht subsidiär, sondern anstelle von Staatsschulen auf gleichem Niveau wie diese stehen. Schulen ohne eigene Berechtigungen sind in einem Berechtigungsschulwesen Schulen zweiten Grades; es kann nicht angenommen werden, daß der Gesetzgeber in den Privatschulen Schulen zweiten Grades schaffen wollte. Wenn schon das Recht auf Errichtung Freier Schulen gewährleistet wird und dies als eine Durchbrechung des staatlichen Schulmonopols gemeint war und gewertet wird [60], dann muß daraus geschlossen werden, daß eine volle Gleichstellung der genehmigten Freien Schulen erreicht werden sollte.
Trotzdem wurde in den Ländern das traditionelle Institut der Anerkennung einer Freien Schule beibehalten, wonach Ersatzschulen erst dann das Recht erhalten, mit Wirkung auch für Staatsschulen öffentliche Berechtigungen zu erteilen, wenn sie „die an gleichartige Staatsschulen gestellten Anforderungen dauernd" erfüllen [61].

---

noch Fußnote 58
der Bezeichnung der Privatschule. Auch hier ist die Bezeichnung „Staatsschule" eine gewisse Verkürzung mit Rücksicht auf die Griffigkeit; genauer müßten Staatsschulen definiert werden als Schulen in der Trägerschaft von „Gebietskörperschaften".

59 In diese Richtung weisen auch die Empfehlungen der Bildungskommission a. a. O., S. 107 ff. in bezug auf das gesamte Schulwesen.

60 Statt vieler Peters, H.: Elternrecht, Erziehung, Bildung und Schule. In: Bettermann u. a.: Die Grundrechte. Berlin 1960, Bd. IV/1, S. 432; Heckel, H.: Deutsches Privatschulrecht, a. a. O., S. 41; Plümer, E.: Verfassungsrechtliche Grundlagen und Rechtsnatur der Privatschulverhältnisse. Diss. Würzburg 1968, mit eingehendem historischem Abriß, S. 17 ff., auch S. 91; Campenhausen, A. v.: a. a. O., S. 56.

61 Nur NRW verzichtet auf die Einrichtung der anerkannten Ersatzschule und gewährt bereits der genehmigten Ersatzschule die hoheitlichen Befugnisse. Freilich gibt es nach § 37 (6) SchOG die Möglichkeit, einer Ersatzschule diese Befugnisse nicht zu erteilen, und zwar bezeichnenderweise dann, wenn diese Schule „versuchen will, wertvolle

Gegenüber verfassungsrechtlichen Bedenken gegen diese Länderpraxis [62] wird geltend gemacht, für zusätzliche – in Art. 7 GG nicht ausdrücklich vorgesehene und mit Bildung nicht notwendig zusammenhängende Rechte – dürften zusätzliche Leistungen gefordert werden. Das Recht auf hoheitliche Befugnisse könne nur dort verliehen werden, wo die rechtmäßige Verwendung dieser Befugnisse zuverlässig kontrolliert werden könne. Der Gleichheitsgrundsatz nach Art. 3 GG verlange, daß öffentliche Berechtigungen nach gleichartigen Grundsätzen verteilt werden [63]. Die Interpretation des Gleichheitssatzes ist aber gerade in diesem Zusammenhang besonders zweifelhaft.

Der Gleichheitsgrundsatz – das generelle Gebot, Gleiches gleich und Ungleiches ungleich zu behandeln – erlebt in ständiger Rechtsprechung und herrschender Lehre eine beträchtliche Reduktion seines dynamischen Inhalts.

Er wird heute im wesentlichen als „Willkürverbot“ interpretiert und läßt dem Ermessen des Gesetzgebers und der Verwaltungen weiten Spielraum. Nur dort, wo tatsächliche Gleichheiten oder Ungleichheiten nicht berücksichtigt sind, die so bedeutsam sind, daß sie bei einer am Gerechtigkeitsgedanken orientierten Betrachtungsweise beachtet werden müssen, kann er seine Wirkung entfalten. Im übrigen ist nicht zu prüfen, ob jeweils die gerechteste und zweckmäßigste Regelung getroffen wurde, sondern lediglich, ob jene äußersten Grenzen gewahrt sind. Vor allem ist der Gesetzgeber innerhalb jener Grenzen frei, an denen er Gleichheit und Ungleichheit orientiert [64].

Die Frage, ob tatsächliche Gleichheiten oder Ungleichheiten, gemessen etwa an Verfassungsaufträgen, wünschenswert oder erheblich sind, taucht bei dieser – eng am Status quo der Tatsachen orientierten – Interpretation nicht auf, da nach den Gründen von Gleich- und Ungleichheit nicht gefragt wird und daher ein Vergleich mit den der Verfassung innewohnenden Tendenzen nicht möglich ist.

---

pädagogische Reformgedanken zu verwirklichen“. Auch hier ist also — wenn auch nicht unter dieser Bezeichnung — ein „Anerkennungsvorgang“ versteckt (dies übersieht v. Campenhausen, a. a. O., S. 64). In Berlin wird, zum Unterschied von allen anderen Bundesländern, die dauernde Einhaltung nur der Genehmigungsvoraussetzungen verlangt, dafür aber die Möglichkeit offengelassen, trotz Anerkennung keine hoheitlichen Befugnisse zu gewähren (§ 7 PSchG). Außerdem besteht kein zwingender Anspruch auf Anerkennung (ebenso wie in Bremen — § 12 PSchG — und Hessen — § 11 PSchG).

[62] Heckel, H.: a. a. O., S. 246 ff.; Geiger, W., in: RWS 1961, S. 113; Campenhausen, A. v.: a. a. O., S. 63; Peters, H.: zuletzt in VVdDSt Heft 23, 1966, S. 255.

[63] Z. B. Plümer, E.: a. a. O., S. 146 ff.; Evers, H. U., in: VVdDSt Heft 23, 1966, S. 191; BVerfG Urteil 1 BvL 24/64 v. 16. 11. 1969.

[64] Ständige Rechtsprechung des BVerfG (vor allem Bd. 9, S. 206).

Ein Beispiel dafür ist das Urteil des Bayer. Verfassungsgerichtshofs zum bayer. Begabtenförderungsgesetz [65]. Das Gesetz sieht Ausbildungsbeihilfen nur für Schüler staatlicher Schulen und anerkannter Ersatzschulen vor, nicht jedoch für Schüler genehmigter Ersatzschulen [66]. Diese Ungleichbehandlung rechtfertigt das Gericht damit, daß anerkannte Ersatzschulen gleichartige, genehmigte Ersatzschulen nur gleichwertige Anforderungen erfüllen müssen. Folgerichtig „durfte es vordringlich erscheinen, jene begabten Schüler besonders zu fördern, deren Leistungen nach strengeren [sic!] Maßstäben beurteilt werden und die von der Schule mit [staatlich anerkannten] Befähigungsnachweisen abgehen" [67]. Als einleuchtend wird für die Ungleichbehandlung auch der Grund attestiert, „daß sich die Leistungen der Schüler [genehmigter Ersatzschulen] und ihre Förderungswürdigkeit nur schwer [sic!] [mit denen staatlicher Schulen] vergleichen lassen".

Abgesehen davon, daß als sachlich einleuchtende Gründe zum einen ein Vorurteil und zum anderen die mangelnde Differenzierungsfähigkeit der Schulverwaltung angeboten werden, wird hier die Reduktion des Gleichheitssatzes auf das Willkürverbot exemplarisch belegt. Ausdrücklich wird erklärt, daß nicht zu prüfen war, „ob der Gesetzgeber eine bessere als die getroffene Lösung hätte finden können", nachdem festgestellt war, daß die äußersten Grenzen des gesetzgeberischen Ermessens nicht überschritten wurden. Der verfassungsrechtliche Gehalt des Art. 7 (4) GG bleibt außer acht. Der Gleichheitssatz, dergestalt isoliert und reduziert angewandt, erhält eine Bedeutung, die vom Gesetzgeber nicht intendiert war: Aus einem Gebot der Gleichbehandlung von Gleichem wird ein Gebot des Gleichbleibens von einmal Gleichem, ein Verbot sach- und gesellschaftsbezogener Änderung.

Hamann [68] möchte daher mit Recht den außerordentlich weiten, dem Gesetzgeber zugebilligten Ermessensrahmen eingeschränkt und strukturiert sehen durch die Merkmale der Erheblichkeit der jeweils herangezogenen Gleichheit bzw. Ungleichheit, der Sachgemäßheit, der ausreichenden Orientierung an der Gerechtigkeit und durch die Grundwertentscheidungen. Zu diesen Wertentscheidungen zählt Hamann auch die Sozial-

---

[65] Vf 118-VII-66 vom 13. 8. 1969. Dazu Vogel, J. P., in: betrifft: erziehung. 1968, Heft 10, S. 11.

[66] Art. 2 Bay. BFG vom 12. 7. 1966.

[67] Ähnlich klingt die Argumentation v. Campenhausens (a. a. O., S. 71), wenn er die Unterwerfung der Privatschule unter weite Teile der staatlichen Schulordnung damit rechtfertigt, daß „größere Freiheit zu unerträglichen Konsequenzen führen [würde], als sonst die Gefahr bestünde, daß anerkannte Privatschulen bei geringerer Leistung Schülern Berechtigungen verleihen, die in öffentlichen Schulen schwerere Voraussetzungen haben".

[68] Hamann: Das Grundgesetz. Neuwied und Berlin 2. Aufl. 1960, Art. 3, Anm. B 4 a.

staatserklärung des Art. 20 GG [69]. Zum einen wird dadurch die Beliebigkeit der Auswahl unter den Tatsachen, die für die Gleich- oder Ungleichbehandlung maßgeblich sein sollen, gesteuert, und zum anderen geraten diejenigen Entwicklungskriterien, die die innerhalb des verfassungsmäßigen Rahmens relevanten gesellschaftlichen Vorgänge kennzeichnen, ins Blickfeld.
Bei dieser Betrachtungsweise verlieren die vorhandenen, aber unwesentlichen Ungleichheiten zwischen Staatsschule und Freier Schule sowie zwischen den einzelnen rechtlichen Spielarten der Freien Schule die entscheidende Bedeutung, die sie z. Z. in Rechtsprechung und Verwaltungspraxis besitzen, und treten die Gleichheiten – etwa die gemeinsame differenzierte Bewältigung öffentlicher Bildungsaufgaben durch Schulen in verschiedener Trägerschaft – in den Vordergrund der Entscheidungen. Es ist dann nicht mehr plausibel, weshalb Ersatzschulen zur Erlangung hoheitlicher Befugnisse Gleichartigkeit aufweisen müssen; wenn Art. 7 (4) GG Freie Schulen als gleichwertigen Ersatz für Staatsschulen zuläßt, ist diese Position nur mit den Berechtigungen der Staatsschule zu erfüllen. Allerdings wird die Schulverwaltung Kriterien entwickeln müssen, nach denen die Gleichwertigkeit überprüft wird [70], die bisherige Praxis, nur die Abziehbilder der Staatsschule als vollwertig anzusehen, hat die Entwicklung derartiger Kriterien nicht gefördert.

Schwerpunkte einer Revision

Wird die Garantie des Art. 7 (4) GG in dieser Weise beim Wort genommen, ergibt sich die Notwendigkeit einer grundsätzlichen Revision des derzeit geltenden Privatschulrechts. Dies sei an vier Kernpunkten gezeigt.

Funktion der Freien Schule

Wenn bisher in den Privatschulbestimmungen der Privatschule die Aufgabe zugewiesen wurde, das öffentliche Schulwesen zu ergänzen, zu bereichern und zu fördern [71], so ist dies im Zusammenhang mit den übrigen Bestimmungen [72] verstanden worden, als liege die eigentliche Existenzberechtigung der Privatschulen darin, Lücken auszufüllen, die – aus welchen Gründen auch immer – die Staatsschule läßt. Deutlich

[69] Hamann: a. a. O., Art. 3, Anm. B 4 c a. a.
[70] Siehe Anmerkung 59.
[71] Siehe Anmerkung 40.
[72] Vor allem die Bestimmungen bezüglich der Erteilung von Berechtigungen (Anerkennung) und von Subventionen.

wird dies, wenn die Schulverwaltung Typen einführt, die es bis dahin nur im Privatschulbereich gegeben hatte: hatten z. B. vor Einführung staatlicher Sonderschulen zahlreiche, aus Erfahrung und Bedürfnis heraus aufgebaute Freie Sonderschulen für spezielle Gruppen von Schülern bestanden, so wurden sie nach Einführung staatlicher Sonderschulen gezwungen, sich Programmen zu unterwerfen, die in der Schulverwaltung – häufig genug, ohne die Erfahrung der schon vorhandenen Schulen zu Rate zu ziehen – entwickelt worden waren. Ebenso überließ der Staat umgekehrt einen Bereich der Volksschule erst dann dem Privatschulwesen, als er Bekenntnisschulen nicht mehr führen wollte.

Ersatz- und Ergänzungsschule

Die Einteilung der Privatschulen in Ersatz- und Ergänzungsschulen hatte so lange einen Sinn, als es wenige prägnante Typen der öffentlichen Schule gab, an denen gemessen werden konnte, ob eine Privatschule einem dieser Typen entsprach (Ersatzschule) oder nicht entsprach (Ergänzungsschule). Bei steigender Differenzierung der Schultypen untereinander und unter den einzelnen Bundesländern wird die Unterscheidung immer schwieriger; sie führt dort zu regelrechten Unsinnigkeiten, wo der gleiche Schultyp im einen Land Ersatz-, im anderen Land Ergänzungsschule ist, im einen anerkannt, im anderen genehmigt. Heckel [73] hat dies anhand von Beispielen wiederholt dargestellt.
Hinzu kommt, daß, wenn heute von Modellschulen die Rede ist, diese noch am ehesten im Bereich der Ergänzungsschule anzutreffen sind. Gerade für die vielfältigen Formen der Berufsbildung ist die flexible Antwort der Schule auf die Bedürfnisse der Industriegesellschaft erforderlich; sie wird unter erheblichem Risiko des Unternehmers, meistens ohne finanzielle Beteiligung des Staates, in der unterprivilegierten Form der Ergänzungsschule angestrebt. Die Diskrepanz zwischen öffentlicher Aufgabe und öffentlicher Anerkennung ist hier besonders groß.
Wenn das Staatsschulwesen den Schritt von der vertikalen Einteilung zur horizontalen Differenzierung vollzieht, gibt eine an der vertikalen Einteilung orientierte Unterscheidung in Ersatz- und Ergänzungsschule keinen Sinn mehr. Jede Freie Schule stellt – mindestens potentiell – eine zusätzliche Differenzierung des Staatsschulwesens und damit des gesamten Schulwesens dar. Es kann nicht Sinn eines modernen Privatschulgesetzes sein, Schulen, die dasselbe wie die Staatsschulen machen, zu prämiieren und dadurch zusätzliche Differenzierungen zu unterbinden.

---

[73] Zuletzt in: Schulrecht und Schulpolitik, S. 116 ff. mit weiteren Zitaten.

Die Aufhebung der beiden Rechtsinstitute – Ersatz- und Ergänzungsschule – bringt einerseits eine Verbreiterung des Bestandes an berechtigten Freien Schulen; andererseits wird es außer den freien Unterrichtseinrichtungen keine Freie Schule mehr geben, die nicht den Genehmigungsvoraussetzungen und dem dort gesetzten Niveau unterworfen ist. Diese Konsequenz erscheint angesichts der Aufgabe der heutigen Schule als einer Institution unter öffentlicher Verantwortung [74] auch berechtigt.

Anerkennung einer Freien Schule

Zur Frage der Anerkennung seien die obigen Ausführungen (vgl. S. 52 f.) kurz zusammengefaßt:

- Schon systemimmanent ist das Institut der Anerkennung als Prämiierung gleichartiger Privatschulen mit Hoheitsrechten fragwürdig, da es in direktem Widerspruch steht zu der allgemein anerkannten und in einzelnen Gesetzen auch ausgesprochenen Aufgabe der Privatschule, das öffentliche Schulwesen durch besondere Formen des Unterrichts und der Erziehung zu ergänzen und zu bereichern.
- Außerdem aber sieht Art. 7 (4) GG die Privatschule als eine gleichwertige, nicht als eine gleichartige Einrichtung vor. Sie steht als gleichwertige Institution qualitativ auf derselben Stufe wie die entsprechende Staatsschule. Diese Garantie gewinnt in einem sich zunehmend differenzierenden Schulwesen entscheidend an Bedeutung. Weder die Schwierigkeit der Kontrolle noch eine regressive Interpretation des Gleichheitssatzes stehen der Verleihung hoheitlicher Rechte an gleichwertige Freie Schulen entgegen.

Öffentliche finanzielle Beteiligung an den Kosten Freier Schulen

Schule kostet Geld. Müssen diese Kosten von den Eltern aufgebracht werden, so werden, angesichts der Beträge, um die es dabei geht, die Schüler nach den Besitzverhältnissen der Eltern ausgesondert. Dies ist nach Artikel 7 (4) GG verfassungswidrig. Also könnten, wenn nicht Kirchen oder andere große, finanzstarke gesellschaftliche Gruppen die Kosten übernehmen, Freie Schulen weder erhalten noch gegründet werden. Die in Artikel 7 (4) enthaltene Errichtungsgarantie stünde dann nur noch auf dem Papier. Die Ländergesetzgebung sieht daher eine jeweils unterschiedliche Finanzhilfe vor; das Bundesverwaltungsgericht hat den Anspruch der Ersatzschulen auf Finanzhilfe mehrfach begrün-

[74] Strukturplan. 1970, S. 260 f.

det; auch der Bildungsrat skizziert im Strukturplan eine Finanzhilfe[75]. Trotz dieser Finanzhilfen muß an den meisten Schulen Schulgeld erhoben werden. Ein beliebter Gemeinplatz ist daher der Vorwurf in der Öffentlichkeit, die Freien Schulen bildeten „Eliten" aus.

Das stimmt bei der überwiegenden Zahl dieser Schulen weder vom Bildungsangebot noch von der Absicht der Schulen her. Im Gegenteil: durch Stipendien und durch Kooperationen mit Jugendämtern versuchen die Schulen, die soziale Zusammensetzung der Schüler möglichst vielschichtig zu gestalten. Die finanziell gerechteste Lösung der Schulgeldfrage wäre eine Deckung der Kosten aller Schulen über Bildungsgutscheine; staatliche wie Freie Schulen würden finanziert aus den Gutscheinen, die die Eltern je Kind erhalten und die von den Schulen beim Fiskus eingelöst würden[76]. Das derzeitige Finanzhilfesystem kann letztlich nicht völlig befriedigen, unter anderem auch deshalb nicht, weil Subventionen bei angespannter öffentlicher Finanzlage generellen Kürzungen unterliegen, die Personalaufwendungen der Schulen, die im wesentlichen aus der Finanzhilfe bestritten werden, können jedoch nicht gleichermaßen gekürzt werden.

Das Bundesverwaltungsgericht hat für Ersatzschulen eine Finanzierung von seiten des Staates aus Art. 7 (4) GG abgeleitet[76a] mit dem Argument, daß die Verfassungsgarantie ausgehöhlt würde, wenn sie eine Freiheit gewähre, die praktisch nicht einzulösen ist. Klar stellt sich das Gericht auf den hier vertretenen Standpunkt einer Partnerschaft im öffentlichen Auftrag der Schulen in verschiedener Trägerschaft, wenn es anstrebt, aus dem Gesichtspunkt der sozialen Gerechtigkeit (Art. 20 GG) heraus beiden Schularten gleiche Chancen einzuräumen[77]. Aus dieser Begründung ergibt sich zugleich die Haltlosigkeit des Arguments, es sei ein Widerspruch in sich, den Freiheitsraum der Freien Schule zu behaupten und zugleich öffentliche Finanzierung zu beanspruchen[78]. Weiter kann aus dieser Argumentation abgeleitet werden, daß die Finanzhilfe nicht zu verstehen ist als eine Subvention Privater[79], sondern als eine Beteiligung der öffentlichen Hand an öffentli-

---

75 Strukturplan, V 2.2.4.

76 Vogel, Johann Peter: Der Bildungsgutschein — eine Alternative der Bildungsfinanzierung. In: Neue Sammlung. 1972, S. 514 ff. mit Quellennachweisen; s. auch Ingo Richter: Die unorganisierbare Bildungsreform. München 1975, S. 89 ff.

76a BVerwGE 23, 347 ff.; BVerwGE RdJB 1968, 279 ff. (mit zahlreichen Besprechungen, zitiert in RdJB 1968, S. 280). Positiv auch P. Häberle in: Grundrechte im Leistungsstaat, VVdDStRL 30, S. 77 ff.

77 BVerwG RdJB 1968, S. 279; Anm. von Vogel, J. P.: a. a. O., S. 281.

78 So z. B. Bath in: Der Tagesspiegel, Berlin, vom 22. 10. 1967; dazu Vogel, J. P., ebd., 29. 10. 1967.

79 Preuß, U. K.: a. a. O., S. 58.

chen Aufgaben, die durch Institutionen des Zivilrechts erfüllt werden [79a].

Wichtig ist, daß das Bundesverwaltungsgericht in seinen späteren Urteilen die zunächst auch angeführte Begründung für den Finanzhilfeanspruch, die Ersatzschulen entlasteten das staatliche Schulwesen, offenbar fallen gelassen hat. Gestützt auf diese Argumentation haben einzelne Bundesländer die Finanzhilfe davon abhängig gemacht, daß die Schule das staatliche Schulwesen durch die Aufnahme eines bestimmten Prozentsatzes von „Landeskindern“ entlastet [79b]. So platt quantitativ verstanden, könnte das Argument der Entlastung dazu führen, daß Freie Schulen überflüssig würden, wenn der Staat eine ausreichende Zahl von Schülerplätzen anböte.

Wenn überhaupt von Entlastung gesprochen werden soll, dann kann dies nur in dem Sinne verstanden werden, daß Freie Schulen das staatliche Schulwesen in der Aufgabe entlasten, diejenige Vielfalt der Bildungsangebote zu schaffen, die aus pädagogischen wie gesellschaftlichen Gründen erforderlich ist.

Zur *Höhe der öffentlichen Finanzhilfe* hat das BVerwG ausgeführt, daß die „staatliche Hilfe so bemessen sein [muß], daß eine zum wirtschaftlichen Niedergang und schließlich zum Zusammenbruch führende Entwicklung [der Ersatzschule] wirksam aufgehalten wird“[80]. Damit ist die Mindesthöhe fixiert, die allerdings von allen Ländern außer Hessen – wenn auch keineswegs für alle Ersatzschulen [81] – überschritten wird. Die wünschenswerte Höhe wird am ehesten so umschrieben, daß eine gewisse Eigenleistung der Freien Schulen nicht nur zugemutet, sondern auch von ihnen in Anspruch genommen werden sollte. Die Grenze der Eigenleistung ist durch Art. 7 (4) GG gesetzt: eine Sonderung der Schüler nach den Vermögensverhältnissen der Eltern soll nicht stattfinden. Im Strukturplan wird daher eine Finanzierung empfohlen, die die Kosten deckt, „die durch die Erfüllung derjenigen Aufgaben entstehen, die aufgrund der öffentlichen Verantwortung für das

---

79a Analog den Ausführungen von Willy Brandt: Theater als Politikum. In: Bulletin. 1972, S. 1572 ff. (1574): „Vielleicht sollte man sich darauf einigen, auch bei den Theatern nicht mehr einfach von Subventionen zu sprechen, sondern, neutraler, wertfreier, von ihrer Finanzierung. [Die Theater] gehören vielmehr, ebenso wie die Volkshochschulen, die Museen oder die Büchereien, zum notwendigen Bestand unseres Kulturhaushaltes — das Wort im Doppelsinn seiner Bedeutung gemeint.“

79b § 25 (2) DVO PSchG Rheinland-Pfalz; in Hessen Verwaltungspraxis auf der Basis des § 1 (1) Ziff. 2 ESchFG.

80 BVerwG RdJB 1968, S. 280.

81 Siehe Anmerkung 39.

gesamte Bildungswesen durch Bildungsplanung und -verwaltung gesetzt werden“ [82].

Die Frage ist, ob im Einzelfall Freie Schulen insgesamt oder in Teilbereichen (Personalkosten) höhere öffentliche Mittel erhalten dürfen als entsprechende staatliche Schulen. Auch in diesem Zusammenhang wird der Gleichheitsgrundsatz (s. S. 54 f.) in regressiver Weise – zur Erhaltung vorhandener Gleich- und Ungleichheiten – interpretiert. Die Fragestellung, ob es angängig sei, daß Freie Schulen mehr öffentliche Mittel in Anspruch nehmen könnten als Staatsschulen, legt die platte Anwendung des Gleichheitssatzes nahe. Wenn es jedoch die besondere pädagogische Prägung einer Schule erfordert, sollte sie die dafür notwendigen zusätzlichen Mittel, über das Normalmaß entsprechender Schulen hinaus, erhalten – gleichgültig, in welcher Trägerschaft sich die Schule befindet. Vor allem sollte die für Modellversuche erforderliche wissenschaftliche Begleitung genauso wie die der staatlichen Schule öffentlich finanziert werden.

Für die *Wahrung des Freiheitsraumes* der Freien Schule birgt nicht so sehr die Höhe zugewandter öffentlicher Mittel an sich, sondern vor allem auch die Art ihrer Berechnung Gefahren. Erst über die Berechnungsweise kann öffentliche Finanzhilfe zum Instrument der Reglementierung werden. Gerade aber öffentliche Verantwortung für das Bildungswesen und Bildungsfinanzierung sollten nach Möglichkeit unabhängig voneinander sein [83]. Zwei verschiedene Modi haben sich ausgebildet: das sog. „Defizitdeckungsverfahren“, bei dem die Höhe der Finanzhilfe bemessen wird nach einem in bestimmter Weise errechneten tatsächlichen Haushaltsfehlbetrag der Schule; und die Pauschalberechnungsweise, bei der sich, unabhängig von der Finanzlage und der Verwendung der Mittel in der Schule, die Höhe aus einem Prozentsatz von an Staatsschulen erforderlichen Mitteln ergibt [84].

Kann das Defizitdeckungsprinzip einerseits, wenn es mit dem erforderlichen Verständnis für Gleichwertigkeit gehandhabt wird, die besonderen Modalitäten der einzelnen Schule besser berücksichtigen, so führt es andererseits meist zu einer Überprüfung des Etats der Schule und zu einer Bewertung einzelner Ausgaben der Schule durch die Schulverwaltung unter Zugrundelegung des Maßstabs der Staatsschule. In NRW geht dies so weit, daß den Schulen die Anstellungsverträge für ihre

---

[82] Strukturplan. 1970, S. 267.

[83] Ders.: S. 260.

[84] Das Defizitdeckungsprinzip gilt in Berlin, Niedersachsen, Nordrhein-Westfalen, Saar; das Pauschalverfahren in Baden-Württemberg, Bremen, Hessen, Rheinland-Pfalz. In Bayern gibt es ein Mischsystem.

Lehrkräfte formularmäßig vorgeschrieben und auch sonst zahlreiche Details in der Schule von der Berechnungsweise her reglementiert werden [85]. Dies führt notwendigerweise zur Nivellierung und – da die Regelungen von der Staatsschulverwaltung ausgehen – zur Angleichung an das Staatsschulwesen. In Berlin zwingt die Berechnungsweise die Schulen zu bestimmten Eigenleistungen; ärmere Schulen, die die Eigenleistung nicht in voller Höhe erbringen können, erhalten weniger Finanzhilfe und geraten dadurch in eine immer bedrohlichere Wirtschaftssituation [86].

Die Pauschalberechnungsweise läßt dagegen die besonderen Erfordernisse der einzelnen Schule außer acht, teilt die Mittel dafür aber auch ohne Rücksicht auf den einzelnen Haushalt global zu: jede Schule des gleichen Typs erhält gleich viel und ist in der Verwendung ihrer Mittel frei. Abgesehen von dem Vorteil, daß Einflußnahme durch die Schulverwaltung mit der Finanzhilfe nicht verbunden sein muß, ist auch die Berechenbarkeit meist wesentlich einfacher, so daß überraschende Rück-

---

[85] Siehe die über 20 Seiten Auswahl der Vorschriften in Seipp-Tenhof: Die Privatschule. Neuwied und Berlin, IV B VIII. Als Beispiele dafür, wie weit Reglementierung und Verwaltungsaufwand getrieben werden, seien aus Prüfungsberichten des Regierungspräsidenten von Düsseldorf (danach prüft noch einmal der Landesrechnungshof!) zwei typische Abschnitte zitiert: „Zu Titel 103 c: Die Vertretungskosten in Höhe von 1255,50 DM für die erkrankte Lehrerin, Fräulein P., können nicht anerkannt werden. Nach dem RdErlaß des Kultusministers vom 8. 1. 1964—Z B/3—24/11—1918/63 haben sich bei Erkrankung oder Beurlaubung die hauptamtlichen Lehrer untereinander ohne Zahlung einer besonderen Vergütung zu vertreten. Dies gilt um so mehr in Ihrem Fall, als Sie den Stellenplan voll ausgeschöpft haben. Außerdem befinden sich im Lehrerkollegium einige recht junge Lehrkräfte, denen man eine Vertretung für längere Zeit zumuten konnte. Hinzu kommt weiter, daß für keine Lehrperson die Erteilung von Nebenstunden bei mir beantragt worden ist. Darüber hinaus haben die nebenamtlichen Lehrkräfte die genehmigten Nebenstunden nicht voll ausgeschöpft." „Zu Titel 204: Die Anbringung eines Handbeckens (Becken, Kupferrohr usw.) lt. Beleg vom 14. 5. 1962 im Betrag von 29,40 DM in den gemieteten Räumen ... Allee ... konnten nicht berücksichtigt werden, da die Aufwendungen zu Lasten des Vermieters gehen müssen. Lt. § 6 des Mietvertrages vom 22. 6. 1959 zwischen der Grundstücksverwaltung K. und Ihnen hat der Mieter lediglich die Schönheitsreparaturen auszuführen. Aus der Rechnung der Fa. J. vom 4. 5. 1962 über 5,96 DM konnten lediglich 2,10 DM für 1 Steckdose berücksichtigt werden. Stecker dagegen sind bei Titel 201 zu verbuchen. Die Rechnungen der Firma H. vom 14. 2. 1962 über —,90 DM und der Firma K. über 5,80 DM für 1 Handtuchhalter konnten als zu Titel 201 gehörig nicht besonders bezuschußt werden."

Das erste Beispiel zeigt, daß die Freie Schule sogar gezwungen wird, am Lehrermangel der Staatsschule teilzunehmen; hat eine Freie Schule noch Vertretungskräfte, wie sie an jeder Schule selbstverständlich sein sollten, werden diese neidvoll nicht finanziert. Beachtlich auch die Einstellung gegenüber jungen Lehrkräften und die Bedenkenlosigkeit im Austausch beliebiger Nebenstunden mit dem Hauptunterricht, der der Freien Schule zugemutet wird. — Die Feststellung A. v. Campenhausens (a. a. O., S. 77), diese Regelung sei „für die Privatschulen die günstigste", gilt allenfalls für die Höhe der Mittel, nicht aber für die Respektierung der Autonomie.

[86] Zur Kritik des Berliner PSchG s. Vogel, J. P., RdJB 1967, S. 47 f.

zahlungen vermieden werden und bei der Schulverwaltung keine unverhältnismäßig große Verwaltungsarbeit anfällt [87]. Den Nachteil, daß höhere Erfordernisse wegen besonderer pädagogischer Prägung nicht berücksichtigt werden, gleichen Hessen, Bayern und Bremen durch zusätzliche Finanzhilfebeiträge aus, deren Zustandekommen freilich weithin dem Ermessen der Schulverwaltung unterliegt [88].

Unter dem Gesichtspunkt autonomer Wirtschaftsgestaltung ist die Pauschalberechnungsweise dem Defizitdeckungsverfahren vorzuziehen. Die Rechnungshöfe sind ausreichende Garanten für die Kontrolle über die öffentlichen Mittel. Eine weitere Kontrolle bereits in der Schulverwaltung erscheint überflüssig und setzt sich dem Verdacht aus, über die Finanzhilfe solle auch die Pädagogik gegängelt werden.

Dies gilt um so mehr, als üblicherweise die Finanzhilfe abhängig gemacht wird von der Gemeinnützigkeit [89] der Schule. Dabei schreiben die Länder entweder die Form der steuerrechtlichen Gemeinnützigkeit vor oder die der wirtschaftlichen Autonomie der Freien Schule besser angemessene „privatschulrechtliche" Gemeinnützigkeit [90]. Was darunter zu verstehen ist, formuliert § 20 1. DVO PSchG RP vorbildlich so: „Eine Privatschule arbeitet auf gemeinnütziger Grundlage im Sinne des PrivSchG, wenn der Schulträger mit dem Betrieb der Schule in erster Linie die Förderung und Erziehung und Ausbildung von Schülern erstrebt und nicht die Erwerbsabsicht in den Vordergrund stellt. Die Erwerbsabsicht steht nicht im Vordergrund, wenn die Einnahmen einschließlich der der Schule zufließenden privaten und öffentlichen Beiträge und Zuschüsse die zur Erfüllung des Zwecks erforderlichen Selbstkosten nicht übersteigen. Zu den Selbstkosten gehören insbesondere die Aufwendungen für den Personal- und Sachbedarf der Schule einschließlich eines angemessenen Entgelts für die Arbeitsleistung des Schulträgers, die übliche Verzinsung und Abschreibung des investierten Kapitals und angemessene Rücklagen."

Modell eines Gesetzes für Schulen in freier Trägerschaft

Die wesentlichen Bestimmungen eines Gesetzes für Freie Schulen könnten nach diesen Ausführungen etwa so lauten:

---

87 In Berlin ist z. B. zur Überprüfung der Berechnung ein Wirtschaftsprüfer erforderlich, der jeden Schulhaushalt überprüft; s. auch Anmerkung 76.

88 Bayer. PSchLG Art. 3; Hess. PSchFG § 2 (7); Brem. PSchG § 17 (4).

89 Nur Berlin kennt diese Voraussetzung nicht, ersetzt sie aber durch eine kompliziertere und schulpolitisch zweifelhafte Höchstbetragsregelung für die Gesamteinnahmen der Schule [§ 6 (3) 2. DVO PSchG].

90 Dazu Heckel, H.: Schulrecht und Schulpolitik, S. 124 f.

1. (1) Schulen in freier Trägerschaft sind Schulen, die weder vom Land noch von kommunalen Gebietskörperschaften betrieben werden.
(2) Sie müssen eine Bezeichnung führen, die eine Verwechslung mit Schulen anderer Träger ausschließt.
2. Schulen in freier Trägerschaft dienen nach Maßgabe des Verfassungsrechts der öffentlichen Aufgabe, das Schulwesen durch das Angebot freier Schulwahl zu bereichern und durch besondere Inhalte oder Formen des Unterrichts und der Erziehung zu fördern.
3. (1) Freie Schulen dürfen nur mit Genehmigung der Schulaufsichtsbehörde errichtet oder betrieben werden. Das Genehmigungsverfahren wird durch Verordnung geregelt. Sie darf keine Bestimmungen enthalten, durch die die im Grundgesetz und in der Landesverfassung festgesetzten Genehmigungsvoraussetzungen erschwert werden.
(2) Mit der Genehmigung erhält die Schule das Recht, Kinder und Jugendliche zur Erfüllung ihrer Schulpflicht aufzunehmen; die für die Schulpflicht geltenden Bestimmungen sind zu beachten.
4. (1) Die Genehmigung ist zu erteilen, wenn die Freie Schule in ihren Lehrzielen und Einrichtungen sowie in der wissenschaftlichen Ausbildung ihrer Lehrkräfte nicht hinter den staatlichen Schulen zurücksteht und eine Sonderung der Schüler nach den Besitzverhältnissen der Eltern nicht gefördert wird.
(2) Abweichungen in der inneren und äußeren Gestaltung der Schule, in der Lehr- und Erziehungsmethode sowie im Lehrstoff stehen der Genehmigung nicht entgegen, sofern die Schule – verglichen mit Ziel, Methoden und Stoff staatlicher Schulen – als gleichwertig betrachtet werden kann.
(3) Die Anforderungen an die wissenschaftliche Ausbildung der Lehrer sind erfüllt, wenn eine fachliche und pädagogische Ausbildung sowie Prüfungen nachgewiesen werden, die der Ausbildung und den Prüfungen der Lehrer an entsprechenden staatlichen Schulen im Werte gleichkommen. Auf diesen Nachweis kann verzichtet werden, wenn die wissenschaftliche, künstlerische oder technische Ausbildung und die pädagogische Eignung des Lehrers anderweitig nachgewiesen wird.
5. (1) Das fachlich zuständige Ministerium verleiht einer genehmigten Freien Schule, welche die Gewähr dafür bietet, daß die Genehmigungsvoraussetzungen dauernd erfüllt sind, die Eigenschaft einer anerkannten Freien Schule.
(2) Mit der Anerkennung erhält die Freie Schule das Recht, Prüfungen abzuhalten und Zeugnisse zu erteilen. Für die Abhaltung von Prüfungen und Erteilung von Zeugnissen gelten die allgemeinen Vorschriften für staatliche Schulen. Schulen besonderer pädagogischer

Prägung sind von den genannten Vorschriften ganz oder teilweise zu entbinden.

(3) Die Anerkennung kann widerrufen werden, wenn ihre Voraussetzungen nicht mehr vorliegen.

6. Die Schulaufsicht nach Art. 7 (1) GG erstreckt sich auf alle Freien Schulen. Ihr obliegt die Sorge für die Einhaltung der Genehmigungsvoraussetzungen.

7. (1) Das Land beteiligt sich an den Kosten Freier Schulen, die auf gemeinnütziger Grundlage arbeiten.

(2) Die Beteiligung beträgt je Schüler ... % der ... Kosten, die für den Schüler einer staatlichen Schule der entsprechenden Schulform angewandt werden. Die Aufwendungen werden für die Schüler der staatlichen Schule nach dem Aufwand berechnet, den das Land für die einzelnen Schulformen leistet.

(3) Das Land beteiligt sich an den Kosten Freier Schulen, die sich durch wissenschaftliche Begründung und Begleitung als Versuchs- oder Modellschulen oder Schulen besonderer pädagogischer Prägung ausweisen, zusätzlich bis zu weiteren ... % der nach Abs. (2) errechneten Kosten und an den Kosten der wissenschaftlichen Begleitung.

(4) Erstattung eventueller Lehrmittelfreiheit.

(5) Stichtag für die Berechnung nach Abs. (2).

Das Recht der Freien Schule als Modell für ein allgemeines Schulrecht

Autonomie und Gleichwertigkeit sind die Grundbedingungen, ohne die die Garantie des Art. 7 (4) GG wertlos wäre; mit diesen Ausführungen wurde versucht, deutlich zu machen, daß beide in der derzeitigen Ländergesetzgebung und Verwaltungspraxis noch nicht voll zur Geltung gekommen sind. Beide Bedingungen des Rechts der Freien Schule scheinen aber in Zukunft nicht mehr auf diesen Bereich allein beschränkt zu bleiben. Das Bedürfnis nach Unabhängigkeit, Selbständigkeit und Differenzierung, das kulturellen Einrichtungen – nicht zuletzt den Schulen [91] – eigen ist, erfordert Organisationsformen, die einerseits dem erdrückenden Einfluß bürokratischer Verwaltung gewachsen sind, andererseits aber einen Öffentlichkeitsstatus zulassen, der sich nicht völlig ins

[91] Siehe die Organisationsvorschläge für die integrierte, differenzierte Gesamtschule in den Gesamtschulempfehlungen, S. 107 ff.; sowie das Organisationsmodell der J.-F.-Kennedy-Schule vom 26. 10. 1964, dazu Vogel, J. P., in: Neue Sammlung. 1964, **S. 518 ff.**

Privatrecht flüchtet und von der Öffentlichkeit nicht mehr kontrolliert werden kann. U. K. Preuss hat dafür das Institut der „sozialstaatlichen Selbstverwaltung" vorgeschlagen, die einen Bereich zwischen öffentlichem und privatem Bereich umschreibt und in der je nach Natur der Sache eine Vielfalt angemessener Organisationsformen zu entwickeln wäre [92]. Auch die Freie Schule wird sich eines Tages vor die Situation gestellt sehen, einen Beitrag zur Annäherung an das Staatsschulwesen im Rahmen eines allgemeinen dezentralisierten, differenzierten Schulwesens zu leisten. In der gegenwärtigen schulpolitischen Situation erscheint das emanzipatorische Element des Rechts der Freien Schule kreativer. Dieser Emanzipationsprozeß zwingt zur Ausbildung von Rahmen und Verklammerungen. In diesem Zusammenhang gewinnt die Entwicklung von Kriterien der Gleichwertigkeit entscheidende Wichtigkeit. Diese Arbeit könnte bereits auf dem Sektor der Freien Schule geleistet werden. Nicht nur pädagogisch, sondern auch organisatorisch und rechtlich könnte die Freie Schule Versuchsfeld für das gesamte Schulwesen sein.

[92] Preuß, U. K.: a. a. O., S. 197 ff.

2. Darstellung

Die Vielfalt des Freien Schulwesens

„Erziehung und Bildung sind das Feld, auf dem wir schon heute über die Zukunft verfügen, denn durch die gegenwärtige Einrichtung der Schulen und Universitäten wird quantitativ wie qualitativ der Horizont der Möglichkeiten festgelegt, die der Menschheit in zwanzig Jahren offenstehen.“ [1] Der quantitative Beitrag des Freien Schulwesens mag in dieser Perspektive nicht sehr erheblich sein. Dagegen dürfte das, was die Freien Schulen insgesamt qualitativ zur Festlegung des Horizontes künftiger Möglichkeiten beitragen, um so bemerkenswerter sein.

Zunächst ist bereits die Vielfalt von Schulen und Internaten in Freier Trägerschaft ein gewichtiger Beitrag. Dabei ist sowohl an die Vielfalt der Gruppen zu denken, die in diesem Band erstmals gemeinsam an die Öffentlichkeit treten, als auch an die Vielzahl der Möglichkeiten innerhalb der genannten Gruppen.

In der Vielfalt müssen aber auch die konkrete Schule und das unverwechselbare Internat gesehen werden, um den Dienst des Freien Schulwesens erkennen und beurteilen zu können. Freie Schulen haben ihr eigenes Tun stets reflektieren müssen.

Die große Bildungsplanung unserer Zeit muß den Rückkoppelungsprozeß zwischen Theorie und Praxis erst noch institutionalisieren. Die Freien Schulen haben die Möglichkeit, ihre Erfahrungen bereits vorzulegen. Das geschieht im folgenden jeweils in der Eigenverantwortung jeder Gruppe. Wie sehr die Freien Schulen Vorbereiter aktueller Entwicklungen waren und sind, kann dabei leicht erkannt werden.

In einer Zeit vielleicht notwendiger Formalisierung des Lernprozesses sei ausdrücklich hingewiesen auf die inhaltliche Zielsetzung des Freien Schulwesens.

Aus der Erfahrung pädagogischer Versuche und organisatorischer Möglichkeiten wird im folgenden berichtet.

---

[1] Picht, Georg: Mut zur Utopie. München 1969, S. 71.

Ernst-Michael Kranich

Die Freien Waldorfschulen

Schulgründung aus sozialer Verantwortung – Entstehung und Ausbreitung

Die Gründung der ersten Freien Waldorfschule 1919 in Stuttgart steht im unmittelbaren Zusammenhang mit dem Bemühen Rudolf STEINERS um eine grundsätzliche Neugestaltung der Sozialordnung. Es ging STEINER darum, in dem damaligen Zusammenbruch alter Formen eine Lösung der sozialen Frage im Sinne der sog. sozialen Dreigliederung [1a] zu erreichen: durch Entflechtung der Hauptbereiche des gesellschaftlichen Lebens in ein demokratisch organisiertes Staats- und Rechtsleben, ein nicht kapitalistisch aufgebautes Wirtschaftsleben und ein freies Kultur- und Bildungsleben. Dabei war es für STEINER von vornherein klar, daß eine neue gesellschaftliche Ordnung mit einer grundlegenden Neukonzeption von Schule und Bildung verbunden sein müsse. „Man wird der sozialen Frage niemals beikommen, wenn man nicht die Erziehungs- und Geistesfrage als einen ihrer wesentlichen Teile behandelt." [2] STEINER wies wiederholt nachdrücklich darauf hin, wie ein wesentlicher Teil der sozialen Problematik darin bestehe, daß die meisten Jugendlichen durch das bestehende Schulsystem mit einer „gekappten Bildung" viel zu früh in das Berufsleben eintreten müssen.

Als STEINER durch E. MOLT, den Direktor der Waldorf-Astoria AG, gebeten wurde, für die Kinder seiner Arbeiter und Angestellten eine Schule einzurichten, konnte es sich also in keiner Weise darum handeln, mit dieser neuen Schule an das bestehende Schulsystem anzuschließen. Denn es ging gerade darum, gegenüber diesem System der Sozialauslese und Ungerechtigkeit Bildung für jeden jungen Menschen und damit auch für die gesamte Gesellschaft fruchtbar zu machen. So wurde die Waldorfschule konsequent als Gesamtschule aufgebaut. Das Prinzip der sozialen Integration wurde hierbei voll durchgeführt: Arbeiterkinder und Kinder aus der gehobenen Bürgerschicht, der spätere Handarbeiter und der spätere Akademiker erhielten eine gemeinsame zwölfjährige Schulbildung. Als Schule der Koedukation von Jungen und Mädchen

[1a] Steiner, R.: Die Kernpunkte der sozialen Frage. Stuttgart 1920.
[2] Steiner, R.: a. a. O., S. 9.

und als Schule der Koedukation der verschiedenen Begabungen, in der Kinder der verschiedensten Religionsbekenntnisse zusammen in einer Klasse unterrichtet werden, hat die Waldorfschule jede soziale Trennung von vornherein überwunden [3].

Gegenüber dem System der Auslese erforderte das eine neue Pädagogik menschlicher Förderung, d. h. einen neuen Lehrplan, neue Unterrichtsmethoden und eine neue Unterrichtsorganisation [4]. Es war ausgeschlossen, die gymnasiale Bildung mit ihrem traditionsgebundenen Fächerkanon und ihrer Hinorientierung auf den Hochschulzugang mit der Volksschulpädagogik, die für die Aufgaben einer neuen Bildung ebenfalls viel zu eng war, einfach zusammenzufügen. Ähnlich wie heute – ein halbes Jahrhundert später – im Bereich des staatlichen Schulwesens ging es organisatorisch wie inhaltlich um eine völlige Neukonzeption der Schule. STEINER mußte es deshalb als ein Mißverständnis zurückweisen, wenn die Waldorfpädagogik bzw. die Waldorfschule in die Reihe der damaligen reformpädagogischen Bestrebungen gestellt wurde, weil es sich bei diesen lediglich um partielle Korrekturen am bestehenden Schulsystem handelte.

Die erste Waldorfschule wurde also die erste Gesamtschule [5] in Deutschland als Resultat einer „vorweggenommenen Bildungsreform“ [6]. Sie wuchs bereits im ersten Jahr über den Rahmen der Betriebsschule hinaus; und bald wurden nach dem Modell der Stuttgarter Schule neue Waldorfschulen gegründet, z. T. unter stark abweichenden soziologischen Bedingungen. Heute werden

> in der Bundesrepublik an 43 Waldorfschulen etwa 20 260 Schülerinnen und Schüler [7]

unterrichtet. Seit 1923 entstanden auch im europäischen Ausland Waldorfschulen. Inzwischen sind es 54 Schulen: in Belgien (3), Dänemark (3), England (6), Finnland (3), Frankreich (5), den Niederlanden (13), Italien (1), Norwegen (5), Österreich (1), Schweden (3), der Schweiz (11). Von 1928 an hat sich die Waldorfschulbewegung nach Nordamerika (12 Schulen in den USA und Kanada), Südamerika (3 Schulen in Argentinien und Brasilien), Südafrika (3 Schulen), Australien und Neuseeland (2 Schulen) ausgebreitet.

---

[3] Vgl. Rauthe, W.: Die Waldorfschule als Gesamtschule. Stuttgart 1970. — Kiersch, J.: Die Waldorfpädagogik. Stuttgart 1970.

[4] Eine vielseitige Darstellung gibt Chr. Lindenberg: Waldorfschulen — angstfrei lernen, selbstbewußt handeln. Hamburg 1975.

[5] Steiner sprach im Sinne der damals üblichen Terminologie von Einheitsschule.

[6] Becker, H.: Vorweggenommene Bildungsplanung. In: Bildung des Menschen zum Menschen. Stuttgart 1970.

[7] Diese Zahl gibt den Stand Herbst 1975 wieder. Die Schülerzahl steigt durch Ausbau der bestehenden Schulen und durch Neugründungen seit einigen Jahren stetig.

Auch heute noch, wo unter dem Motto der Chancengleichheit und der Forderung nach Bildung als Bürgerrecht ähnliche Fragestellungen maßgebend geworden sind wie bereits 1919 bei STEINER, gehört der kulturpolitische Impuls, für eine allgemeine Menschenbildung in der modernen Gesellschaft zu wirken, zu dem sozialen Grundanliegen aller Freien Waldorfschulen.

Die Waldorfschulen als Gesamtschulen

Als Gesamtschulen weichen die Waldorfschulen bei allen Verschiedenheiten (vgl. Abschnitt: Formen der Differenzierung, S. 89) in einigen grundsätzlichen Punkten von der neuen integrierten Gesamtschule ab. Das beruht im wesentlichen darauf, daß die Waldorfpädagogik bei der Begründung ihrer Schulgestalt die gesellschaftlich-soziale Fragestellung mit einer anthropologischen und historischen verbindet. – In jedem modernen abendländischen Menschen lebt mehr oder weniger bewußt als eine wesentliche Triebkraft das Streben nach Individualität und Freiheit, und zwar unabhängig von seiner intellektuellen Begabung, sozialen Herkunft und religiösen Bindung. Dieser Impuls der Neuzeit wird bewußt in der Waldorfpädagogik dadurch aufgegriffen, daß sie die im Menschen liegenden Bedingungen für Individualität und Freiheit bewußtmacht und im Sinne dieser Bedingungen die Schule und den Unterricht gestaltet.
Zu diesen Bedingungen gehört zunächst ein möglichst weitgespanntes Verständnis der modernen Gesellschaft, in der der Mensch dadurch, daß er vielfältig an ihr teilhat und in ihr mitwirkt, die Verwirklichung seiner Individualität anstreben und suchen muß. So wurde der Lehrplan der Waldorfschulen, besonders in der Oberstufe (9. bis 12. Schuljahr), stark auf die Verhältnisse der modernen Gesellschaft ausgerichtet: durch die Einbeziehung von Technologie, Sozialkunde, Psychologie (u. a. im Rahmen der Anthropologie, Ethnologie und Ästhetik) und Kunstgeschichte und auch dadurch, daß die übrigen Unterrichtsgebiete nicht nur theoretisch-wissenschaftlich, sondern im Hinblick auf ihre Lebensbedeutung gesehen werden. Es ist ein wesentliches Ziel der Waldorfschulen, daß der Unterricht für die Schüler zu einer Lebenskunde wird.
Eine andere Bedingung besteht darin, daß die leiblichen, seelischen und geistigen Grundlagen für Freiheit durch die Schule herangebildet werden, also z. B. selbständige Urteilsfähigkeit, schöpferische Gestaltungskraft, Verständnis für das soziale, seelische und geistige Leben des ein-

zelnen Menschen und der Zeit, differenziertes Gefühl für Verantwortung und Werte. Diese Fähigkeiten entwickeln sich teilweise erst nach dem 14. Lebensjahr und benötigen noch Jahre der Ausbildung, Differenzierung und Konsolidierung. Deshalb sollen möglichst alle Schüler eine entsprechende Bildung bis zum vollendeten 19. Lebensjahr bzw. bis zum Abschluß der 12. Klasse erhalten. Die intellektuelle Leistungsfähigkeit ist in dieser Bildung nur einer der wesentlichen Faktoren. Deshalb haben die Waldorfschulen vielseitigen künstlerischen Unterricht für die Förderung der schöpferischen Gestaltungskräfte und der vertieften Erlebnisfähigkeit, den handwerklichen Unterricht für die Förderung einer differenzierten Willensbeherrschung und eines lebenspraktischen Realismus gleichwertig neben den mehr wissenschaftlichen Unterricht gestellt, und zwar bis in die obersten Klassen. Sie vertreten im Gegensatz zu den Reformvorstellungen für die neue Sekundarstufe II das Prinzip einer breiten Lebensorientierung gegenüber einer halbuniversitären Fächerreduktion.

So verbindet die Waldorfpädagogik in ihrem Gesamtschulkonzept mit der Hinorientierung des Unterrichts auf die Gesamtgesellschaft die Hinorientierung auf die ganze Breite der im jungen Menschen liegenden Anlagen und Kräfte.

Für die pädagogische Praxis der Waldorfschulen sind besondere Anschauungen über altersspezifische Begabungsförderung und Individualisierung und die damit verbundene Einstellung zum Leistungsbegriff wichtig. Eine grundlegende Differenz gegenüber den neueren Gesamtschulkonzepten liegt in der Auffassung über das Wesen der Individualisierung. Meistens sieht man das Individuelle der Kinder in den Unterschieden der Begabung, der Motivation und der Interessen. Diesem individuellen Charakter will die integrierte Gesamtschule konsequenterweise durch Wahl- und Leistungsdifferenzierung *(setting)* gerecht werden. Neben diesen Unterschieden, die den augenblicklichen individuellen Charakter der Schüler betreffen, kann man im Bereich der gesamten seelischen und geistigen Anlagen und Kräfte eines Menschen geringere und höhere Grade der Individualisierung im Sinne der bewußten und ichhaften Durchdringung beobachten. Um einige möglichst einfache Beispiele zur Veranschaulichung zu nehmen: Der Mensch lebt in einer Emotion, die ihn überwältigt, weniger individuell als im Gefühl der Achtung oder des Mitleids. Der willentlich geführte Gedanke ist in dem gleichen Sinne individueller als eine unwillkürlich ablaufende Kette von Assoziationen. Ebenso kann man z. B. im Gedächtnis, in den Handlungsmotivationen und in der Art der Urteilsbildung unterscheiden, wie der einzelne Schüler stärker oder schwächer mit bewußter ichhafter Aktivität in diesen verschiedenen Bereichen und Prozessen lebt. Individualisierung kann also als Entwicklung verstanden werden, die zu einer Steigerung dieser Aktivität führt. – So geht die Waldorfpädagogik von einem umfassenderen Begriff aus, wenn sie von Individualisierung spricht: Sie sieht wohl die augenblickliche individuelle Natur des Schülers, nimmt diese aber nicht als Determinante für äußere Differenzierung des Unterrichts, sondern als Ausgangspunkt für einen durch Unterricht anzustrebenden Prozeß menschlicher Individualisierung.

Unterricht, der die Schüler in diesem Sinne zu einer stärkeren Entfaltung ihrer Individualität führen soll, ist an andere Bedingungen geknüpft als an äußere Differenzierung. Er muß vor allen Dingen davon ausgehen, daß die individuellere Ausgestaltung der Erkenntnis- und Urteilsfähigkeit, der Erlebnisfähigkeit und des Charakters aus dem Zusammenwirken vieler seelischer und geistiger Kräfte hervorgeht [8]. So wird z. B. vertieftes Erleben, das sich am künstlerischen Unterricht entwickelt hat, in einer differenzierten Auffassungsgabe im deutschkundlichen und naturwissenschaftlichen Unterricht fruchtbar. In dieser Weise wächst aus dem Lernen auf einem Unterrichtsgebiet die Begabung für ein anderes Unterrichtsgebiet. Deshalb wird in den Waldorfschulen das Zusammenwirken der besonderen Fähigkeiten und der verschiedenen seelisch-geistigen Kräfte, die sich in den einzelnen Unterrichtsgebieten entwickeln, als wesentlicher Prozeß der Begabungsförderung und der Individualisierung angesehen. Hieraus ergibt sich die Konzeption eines gesamtheitlichen Lehrplans, in dem die verschiedenen Unterrichtsgebiete jeweils in ihrer wechselseitigen Beziehung gesehen werden. Förderung und Individualisierung ist für die Waldorfschulen also nicht das Resultat verfeinerter Auslese, sondern einer vielseitigen Bildung; und diese ist für den intellektuell schwächer begabten Schüler in gleicher Weise wichtig wie für den höher begabten. Sowohl aus dem Prinzip der sozialen Integration als auch aus dem Gesetz der sich wechselseitig bedingenden Begabungsförderung gibt es an Waldorfschulen kaum eine Differenzierung nach Wahl- und Leistungskursen. Die Zurückhaltung der Waldorfpädagogik gegenüber den heutigen Differenzierungsvorschlägen hat neuerdings starke Unterstützung durch Untersuchungen über die Wirksamkeit der verschiedenen Gruppierungsformen erfahren [9].

Aus diesen Gründen akzeptieren die Waldorfschulen auch den Lei-

---

[8] Vgl. S. 26 f.

[9] Vgl. Thomas, H.: Probleme der Differenzierung in Gesamtschulen im internationalen Vergleich. In: Gutachten und Studien der Bildungskommission: Lernziele der Gesamtschule. Stuttgart 1969.

stungsgesichtspunkt nur in dem pädagogisch relevanten Sinne: die *Leistung als Prozeß,* in dem der Schüler Verständnis und Fähigkeiten entwickelt. Leistungsmessung lassen sie nur als begrenzte Urteilsgrundlage gelten und auch nur insoweit, als diese aus den Unterrichtsprozessen hervorgeht. Die Leistungsnormierung durch Zahlen- oder Punktskala, die zugunsten bequemer Vergleichbarkeit den individuellen Lern- und Leistungsprozeß verdeckt, haben die Waldorfschulen durch eine differenzierte Charakterisierung ersetzt. Die *Zeugnisse* der Waldorfschulen sind, soweit nicht besondere Umstände eine Anpassung an das Zensurensystem erforderlich machen, Beschreibungen des Leistungsstandes, des Lernfortschrittes, der Begabungsentwicklung, der Schwächen und u. U. besonderer Förderungsmaßnahmen, also eine individualisierte Beurteilung gegenüber der gängigen Normierung. Dadurch, daß die Zeugnisse für jedes Unterrichtsgebiet eine solche Charakterisierung enthalten, geben sie ein vollständiges Bild von der schulischen Entwicklung des Schülers im verflossenen Schuljahr [10].

Eine wesentliche Konsequenz aus diesen Auffassungen über Individualisierung, Begabungsförderung und Leistung (zu denen noch die über den altersspezifischen Unterricht hinzukommt) ist die Tatsache, daß es an den Waldorfschulen *kein Sitzenbleiben* gibt. Sitzenbleiben als der deutlichste Ausdruck der Ausleseideologie und einseitiger Leistungspädagogik war von vornherein mit der Waldorfpädagogik unvereinbar – ganz abgesehen davon, daß die Wirksamkeit dieser Maßnahme von jeher fragwürdig war. So sind die Klassen gegenüber den sog. Jahrgangsklassen der öffentlichen Schulen, die durch das Sitzenbleiben oft große Altersstreuung haben, echte Jahrgangsklassen. Die Schülerinnen und Schüler durchlaufen als kleine soziale Gemeinschaft zusammen die Schule, ohne daß einzelne nach Leistungsgesichtspunkten aus dieser Gruppe herausgerissen werden. Dadurch entfaltet die erzieherische Wirkung, die in einer solchen Klassengemeinschaft entstehen kann, erst voll ihre bildende Wirkung [11]. In einem 11. und 12. Schuljahr sitzen Schüler und Schülerinnen nebeneinander, von denen einige hoch begabt sind, andere nach den heutigen Maßstäben durchschnittliche Hauptschüler wären.

Die spezifische Waldorfschulkonzeption endet mit dem 12. Schuljahr. Ein Teil der Schüler erwirbt nach dem 13. Schuljahr, das besonders der Anpassung an die abweichenden Normen und Richtlinien der Gymnasien dient, die Reifeprüfung [12]. Der andere Teil der Schüler geht am

---

[10] Zeugnisse werden nur zum Schuljahresende ausgestellt.
[11] Vgl. Dühnfort, E.: Vom Klassengeist. In: Erziehungskunst. 1961, Heft 2/3/4.
[12] Bezogen auf das unausgelesene 5. Schuljahr haben 1974 an den 28 deutschen Waldorf-

Ende der 12. Klasse mit der „mittleren Reife“ [13] oder der Fachhochschulreife in die Berufsausbildung, soweit diese nicht schon in der Schule integriert war (vgl. Abschnitt: Formen der Differenzierung, S. 89). Die Waldorfschulen sehen ihre hauptsächliche Zielsetzung darin, daß der Erwachsene als Handwerker, als Krankenschwester, als Arzt oder Forscher aufgrund einer weitangelegten Bildung mit möglichst reich und vollständig entwickelten Anlagen, Begabungen und Fähigkeiten im Leben stehen kann. Erhebungen der letzten Jahre haben deutlich gemacht, daß überraschend viele ehemalige Schüler der Waldorfschulen, die ihre Berufslaufbahn mit einer Lehre begonnen haben, über den zweiten Bildungsweg studiert oder sich auf anderen Wegen in gehobene und leitende Stellen emporgearbeitet haben. Die breite, unspezialisierte Bildung während der 12jährigen Schulzeit führt also zu starker Mobilität im Berufsleben und zu einem weitergehenden Bildungsstreben.

Altersspezifische Pädagogik

Die Pädagogik einer gesamtmenschlichen Förderung [14] braucht eine detaillierte anthropologische Begründung von Lehrplan und Unterrichtsmethoden. Sie muß konkret an die leiblich-seelisch-geistige Gesamtkonstitution des Kindes und jugendlichen Menschen anschließen, in der die besonderen Lern- und Begabungsdispositionen zu suchen sind. Die Waldorfschulen beachten zunächst zwei einschneidende Verwandlungen in dieser Gesamtkonstitution, die Steiner bereits vor 1910 in einer Reihe von Darstellungen beschrieben hat, besonders in seiner Schrift „Die Erziehung des Kindes vom Gesichtspunkt der Geisteswissenschaft“ (1907). In diesen Verwandlungen, die um das 7. und 12. bis 14. Lebensjahr liegen, verändern sich gerade auch die Lern- und Begabungsdispositionen der Kinder sehr einschneidend.

Um einem verbreiteten Mißverständnis zu entgegnen, sei darauf hingewiesen, daß die Waldorfschulen das altersmäßig unterschiedliche Eintreten dieser Verwandlungen bei den Kindern an Symptomen der körperlichen Entwicklung und des seelischen Verhaltens möglichst sorgfäl-

---

schulen 30,9 % aller Schüler das Abitur bestanden. Die hohe Erfolgsquote tritt besonders hervor, wenn man bedenkt, daß die Prüfung vielfach gegenüber der an staatlichen Schulen erschwert ist.

[13] Um den Bildungsgang nicht durch eine völlig systemfremde Prüfung zu unterbrechen und zu beeinträchtigen, legen die Schüler die „mittlere Reife“ erst am Ende des 12. Schuljahres ab. Es gibt aber Abweichungen von dieser Regel, z. B. an der Nürnberger Waldorfschule.

[14] Siehe hierzu Carlgren, Fr./Klingenborg, A.: Erziehung zur Freiheit. Stuttgart 1972.

tig beobachten. Vor allem war die Waldorfpädagogik im Gegensatz zu den vielfach kritisierten Phasenlehren nie der Auffassung, die Entwicklung des jungen Menschen vollziehe sich nach einem genetisch vorgegebenen Zeitplan. Lediglich die genannten Verwandlungen treten naturgegeben und in deutlicher Bindung an das Lebensalter auf. Hier setzen Erziehung und Unterricht ein, um die von Lebensabschnitt zu Lebensabschnitt spezifischen Entwicklungs- und Individualisierungsprozesse anzuregen.

Der vorschulische Erziehungsbereich – die Waldorfkindergärten

Die erste größere Entwicklungsepoche bis etwa zum 7. Lebensjahr – die Vorschulzeit im Sinne der Waldorfpädagogik – ist dadurch gekennzeichnet, daß das Bewußtsein des Kindes an die Sinneseindrücke gebunden ist. Das Kind erlebt mit starker Hingabe, was in seiner Umgebung vorgeht; von den seelischen und geistigen Prozessen in seinem Innern besitzt es kaum ein Bewußtsein. Deshalb ist das Kind für sein Lernen, für die Entwicklung seines Denkens, seiner Intelligenz, der Sprache, der Erlebniskräfte, der Körperbeherrschung und Geschicklichkeit auf die Anregung aus der Umgebung angewiesen. Es lernt vor allem dadurch, daß es unreflektiert das in seinem eigenen Tun auszugestalten versucht, was es in seiner Umgebung sieht, d. h. durch Nachahmung. Auf diesem Prinzip des nachahmenden Lernens baut die erzieherische Arbeit der Waldorfkindergärten auf.
In der Waldorfpädagogik wurde schon früh die große Bedeutung der vorschulischen Erziehung für die ganze weitere Entwicklung des Menschen und für seine Persönlichkeitsbildung erkannt [15]. Deshalb wurden an fast allen Waldorfschulen Kindergärten eingerichtet, so daß die Kinder vom 4. bis 19. Lebensjahr einen geschlossenen Bildungsprozeß durchlaufen können. Es wird aber streng auf die pädagogische Eigenständigkeit des Kindergartens gegenüber der Schule geachtet.
Die Kindergärtnerin berücksichtigt die Individualität der Kinder, indem sie keine Verhaltensweisen abverlangt, sondern durch ihr eigenes Tun und die ganze Gestaltung des Kindergartens in den Kindern das spontane nachahmende Tun und Lernen anregt. Das Spielmaterial ist betont einfach, so daß es die Phantasie erregt und fördert und auf das Spiel des Kindes keinen Zwang ausübt. Die täglichen Erzählungen und darstellenden Spiele werden von der Kindergärtnerin so geführt, daß sie über das Miterleben und Mittun der Kinder zugleich intensive Sprachförderung bedeuten. Die Kinder lernen – unter anderem im Zusammenhang mit

---

[15] Vgl. Steiner, R.: Die Erziehung des Kindes vom Gesichtspunkt der Geisteswissenschaft (1907), 2. Taschenbuchausgabe, Stuttgart 1965.

dem Jahreslauf – zahlreiche Tätigkeiten kennen; durch die Art, wie diese Tätigkeiten den Kindern entgegentreten und wie sie diese (z. B. vom Säen über das Ernten und Dreschen bis zum Brotbacken) mitvollziehen, dringen sie anschaulich in Sinnzusammenhänge ein. So werden auf verschiedenen Wegen die Intelligenz und das Denken in einer dem Alter gemäßen Weise gefördert. Dazu kommt eine Vielzahl einfacher künstlerischer Betätigungen vom Malen bis zu Reigenspielen und zu einer kindgemäßen Form der Eurythmie.

Das alles kann nur in einer kleineren Gruppe so durchgeführt werden, daß die von der Kindergärtnerin ausgehenden Anregungen für alle Kinder fruchtbar werden, ohne daß irgendein, auch versteckter Zwang ausgeübt wird. Deshalb sind die Gruppen seit langem nicht größer als 20 bis 25 Kinder.

Für die Einarbeitung in die Waldorf-Kindergartenpädagogik gibt es eine Reihe besonderer Einrichtungen: in Stuttgart eine Fachschule für Sozialpädagogik (Waldorfkindergärtnerinnen-Seminar), in Hannover eine Praktikantenausbildung für staatlich ausgebildete Kindergärtnerinnen; an der Freien Waldorfschule in Kassel und an der Hiberniaschule in Wanne-Eickel ist die Erzieherinnenausbildung in die Schule integriert.

Die Pädagogik des 7. bis 14. Lebensjahres (1. bis 8. Schuljahr)

Die Verwandlung der kindlichen Natur um das 7. Lebensjahr, die sich äußerlich in Gestaltwandel und dem Zahnwechsel (aber auch in einer Reihe physiologischer Veränderungen) ausdrückt, führt unter anderem dazu, daß das Kind nun willkürlich in der Erinnerung wachrufen kann, was es erlebt hat, und daß es unabhängig von den äußeren Tatsachen Vorstellungen ausbilden kann. Es wird nun fähig, ein innerlich durchdrungenes Vorstellungsleben zu entwickeln. Eine ähnliche Verinnerlichung tritt im Bereich der Gefühle und Stimmungen auf.

Damit erhebt sich im Kinde der Drang, die Tatsachen der Welt nicht nur wie bisher in ihrer äußeren Erscheinung kennenzulernen, sondern sie mit seinen verinnerlichten seelischen Kräften zu durchdringen und in ihrem gesetzmäßigen Zusammenhang und Wesen zu verstehen. Das Kind ist aber bis zum Hervortreten der eigenen Urteilskraft zwischen dem 12. und 14. Lebensjahr noch nicht in der Lage, diese Zusammenhänge selbständig zu erfassen. Deshalb möchte es sie unter Führung des Lehrers verstehen lernen. So wird der Lehrer für das Kind naturgemäß zur *Autorität*, von der es lernen möchte, was aus eigener Kraft noch nicht zugänglich ist.

Mit dieser Auffassung vom Lehrer als berechtigter Autorität verbinden die Waldorfschulen die Forderung nach *bildhaftem Unterricht.* Durch ihr Vorstellen sind die Schüler auf das Anschauliche eingestellt. Dieses soll aber im Gegensatz zum Prinzip des sog. Anschauungsunterrichtes zugleich die gesetzmäßigen Zusammenhänge bzw. das Wesen der Dinge enthalten. Deshalb sehen die Waldorfschulen für dieses Lebensalter im „Bild", durch das die Kinder zusammen mit dem Anschaulichen die geistigen Zusammenhänge auffassen, das wichtigste Unterrichtsmittel.

Das gilt schon für das Schreibenlernen im ersten Schuljahr, wo die Kinder die Buchstaben dadurch lernen, daß diese aus Bildern gewonnen werden und für das Kind ein Bild des betreffenden Lautes sind [16]. In das Rechnen werden die Kinder eingeführt, indem sie zunächst an anschaulichen Operationen die Zahlbegriffe und die Prozesse des Addierens, Multiplizierens usw. geistig verstehen lernen [17]. Im naturkundlichen Unterricht vom 4. Schuljahr an bespricht der Lehrer die Pflanzen und Tiere mit den Schülern so, daß diese nicht nur zu einer äußeren analytischen Betrachtung kommen, sondern mit ihrer Phantasie und ihrem Empfinden so in die Formen und das Verhalten eindringen, daß sie gerade durch die Anschauung das Wesen der Tiere [18] und die im Pflanzenreich wirkenden Bildungsgesetze [19] erfassen.

Diese wenigen Beispiele können lediglich darauf hinweisen, daß die Waldorfschulen für die ersten acht Schuljahre eine eigenständige didaktische Konzeption haben. Von den Lehrern verlangt diese eine starke geistige Durchdringung und künstlerische Gestaltung der Unterrichtsstoffe. Es geht vor allem darum, die Kinder in einer ihrem Alter entsprechenden Weise durch Entwicklung ihres Vorstellens, ihrer Phantasie und ihres Gefühlslebens zu einem innerlich durchlebten geistigen Verstehen der Dinge zu bringen. Die Waldorfschulen legen großen Wert darauf, daß der junge Mensch auch zum Bereich des Moralischen und Göttlichen Verständnis und Hinneigung entwickelt; gerade hier ist bildhafter Unterricht von besonderer Bedeutung (Märchen, Legenden, Mythen usw.). Jeder Schüler soll eine moralische und religiöse Bildung alle zwölf Schuljahre hindurch erfahren [20].

---

[16] Vgl. Dühnfort, E./Kranich, E.-M.: Der Anfangsunterricht in Schreiben und Lesen in seiner Bedeutung für das Lernen und die Entwicklung des Kindes. Stuttgart 1971.

[17] Steiner, R.: Gegenwärtiges Geistesleben und Erziehung. 3. Aufl., Stuttgart 1957, S. 165 ff. Kranich, E.-M.: Pädagogische Projekte und ihre Folgen. 3. Aufl., Stuttgart 1971, S. 60 ff.

[18] Vgl. Julius, F. H.: Das Tier zwischen Mensch und Kosmos. Stuttgart 1970.

[19] Vgl. Grohmann, G.: Die Pflanze, Bd. 1 und 2. 2. Aufl., Stuttgart 1959 und 1968. Kranich, E.-M.: Das Bild in der Naturkunde. In: Erziehungskunst. 1970, Heft 4/5/8.

[20] Der Religionsunterricht wird von Beauftragten der Kirchen und Religionsgemeinschaften erteilt. Kinder, die nicht an dem konfessionellen Religionsunterricht teilnehmen, erhalten einen freien christlichen Religionsunterricht.

Die Pädagogik nach dem 14. Lebensjahr (9. bis 12. Schuljahr)

Mit dem 9. Schuljahr setzt ein neuer Charakter des Unterrichts ein; dieser bereitet sich schon vom 7. Schuljahr an vor. Der junge Mensch will nun aufgrund seiner neuen geistig-seelischen Konstitution aus eigener Kraft im Urteil Gesetz und Wesen der Dinge erfassen und aus eigener Entscheidung die Richtung seines Handelns bestimmen. Diese Individualisierung kann sich im jungen Menschen nur richtig vollziehen, wenn der Lehrer nicht mehr als Autorität wirkt. Die bildhafte Weltbetrachtung wird von einem Unterricht mit mehr wissenschaftlichem Charakter abgelöst: Der Schüler kann nur dann, wenn ihm die Phänomene der Physik oder Chemie und die Tatsachen der Geschichte, Geographie oder Anthropologie vorliegen, seine geistige Tätigkeit in der Bildung der Begriffe frei entwickeln. Für den Waldorflehrer besteht die Aufgabe nun vorwiegend darin, die Tatsachen in einer solchen Ordnung vorzuführen, daß die Schüler die Begriffe und Urteile überschaubar bilden können.

Die Fähigkeit sachgemäßen Urteilens und Handelns entsteht nur dann vollständig, wenn sie sich zusammen mit verschiedenen seelischen Kräften entwickelt. So soll der Kunstgeschichtsunterricht dazu führen, daß das Urteil aus einer Vertiefung des (künstlerischen) Erlebens hervorgeht. In diesem Sinne wird von Fach zu Fach spezifisch an der Entwicklung einer vielseitigen Urteilsfähigkeit gearbeitet. Es geht den Waldorfschulen vor allem darum, daß sich der menschliche Geist nicht in einer überall gleichen und unverbindlichen Intellektualität entfaltet.

Der Lehrplan der Waldorfschulen berücksichtigt auf dieser Stufe, daß der junge Mensch ein ebenso gründliches Verständnis für die Vorgänge des wirtschaftlichen und politischen Lebens, für die Technik und Lebens- und Arbeitsverhältnisse der Gegenwart entwickelt wie für Literatur, organische Chemie und Differentialrechnung. Das ist eine notwendige Bedingung dafür, daß der junge Mensch mit wachem Engagement und nicht geistig blind im Leben stehen kann.

Seit einiger Zeit sind Formen für stärkere Beteiligung der oberen Klassen am Leben der Schule entwickelt worden, durch die den Schülern aber nicht eine quasidemokratische Interessenvertretung aufgedrängt wird. Die Schule soll für die Schüler zu einem Felde werden, auf dem sie in sozialen Prozessen mitleben und soziale Urteilsfähigkeit in Anfängen entwickeln.

Bildung durch künstlerischen und handwerklichen Unterricht

Durch alle zwölf Schuljahre erhalten die Schüler vielseitigen künstlerischen Unterricht. Mit dem ersten Schuljahr beginnt z. B. die musikalische Bildung neben dem Singen mit Flötenunterricht für alle Kinder. Vom dritten Schuljahr an kommt der Geigenunterricht hinzu. Nach der Veranlagung der Kinder differenziert sich dann die Instrumentalbildung auf verschiedene andere Instrumente. Auf dieser Grundlage wird aus den Schülern der 6. bis 8. Klasse ein Mittelstufenorchester gebildet und aus den Schülern der 9. bis 12. Klasse das Oberstufenorchester. Dieses erreicht vielfach für schulische Verhältnisse eine hohe Qualität künstlerischer Leistung. Entsprechend entwickelt sich aus dem Gesangunterricht die Arbeit des Oberstufenchors. In diesem Orchester und Chor können selbst bei der Einstudierung und Aufführung anspruchsvollerer Werke wie solchen von Mozart, Beethoven, Schubert, Bruckner usw. durch die Art der Besetzung Schüler mit verschiedenen Graden des Könnens mitwirken.

Der musikalische Unterricht hat starken Einfluß auf die Differenzierung des Gefühlslebens. Ebenso wird durch Malen, Zeichnen, Plastizieren, künstlerische Sprachpflege (Rezitation), Eurythmie und dramatische Übungen durch alle zwölf Schuljahre hindurch an der Entwicklung jeweils spezifischer Fähigkeiten des Erlebens, Verstehens und Gestaltens gearbeitet.

Die Aufgaben werden so gestellt, daß sie dem seelischen Entwicklungsstand der Schüler entsprechen und daß die Kinder auf jeder Stufe zu einer echten künstlerischen Leistung kommen. Malen (Aquarell) z. B. beginnt in der ersten Klasse mit einfachen, ungegenständlichen Farbkompositionen, an denen das Kind ein differenziertes Erleben der Farbqualitäten entwickelt und dadurch zu harmonischen Gestaltungen kommt.

Die Bedeutung des künstlerischen Unterrichts liegt im Charakter des künstlerischen Prozesses, d. h. in einer solchen Gestaltung des Materials (Farbe, Ton, Sprache, Bewegung), daß in dieser etwas Geistiges bzw. Wesenhaftes zur Erscheinung kommt. Die Kinder lernen im Musizieren wie im Malen und Sprechen von Stufe zu Stufe vollkommener, etwas Wesenhaftes zum Ausdruck zu bringen. Künstlerisches Arbeiten fordert die Wiederholung, weil der Schüler nur durch Üben eine Steigerung seiner Erlebnis- und Gestaltungskräfte erreichen kann. So gelangt der junge Mensch aus seinem willentlichen Bemühen dazu, daß sein Erleben und Tun immer mehr den Charakter eines geistig-gesetzmäßigen Wirkens annimmt. Es entwickeln sich Fähigkeiten, durch die der Mensch nicht nur erkennt, was in den Dingen an Gesetzmäßigkeiten enthalten ist, sondern durch die er in schöpferischem Tun dem Material ein geistiges Gepräge gibt.

Insofern die Aufgabe des Menschen nicht nur im Erkennen, sondern im Arbeiten und Gestalten liegt, gehört der Kunst in der Pädagogik ein gleiches Gewicht wie der Wissenschaft. Aus keinem anderen Grunde haben die Waldorfschulen in ihrem Lehrplan die Verzerrung, die sich aus einer einseitigen Ausrichtung der Schule auf die Universität oder das Berufsleben ergeben hat, durch eine starke Betonung des künstlerischen Arbeitens korrigiert.

Die Waldorfschulen haben auch den handwerklichen Unterricht ausschließlich aus pädagogischen Gründen in ihren Lehrplan aufgenommen, nicht aus einer romantisierenden Handwerksideologie. Dieser Unterricht setzt für Jungen und Mädchen in gleicher Weise im 12. Lebensjahr (6. Schuljahr) mit Gartenbau und Werkstattunterricht ein. Dies ist der Zeitpunkt, in dem der junge Mensch durch den zweiten Gestaltwandel und den damit verbundenen Zerfall der harmonischen kindlichen Bewegungen individuell die weitere Ausgestaltung seiner Willenskräfte erringen muß. Hier hat das Handwerk eine wichtige Funktion. Die verschiedenen Arten der Holzbearbeitung (Raspeln, Schnitzen, Sägen, Hobeln) verlangen vom Schüler durch das Werkzeug und durch das Werkstück strenge Sachlichkeit und bei aller Aktivität differenzierte, sensible Führung des Willens. Zunächst werden einfache Gegenstände hergestellt, wobei auf die Brauchbarkeit und Nützlichkeit großer Wert gelegt wird, um alles Unverbindliche auszuschalten. Wenn dann in einem 9. oder 10. Schuljahr eine Schülerin z. B. ein Regal anfertigt, verlangt das neben manueller Geschicklichkeit ein Denken, das sich im Planen und Durchführen bis ins Detail konkretisiert. So erwirbt sich der junge Mensch durch handwerkliche Betätigung an der Gartenarbeit, an der Holzbearbeitung, am Töpfern (ab 9. Schuljahr) und an einfacher Metallbearbeitung (ab 9. Schuljahr) bewußt eine Differenzierung seines Willens und einen Realismus seines Denkens. Das wird nur durch sauberes und sachbezogenes Arbeiten erreicht unter Ausschaltung alles Spielerischen, d. h. durch Handwerk, nicht durch Basteln. Dieser handwerkliche Unterricht hat im einzelnen eine differenzierte Aufgabenstellung bis in das 11. und 12. Schuljahr, wo im Buchbinden größte Sorgfalt und Präzision zusammen mit künstlerischer Gestaltung entwickelt werden müssen.

Am Beispiel des künstlerischen und handwerklichen Unterrichts kann besonders deutlich werden, wie der Lehrplan der Waldorfschulen gerade dadurch, daß er sich von dem traditionellen Fächerkanon frei gemacht hat und die Frage nach der anthropologischen Bedeutung des einzelnen Unterrichtsgebietes in den Vordergrund stellt, die Bildungsaufgabe erst in ihrer ganzen Weite konkret aufgreifen kann.

Formen der Unterrichtsorganisation

Für eine wirksame Durchführung dieser Lern- und Bildungsprozesse haben die Waldorfschulen besondere Formen der Unterrichtsorganisation entwickelt. Es ist wichtig, daß der Unterrichtsprozeß sich in möglichst unmittelbarem Kontakt zwischen den Lehrern und den Schülern abspielt. Wenn sich der Lehrer konkret auf die Begabungen, die seelischen Eigentümlichkeiten und die Kenntnisse seiner Schüler einstellt und sich bemüht, seinen Unterrichtsstoff lebendig geistig zu durchdringen und im Hinblick auf die Klasse zu gestalten, haben Lehrbücher keine Funktion. Für den Unterricht sind sie inhaltlich viel zu mager, außerdem fehlt ihnen der Bezug zur konkreten pädagogischen Situation. Im Unterricht selbst würden sie als fremdes Medium die Unmittelbarkeit des Prozesses zwischen Lehrer und Schüler nur hemmen. So gibt es an den Waldorfschulen im allgemeinen *keine Lehrbücher*[21]. Die behandelten Unterrichtsgebiete finden dagegen einen mehr oder weniger ausführlichen Niederschlag in den Arbeitsheften der Schüler.
Besonders ist der *Epochen-Unterricht* zu nennen. Täglich wird morgens gleich nach Schulbeginn in einer Doppelstunde durch drei bis sechs Wochen jeweils ein in sich geschlossenes Sachgebiet durchgenommen[22]. Durch ein solches konzentriertes Verweilen, durch tägliche Beschäftigung und fortschreitendes Erarbeiten hat der Lehrer die Voraussetzung, intensiv an der Ausbildung von Erlebnisqualitäten, von Fähigkeiten und Begabungen zu arbeiten. Die Sorge, daß durch eine solche Konzentration des Unterrichts die Schüler die Inhalte leichter vergessen, entspricht nicht der Erfahrung. Diese hat gezeigt, daß am Beginn einer neuen Epoche im gleichen Fachgebiet, z. B. nach einem halben Jahr, durch wiederholende Fortführung die Inhalte der zurückliegenden Epochen im allgemeinen rasch wieder heraufgeholt werden können[23].

---

[21] Die Lektürehefte und literarischen Texte, die selbstverständlich im deutschkundlichen und fremdsprachlichen Unterricht verwendet werden, sind keine Lehrbücher.

[22] Die Länge der Epochen richtet sich vor allen Dingen nach dem Umfang des jeweiligen Sachgebietes. In der Aufeinanderfolge der Epochen wird darauf gesehen, daß man Gleichförmigkeit vermeidet, indem z. B. auf Rechnen Geschichte oder auf Naturkunde Sprachlehre folgt.

[23] Rauthe, W.: Erfahrungen mit dem Epochenunterricht der Waldorfschule. In: Zeitschrift für Pädagogik. 1961, Heft 4, S. 337 ff.

Außerdem: Man behält bekanntlich das am besten, womit man sich intensiv befaßt und verbunden hat. Der Epochen-Unterricht trägt so den Prinzipien der Ökonomie, der Konzentration und der fruchtbaren Pause Rechnung. Gerade bei der ziemlich breiten Streuung der Begabungen hat sich der Epochen-Unterricht sehr bewährt. Durch das längere Verweilen in einem Sachgebiet können sich bei den für das betreffende Fach weniger begabten Schülern die Fähigkeiten allmählich heranbilden, während die begabten Schüler die Möglichkeit finden, stärker in die Dinge einzudringen und sich mit ihnen nicht nur im Vorstellen, sondern auch im Erleben zu verbinden.

Epochen-Unterricht wird in allen Klassenstufen von der 1. bis 12., – wenn es die Verhältnisse zulassen auch im 13. Schuljahr der Abiturvorbereitung – durchgeführt. Er wird allerdings nur in einem Teil der Unterrichtsgebiete angewendet, nämlich in denjenigen Fächern, in denen ein Gebiet oder Teilgebiet wie in Geschichte, Geographie, Rechnen, Geometrie, Mathematik, Deutschkundeunterricht, Physik, Chemie, Mineralogie, Astronomie, Menschenkunde, Pflanzenkunde, Tierkunde in sich geschlossen behandelt werden kann.

Diejenigen Unterrichtsgebiete, die dauernde Übung erfordern, z. B. Singen, Instrumentalmusik, Malen, Eurythmie, Turnen, Handarbeit und besonders auch der Sprachunterricht, werden das ganze Jahr hindurch als Fachunterricht in Einzelstunden erteilt. Dadurch entsteht ein geregelter Stundenplan, so daß die Schüler durch viele Jahre hindurch täglich um acht Uhr den mehr sachbezogenen Epochen-Unterricht haben, an den sich nach zehn Uhr der Sprachunterricht, der künstlerische Unterricht, der Religionsunterricht und der Turn- und Gymnastikunterricht (vom 3. Schuljahr an) anschließen. Der Handwerksunterricht wird an vielen Waldorfschulen auch in Epochen erteilt, die sich mit zwei oder drei Doppelstunden pro Woche am späteren Vormittag oder nachmittags über einige Monate erstrecken. So vollzieht sich das Lernen in einem Rhythmus, der für die Schüler, insbesondere für die jüngeren Schüler, durch die Regelmäßigkeit eine starke Unterstützung der Lernprozesse bedeutet. Dieser Stundenplan ist ein wichtiges organisatorisches Mittel für die Pädagogik der Förderung.

Da alle pädagogischen und anthropologisch-psychologischen Gründe für frühen Beginn der Fremdsprachen sprechen, setzt der Unterricht in Englisch und Französisch (Französisch ist an einigen Waldorfschulen durch Russisch ersetzt) mit dem 1. Schuljahr ein. Dieser frühe Beginn des Fremdsprachenunterrichts fällt in eine Zeit starker sprachlicher Bildsamkeit der Kinder. Die Kinder lernen diese Sprachen zunächst in Rezitationen, Dialogen, Liedern und kleinen Dramatisierungen. So ver-

fügen sie über ein z. T. recht beachtliches Sprachvermögen, wenn im 4. Schuljahr Grammatik und Schreiben beginnen. Beides kann dann z. T. im Sinne einer Bewußtmachung der schon gesprochenen Sprache erarbeitet werden. Auf diesem Wege entfallen viele Probleme, die bei gleichzeitigem Beginn von Sprechen, Lesen und Grammatik auftreten. – Der Lateinunterricht setzt im allgemeinen mit dem 5. Schuljahr ein.
Die Entwicklung der Kinder braucht selbstverständlich eine intensive Begleitung durch die Lehrer. Gerade wenn es kein Sitzenbleiben und auch keine Einstufung in verschiedene Leistungskurse gibt, sind auch besondere organisatorische Einrichtungen erforderlich. Diese sind für das Lebensalter, in dem Autorität als berechtigtes Prinzip angesehen wird, naturgemäß etwas anders als in den oberen Klassen. Gerade um die langfristigen Prozesse der kindlichen Entwicklung, der Differenzierung und Individualisierung verfolgen und fördernd beeinflussen zu können, führt der *Klassenlehrer* seine Klasse in allen Fächern des Epochen-Unterrichts vom 1. bis 8. Schuljahr. Ergänzend zum Klassenlehrer treten ziemlich regelmäßige pädagogische Beratungen aller in einer Klasse unterrichtenden Lehrer. Vom 9. Schuljahr an, wo der Klassenlehrer von einer Gruppe von Fachlehrern abgelöst wird, liegt die Beobachtung und Führung der Klassen stärker in der Obhut der *Klassenkonferenz.* Diese hat eine wichtige pädagogische Funktion. Die Lehrer geben sich gemeinsam Rechenschaft über den Stand der Arbeit. Von den verschiedenen Unterrichtsgebieten her werden die Erfahrungen zusammengetragen und geben gerade durch die Vielfalt der Beobachtung (vom naturwissenschaftlichen bis zum handwerklichen Unterricht) ein Bild vom Entwicklungsstand der Klasse und des einzelnen Schülers. Aufgrund einer solchen gemeinsamen Anschauung wird im Hinblick auf die weitere Arbeit gemeinsam über etwa notwendige Ergänzungen, Modifizierungen und besondere Förderungsmaßnahmen beraten.

Die Waldorfschulen als Freie Schulen

Die Waldorfschulen hätten sich nie im Rahmen der staatlichen Schulorganisation entwickeln können [24]. Das wird deutlich, wenn man die Schwierigkeiten kennt, die im Bereich des staatlichen Schulwesens oft schon relativ geringfügigen Veränderungen von Lehrplan und Unterrichtsorganisation entgegenstehen. Die Waldorfschulen vertreten wohl am entschiedensten die Auffassung, daß eine vollständige Entfaltung der

---

[24] Vgl. hierzu die ausführliche Darstellung von Leber, St.: Die Sozialgestalt der Waldorfschule. Stuttgart 1974.

Pädagogik im Sinne der anthropologischen Begründung die Loslösung der Schule aus der Regie des Staates verlangt. STEINER hat durchaus den Fortschritt gesehen, der in der Befreiung der Schule aus der Bevormundung durch die Kirchen als Staatsschule lag. Die staatliche Schule ist aber nur der erste Schritt auf dem Wege zu einer Schule, die bis in ihren organisatorischen Aufbau den Bedingungen für eine umfassende moderne Pädagogik entspricht. STEINER hat 1919 im Zusammenhang mit der Gründung der ersten Waldorfschule deshalb gefordert, daß „die Schule und das Erziehungswesen innerhalb des sozialen Organismus auf den Boden ihrer *Selbstverwaltung* gestellt werden. Das Staats- und Wirtschaftsleben sollen die von dem selbständigen Geistesleben herangebildeten Menschen empfangen; nicht aber sollen sie, nach ihren Bedürfnissen, deren Bildungsgang vorschreiben können. Was ein Mensch in einem bestimmten Lebensalter wissen und können soll, das muß sich aus der Menschennatur heraus ergeben.“ [25]

Die Waldorfschulen haben diese Selbstverwaltung in der Form der *kollegialen Schulführung* verwirklicht. Ihr wichtigstes Organ ist die *wöchentliche Konferenz,* an der die Lehrer gleichberechtigt teilnehmen. Gegenstand dieser Konferenz sind alle Fragen der pädagogischen Schulführung und Schulgestaltung. Nach den verschiedenen Funktionsbereichen hat die Konferenz einen pädagogischen, einen verwaltungsmäßig-organisatorischen und einen sogenannten internen Teil. Die pädagogische Konferenz dient einer fortschreitenden Erarbeitung der menschenkundlichen Grundlagen und der Beratung über Fragen der Didaktik und Methodik; Klassen- und Epochenberichte geben ein Bild von dem aktuellen Stand der Arbeit; ein wesentlicher Bestandteil ist die Besprechung und Beratung über einzelne Klassen und Schüler; ebenso werden Fragen der Bildungspolitik und der allgemeinen pädagogischen Entwicklung behandelt. Die pädagogische Konferenz ist der Ort, an dem die Erfahrungen zusammengetragen, geistig verarbeitet und damit zur Grundlage für Korrekturen und neue Entwicklung werden. Sie ist das wohl wirksamste Organ für Selbstwahrnehmung, Selbstkontrolle und Selbstverantwortung der Schule und die Voraussetzung dafür, daß die Schule in einem Prozeß bewußter, lebendiger Gestaltung bleibt. – In der Verwaltungskonferenz geht es um alle Fragen, die den organisatorischen Ablauf der Schule und die organisatorische Planung betreffen (z. B. Schulfeiern, Feste, Vorträge). – Der internen Konferenz gehören nur solche Kollegen an, die mindestens ein Jahr an der Schule arbeiten und gewillt sind, sich für das Ganze der Schule verantwortlich einzu-

[25] Steiner, R.: Freie Schule und Dreigliederung. In: Aufsätze über die Dreigliederung des sozialen Organismus und zur Zeitlage. Dornach 1961.

setzen. Hier werden die grundsätzlichen Fragen der Schulführung, die Anstellung und Entlassung von Kollegen und ähnliche Probleme behandelt.

Die kollegiale Schulführung ist nur dadurch möglich, daß es an Waldorfschulen *keine Rangordnung der Lehrer* gibt, weder in der Kompetenz noch im Gehalt. Die Handarbeitslehrerin steht völlig gleichberechtigt neben dem naturwissenschaftlichen Fachlehrer der oberen Klassen, der ein Universitätsstudium absolviert hat. Die Konferenz delegiert bestimmte Aufgaben auf Zeit.

Der wirtschaftliche Träger einer Waldorfschule ist der *Schulverein* (e.V.), dem alle Eltern und Lehrer angehören. Ein gewählter Vorstand, der aus Vertretern der Elternschaft und des Lehrerkollegiums besteht, übernimmt die gesamte wirtschaftlich-finanzielle Planung und Führung der Schule. Hier werden die vielseitige Erfahrung und der Sachverstand der Eltern für die Schule in vielen Situationen fruchtbar.

Im ganzen ist ein möglichst vielseitiges *Zusammenwirken von Eltern und Lehrern* für die Arbeit von Waldorfschulen wichtig. Nur durch echte Kooperation kann die Isolierung von Elternhaus und Schule und die Beteiligung der Eltern am Leben und an der Gestaltung der Schule erreicht werden. Diese Kooperation spielt sich in verschiedenen Formen und auf verschiedenen Ebenen ab. Die Elternschaft und Lehrerschaft der Klassen treffen sich mehrere Male im Schuljahr zu *Klassen-Elternabenden.* Hier berichten die Lehrer über den Unterricht auf den verschiedenen Gebieten, damit die Eltern einen möglichst genauen Einblick in die Inhalte des Unterrichts, in die zugrunde liegenden pädagogischen und didaktischen Zielsetzungen und die Arbeit der Klasse wie der einzelnen Kinder gewinnen. Zusammen mit Hausbesuchen des Klassenlehrers und vielfältiger Aussprache, z. B. in Sprechstunden, sind diese Klassen-Elternabende der Ort einer gemeinsamen Beratung von Eltern und Lehrern über die Entwicklung der Kinder.

Die meisten Waldorfschulen veranstalten für die gesamte Elternschaft *Schulelternabende und Vorträge* mit einem weitgespannten Themenkreis, der von besonderen Vorhaben der Schule (Neubauten, Erweiterung des Lehrplans usw.) bis zu allgemeinen Fragen der Pädagogik und der Bildungspolitik reicht. Daneben gibt es an fast allen Waldorfschulen ein reiches Angebot an Elternkursen: Kurse über besondere pädagogische Fragen, künstlerische Kurse (z. B. in Malen, Plastizieren und Eurythmie) und praktisch-handwerkliche Kurse. So werden die *Schulen zu Zentren des Bildungslebens.*

Ein großer Teil dieser Initiativen geht von der Elternschaft bzw. von den gemeinsamen Beratungen der Eltern und Lehrer aus, z. B. im Elternbeirat. Dieser heißt an den Waldorfschulen im allgemeinen *Elternvertrauenskreis,* um auszudrücken, daß es sich nicht um eine bloße Interessenvertretung der Eltern gegenüber der Schule handelt, sondern um ein Organ für Beratung und Entscheidung über gemeinsame Angelegenheiten. So haben die Eltern durch Mitberatung und Mitentscheidung einen wesentlichen Anteil an der Schule. Und für die Schule ist es von großem Vorteil, wenn die Eltern mit ihrem weiten Erfahrungshorizont und ihrem konkreten Einblick in zahlreiche gesellschaftliche Vorgänge sich an dem Leben der Schule beteiligen. Eine solche *Schule der Kooperation* ist aber nur dadurch möglich, daß den Eltern eine Lehrerschaft gegenübersteht, die sich nicht an der Basis einer schulbürokratischen Kompetenzhierarchie befindet, sondern frei beraten und entscheiden kann. So ist es den Waldorfschulen gerade dadurch, daß sie als Freie Schulen volle Selbstverwaltung haben, möglich, die im Schulwesen erforderliche Demokratisierung in breitem Umfang zu verwirklichen.

Der Bund der Freien Waldorfschulen e. V.

Die deutschen Waldorfschulen haben sich unter der Bedrohung durch den Nationalsozialismus 1933 und nach der Verbotszeit (1938–1945) 1946 erneut zum Bund der Freien Waldorfschulen mit dem Sitz in Stuttgart vereinigt. Es handelt sich um einen föderativen Zusammenschluß, der die Autonomie der einzelnen Schulen an keinem Punkt beeinträchtigt, wohl aber gemeinsame Aufgaben und Interessen übernommen hat:

Lehrerbildung,
Lehrerfortbildung,
pädagogische Forschung,
Veranstaltung größerer Tagungen,
Koordination in der Behandlung schulpolitischer Aktivitäten,
Beratung der einzelnen Schulen in verschiedenen Fragen,
Beschlußfassung über Gründung neuer Waldorfschulen.

In den vergangenen Jahren wurde am Pädagogischen Seminar in Stuttgart und am Institut für Waldorfpädagogik in Witten eine eigenständige Waldorflehrer-Ausbildung aufgebaut. Zwei- bzw. dreijährige Studiengänge geben eine Einführung in die anthroposophische Menschenkunde und in die Methodik und Didaktik der verschiedenen Unterrichtsgebiete. In fachwissenschaftlichen Kursen und Übungen wird eine vertiefte Betrachtung erarbeitet, die die erzieherische Wirkung der Unterrichtsgebiete erschließt. Ein wesentlicher Bestandteil der Ausbildung ist die künstlerische Schulung und die Einführung in die Unterrichtspraxis. – Am Pädagogischen Seminar in Stuttgart werden außerdem seit 1926 einjährige Lehrgänge durchgeführt, in denen Absolventen der Universitäten, Pädagogischen Hochschulen und Kunstakademien und bereits tätige Lehrer eine Einführung in die Waldorfpädagogik und eine Vorbereitung auf die Unterrichtspraxis an Waldorfschulen erhalten. Dem Pädagogischen Seminar ist ein Proseminar angegliedert, das ein breitangelegtes anthroposophisches, wissenschaftliches und künstlerisches Grundstudium ermöglicht.

Am Pädagogischen Seminar werden in kürzeren Abständen Fachtagungen über verschiedene Unterrichtsgebiete für die Lehrer veranstaltet, die bereits an Waldorfschulen unterrichten. Zu den *Einrichtungen für Lehrerfortbildung* gehört auch jedes Jahr eine Lehrertagung, an der über 800 Waldorflehrer teilnehmen (Vorträge, Seminare, Aussprachen, Gesamtkonferenz).

Dem Bund der Freien Waldorfschulen ist eine *Pädagogische Forschungsstelle* angegliedert. Sie betreibt besonders didaktische Forschung und in einer medizinisch-pädagogischen Abteilung Untersuchungen über die physiologisch-psychologische Konstitution des Schulkindes im Zusammenhang spezieller pädagogischer Fragestellungen. Die Pädagogische Forschungsstelle veranstaltet Kolloquien über Fragen des weiteren Aufbaus der Waldorfschulen und der pädagogischen Weiterentwicklung. Sie gibt zwei Schriftenreihen heraus; die eine enthält vor allem Darstellungen zur Didaktik und zu einzelnen Unterrichtsgebieten [26], die andere Darstellungen über aktuelle Fragen der Pädagogik [27]. Außerdem erscheint monatlich die Zeitschrift „Erziehungskunst". Diese enthält Beiträge zur pädagogischen Menschenkunde, zu Fragen der Kindergarten- und Schulpädagogik, zur Schulgestaltung und Bildungspolitik.

Zu der *Öffentlichkeitsarbeit* gehören große pädagogische Tagungen (Vorträge, Seminare, Aussprachen, künstlerische Kurse), an denen vor allem Lehrer der staatlichen Schulen und Studenten teilnehmen, und pädagogische Seminarkurse für Studierende.

Seit einer Reihe von Jahren hat sich die Eltern-Lehrer-Zusammenarbeit durch regelmäßige große Tagungen des Bundes der Freien Waldorfschulen in größerem Stil entwickelt. Auf solchen *Eltern-Lehrer-Tagungen*, an denen jeweils mehrere hundert Eltern, z. T. aktiv gestaltend, teilnehmen, werden in Vorträgen, Arbeitskreisen und Aussprachen Fragen behandelt, die die Waldorfpädagogik, die Gestaltung der Waldorfschulen und die allgemeine kulturelle Entwicklung betreffen.

---

[26] Menschenkunde und Erziehung. Stuttgart.
[27] Erziehung vor dem Forum der Zeit. Stuttgart.

Formen der Differenzierung

Auch wenn die Waldorfschulen aus einer gemeinsamen pädagogischen Idee, der Waldorfpädagogik R. STEINERS, hervorgegangen sind, bedeutet das keineswegs Uniformität dieser Schulen. Sie sind nämlich nicht Kopien eines ersten Modells oder gleichartige Ausgestaltungen eines festen Schulplanes. Das würde der Waldorfpädagogik widersprechen. So, wie der einzelne Lehrer seinen Unterricht aufgrund seiner praktischen Menschenkenntnis für eine bestimmte Schülergruppe im Sinne echter *Erziehungskunst* gestalten soll, so ist jede Schulgründung an eine bestimmte Menschengruppe und vor allem an die sozialen Gegebenheiten des Ortes gebunden. Hieraus ergeben sich individuelle Unterschiede zwischen den einzelnen Waldorfschulen, auch wenn der pädagogische Kern der gleiche ist. Diese Unterschiede werden nicht etwa bedauert, sondern positiv als verschiedene mehr oder weniger gleichberechtigte Realisierungen der gleichen pädagogischen Idee betrachtet.
In der Unter- und Mittelstufe (1. bis 8. Schuljahr) sind die Waldorfschulen ziemlich einheitlich. Es gibt wohl geringe Unterschiede, die darauf beruhen, daß einige Waldorfschulen Französisch durch Russisch ganz oder teilweise ersetzt haben (Bremen, Hannover, Wanne-Eickel) oder daß Gartenbau und Werkunterricht schon im 5. Schuljahr einsetzen (Wanne-Eickel, Stuttgart – Am Kräherwald). Dagegen haben sich in der Oberstufe, besonders von der 10. oder 11. Klasse an, verschiedene Formen der Differenzierung entwickelt. Dabei waren folgende Gesichtspunkte maßgebend:

- Mit der Pubertät treten in den Schülern stärker als bisher Differenzierungen in den Begabungsrichtungen auf. Ein Teil der Schüler ist z. B. mit drei Fremdsprachen überfordert und braucht spezifische Bildungsangebote, die stärker auf der Seite eines praktischen, künstlerischen und lebenskundlichen Unterrichts liegen.

- Besonders vor dem Zweiten Weltkrieg ging ein größerer Teil der Schüler nach dem 8. oder 9. Schuljahr ab, um mit der praktischen Berufsausbildung zu beginnen. Seit 1945 hat sich die Zahl der vorzeitigen Abgänge stark verringert. Trotzdem blieb das Problem bestehen, durch eine Erweiterung und Differenzierung des Lehrplans die besondere Situation derjenigen Schüler zu berücksichtigen, die nach ihrer Begabung und ihren Interessen einen handwerklichen, technischen, pflegerischen oder sozialpädagogischen Beruf wählen.

Das hat zu verschiedenen Formen einer verstärkten praktischen Bildung geführt bis zur Integration der Berufsbildung in die Schule. Es können hier nur einige typische Beispiele dargestellt werden.

Integration der Berufsbildung in die Schule

Freie Waldorfschule Kassel [28]

Die seit 1969 durchgeführte Integration von allgemeiner und beruflicher Bildung baut auf einen einheitlichen Bildungsgang in den ersten 10 Schuljahren auf. Mit dem 11. Schuljahr beginnt die Differenzierung in drei Zweige.
Der *Abiturzweig* führt die Schüler zur Hochschulreife am Ende des 13. Schuljahres. Im *sozialpädagogischen Zweig* erhalten die Schüler eine Erzieherausbildung. Die theoretische Abschlußprüfung liegt ebenfalls am Ende des 13. Schuljahres. An diese schließt das Anerkennungsjahr an, das von der Schule durch Kolloquia begleitet wird. Der *technische Zweig* vermittelt im 11., 12. und 13. Schuljahr eine Ausbildung zum Facharbeiter in Metall- und Elektroberufen.
In der 11. und 12. Klasse haben alle Schüler noch die Hälfte ihres Unterrichts gemeinsam: den täglichen Epochen-Unterricht (Deutsch, Geschichte, Sozialkunde, Kunstgeschichte, Mathematik, Physik, Chemie, Biologie), eine Fremdsprache (Englisch), künstlerischen Unterricht und Turnen. Die Schüler des Abiturzweiges erhalten zusätzlich eine zweite Fremdsprache, naturwissenschaftliche und mathematische Übungen und sozialwissenschaftlichen Unterricht. Die spezifischen Gebiete des sozialpädagogischen Zweiges sind Pädagogik, Psychologie, Jugendliteratur, Jugendhilfe – Jugendrecht, Didaktik der sozialpädagogischen Praxis. Hinzu kommen die wöchentlichen Praxisstunden und ein Blockpraktikum. Die Schüler des technischen Zweiges erhalten ihre fachpraktische Ausbildung in der schuleigenen Lehrwerkstatt. Sie wird ergänzt durch den fachtheoretischen Unterricht und ein 20wöchiges Industriepraktikum (im 13. Schuljahr).
Erst mit dem Übergang zum 13. Schuljahr trennen sich die drei Zweige weitgehend. Es bleiben noch die eine Fremdsprache und eine künstlerische Übung als gemeinsame Gebiete. Im sozialpädagogischen Zweig werden Deutsch, Biologie und Sozialkunde, im technischen Zweig wird die Sozialkunde weitergeführt.

Rudolf-Steiner-Schule Nürnberg

Nach dem gemeinsamen Bildungsgang in den ersten acht Schuljahren setzt in der Oberstufe eine Differenzierung in einen sprachlichen und

---

[28] Vgl. Fucke, E.: Berufliche und allgemeine Bildung in der Sekundarstufe II. 1976, Klett, Stuttgart.

einen praktischen Zweig ein. Die mehr wissenschaftlich und sprachlich begabten Schüler durchlaufen den sprachlichen Zweig (drei Fremdsprachen) bis zum Abitur am Ende des 13. Schuljahres. Schüler mit einer stärker handwerklich, künstlerisch, kaufmännisch und sozial ausgerichteten Begabung erhalten im praktischen Zweig verstärkten Unterricht in Gartenbau, Keramik, Metalltreiben, Schreinern und Schneidern. Der allgemeinbildende Unterricht wird nach wie vor für alle Schüler gemeinsam in der Klassengemeinschaft erteilt.
Nach der 9. Klasse können Schüler des praktischen Zweiges in den Lehrwerkstätten der Schule (Schreinerei, Maschinenschlosserei, hauswirtschaftliche Abteilung) eine Lehre beginnen. Vormittags nehmen sie als Lehrlinge weiterhin am Epochen-Unterricht ihrer Klasse teil; außerdem haben sie Unterricht in einer Fremdsprache, einem künstlerischen Fach, in Sozialkunde und Sport. Die praktische Ausbildung liegt an den Nachmittagen. Sie wird nach 2 Jahren (Hauswirtschaftslehre), nach 3 Jahren (Schreinerlehre) bzw. 3½ Jahren (Maschinenschlosserlehre) mit der Gesellenprüfung abgeschlossen.
Diejenigen Schüler des praktischen Zweiges, die keine Lehre durchlaufen, werden nach dem 10. Schuljahr großenteils durch einen besonderen Lehrgang zur Realschulabschlußprüfung geführt. An diesem Kurs nehmen auch viele der ausgelernten Gesellen teil, um Zugang zur Fachoberschule zu erhalten.

Hiberniaschule Wanne-Eickel [29]

Der besondere Charakter als allgemeinbildende Schule mit der Integration handwerklich-technischer und sozialpädagogischer Bildung ist in ihrer Entstehung aus einer Einrichtung der Lehrlingsausbildung begründet. Die Schuljahre 1–6 entsprechen den gleichen Klassen an anderen Waldorfschulen. Mit dem 7. Schuljahr beginnt – stärker als im Lehrplan der meisten Waldorfschulen – stufenweise in Nachmittagskursen eine praktische Bildung im Zusammenhang mit dem künstlerischen Unterricht. Diese umfaßt neben Gartenbau, Holzarbeit, Metalltreiben und Hauswirtschaft (7. und 8. Schuljahr) Schmieden, Schlossern, Elektrotechnik, Arbeit im Chemielabor und Unterricht im hauswirtschaftlich-pflegerischen Bereich (9. bis 11. Schuljahr). Im 10. Schuljahr vollzieht sich der Übergang von dem bisher mehr handwerklichen Unterricht zu einer technischen Elementarerziehung. Diese praktische Bildung erhalten Jungen und Mädchen gemeinsam in gemischten Gruppen, die auf der Basis des Klassenverbandes gebildet werden.

---

[29] Vgl. Fintelmann, K.: Die Hiberniaschule als Modell einer Gesamtschule des beruflichen Bildungsweges. Stuttgart 1968.

Im Verlauf des 11. Schuljahres fällt dann die Entscheidung über den Weg, den der Jugendliche durch den letzten Teil der Oberstufe (12. bis 14. Schuljahr) nimmt. Mit Beginn des 12. Schuljahres werden neue Klassenverbände gebildet, durch die eine Differenzierung nach Interesse und Begabung in drei Kolleggruppen erfolgt.
Im *Berufskolleg* wird die berufspraktische Ausbildung in den schuleigenen Werkstätten bis zur Gesellenprüfung (Schreiner, Elektroinstallateur, Schlosser, Dreher, Mechaniker) am Ende des 12. Schuljahres weitergeführt. Bei hinreichenden Leistungen in den allgemeinbildenden Fächern erwerben die Schüler mit der Abschlußprüfung zugleich die Fachoberschulreife.
Das *Fachkolleg* umfaßt zwei Hauptrichtungen. Die eine führt zur Fachhochschulreife. Nach Wahl und Fähigkeiten können die Schüler diese Prüfung am Ende des 12. Schuljahres in den Fachrichtungen Technik und Sozialpädagogik ablegen. – Außerdem wird im Zusammenhang mit dem sozialpädagogischen Zweig eine Fachschule für Sozialpädagogik geführt. Die theoretische Ausbildung endet hier am Ende des 13. Schuljahres mit der Erzieherprüfung. Es folgt ein einjähriges gelenktes Berufspraktikum mit dem Abschluß als staatlich geprüfter Erzieher.
Studienkolleg: Schüler, die aufgrund ihrer Begabung die allgemeine Hochschulreife erwerben möchten, scheiden nach dem 12. Schuljahr aus dem Fachkolleg bzw. Berufskolleg aus. Sie treten in das Studienkolleg über. Hier steht die Abiturprüfung am Ende des 14. Schuljahres.

Verstärkte praktische Bildung ohne Berufsausbildung
(Praktischer Zug; landwirtschaftliche, Betriebs-, Sozialpraktika)

Freie Waldorfschule Stuttgart — Am Kräherwald

Starke Anregungen für die Differenzierung der Oberstufe sind für viele Waldorfschulen von der zweiten, 1948 gegründeten Stuttgarter Schule ausgegangen. 1952 wurde die Oberstufe in einen *sprachlichen* und *handwerklich-praktischen Zweig* gegliedert. Die Schüler des handwerklichen Zuges haben nur noch eine Fremdsprache, zusätzlichen Werkstattunterricht in Schreinern, Töpfern, Metalltreiben, Schmieden (Schüler), Schneidern (Schülerinnen) und den dazugehörigen theoretischen Unterricht. Den gesamten übrigen Unterricht haben beide Gruppen zusammen. Dadurch ist die Möglichkeit gegeben, daß Schüler aus dem handwerklich-praktischen Zug in den sprachlichen überwechseln können, der zum Realschulabschluß und zur Hochschulreife führt. Der praktisch-handwerkliche Unterricht wird in Epochen von vier Doppelstunden in der Woche so gegeben, daß die Schüler auf jedem der genannten Gebiete mindestens acht Wochen je Schuljahr zusammenhängend arbeiten. Die Erfahrungen waren schon bald insofern bemerkenswert, als von dem Werkstattunterricht für viele Schüler eine Konsolidierung und Verbesserung des ganzen Lernverhaltens ausging.

Rudolf-Steiner-Schule Ruhrgebiet, Bochum

Damit alle Schüler der Oberstufe nicht nur durch Unterricht, sondern auch durch Begegnung und Tätigkeit Erfahrungen in der sozialen Wirklichkeit gewinnen, werden vom 9. bis 11. Schuljahr mehrwöchige Praktika durchgeführt. Neben einer zweiwöchigen *Feldmeßepoche* (10. Schuljahr), die es auch an den anderen Waldorfschulen gibt, handelt es sich um ein *landwirtschaftliches Praktikum* (9. Schuljahr) zur Erweiterung des im Gartenbau Gelernten. In einem *Industriepraktikum* (11. Schuljahr) arbeiten die Schüler voll in einem Industriebetrieb mit und erhalten konkreten Einblick in die technische, betriebswirtschaftliche und soziale Struktur dieses Betriebes. Ein *Sozialpraktikum* (11. Schuljahr) wird in einem heilpädagogischen Heim durchgeführt, wo die Schüler vor allem Pflegeaufgaben übernehmen und in den beschützenden Werkstätten mithelfen. – Nach dem Modell der Bochumer Schule haben verschiedene andere Waldorfschulen ähnliche Praktika eingerichtet.

Neben diesen Praktika für alle Schüler gibt es eine Differenzierung in einen mehr sprachlich-wissenschaftlichen Zweig, der zur Hochschulreife führt, und einen mehr praxisorientierten Zweig mit einer technischen und einer sozialpädagogischen Richtung. Dieser baut auf die Praktika des 11. Schuljahres auf und führt zum Abschluß der Fachhochschulreife. Für alle Schüler sind der Epochen-Unterricht, eine Fremdsprache und künstlerischer Unterricht gemeinsam. Die Praktika des technischen und sozialpädagogischen Zweiges finden in den Betrieben außerhalb der Schule, der fachkundliche Unterricht findet in der Schule statt.

Zwischen den einzelnen Waldorfschulen und auf der Ebene des Bundes der Freien Waldorfschulen gibt es gegenseitigen Erfahrungsaustausch über die verschiedenen Differenzierungsformen, der durch kritische Verarbeitung als Grundlage für weitere Entwicklung dient.

Die im Bund der Freien Waldorfschulen vereinigten Schulen

Rudolf-Steiner-Schule Berlin
Rudolf-Steiner-Schule Bochum
Freie Waldorfschule Bonn-Köln
Freie Waldorfschule Bremen
Rudolf-Steiner-Schule Dortmund
Freie Waldorfschule Engelberg
Freie Waldorfschule Essen
Freie Waldorfschule Evinghausen
Freie Waldorfschule Frankfurt
Freie Waldorfschule Freiburg
Freie Waldorfschule Freiburg-St. Georgen
Freie Waldorfschule Göppingen
Rudolf-Steiner Schule Hamburg-Nienstedten
Rudolf-Steiner-Schule Hamburg-Wandsbek
Freie Waldorfschule Hannover
Freie Waldorfschule Homburg/Saar
Freie Waldorfschule Heidenheim
Freie Waldorfschule Kassel
Freie Waldorfschule Kiel
Freie Waldorfschule Krefeld
Freie Waldorfschule Lübeck
Freie Waldorfschule Mannheim
Freie Waldorfschule Marburg
Rudolf-Steiner-Schule München
Rudolf-Steiner-Schule Nürnberg
Freie Waldorfschule Nürtingen
Goetheschule – Freie Waldorfschule Pforzheim
Freie Waldorfschule Rendsburg
Freie Georgenschule Reutlingen
Freie Waldorfschule Stuttgart-Am Kräherwald
Freie Waldorfschule Stuttgart-Uhlandshöhe
Freie Waldorfschule Tübingen
Freie Waldorfschule Überlingen
Freie Waldorfschule Ulm
Hiberniaschule Wanne-Eickel
Rudolf-Steiner-Schule Wuppertal
Freie Waldorfschule Würzburg

Waldorfschulen als Landerziehungsheime

Freie Waldorfschule Landerziehungsheim Benefeld
Freie Rudolf-Steiner-Schule Ottersberg
Rudolf-Steiner-Schule Landerziehungsheim Schloß Hamborn

Waldorf-Sonderschulen bzw. Waldorfschulen mit Sonderschulzweig

Freie Tagesschule Berlin
Michael-Bauer-Schule Stuttgart
Christian-Morgenstern-Schule Wuppertal

Die evangelischen Schulen

Herbert Bauer, Karl-Heinz Potthast, Waldemar Reichel

Allgemeines

Auf einer evangelischen Akademietagung 1970 stellte man fest: Die *gesellschaftliche Gruppe der Schulen in freier Trägerschaft* steht heute vor einem paradoxen Sachverhalt. Die heutige Gesellschaft versteht sich als plurale Bildungsgesellschaft, die wie in jedem anderen Bereich, so auch in der Bildung auf die Initiative gesellschaftlicher Gruppen angewiesen ist. Man müßte eigentlich vor einer Epoche von Initiativen auch nichtstaatlicher Schul- und Bildungseinrichtungen stehen. In Wirklichkeit aber steuert der Staat deutlich auf eine monopolistische Alleinvertretung des Bildungsbereiches zu in einer Weise, die kaum einer neuzeitlich demokratischen Gesellschaftsform entspricht. Ebenso wird die rechtliche und strukturelle Unterscheidung zwischen „staatlich-öffentlichen“ und „privaten“ Schulen weiterhin so strapaziert, daß sich die sogenannten privaten Schulen unversehens in die wenig ergiebigen Randzonen und Hinterhöfe noch freigelassener Schulbereiche oder gar in den verdächtigen Raum ideologischer Eigeninteressen abgedrängt fühlen müssen. Vor 200 Jahren mag die Feststellung des Preußischen Landrechts, Schulen seien „Veranstaltungen des Staates“, vielleicht richtig gewesen sein. Inzwischen dürfte man jedoch erkannt haben, daß *Schulen Veranstaltungen der Gesellschaft* sind.
Aus diesem Grunde stellt sich heute den freien evangelischen Schulen die Aufgabe, ihrem Selbstverständnis so Ausdruck zu geben, daß dadurch eine der gesellschaftlichen Situation angemessene Rangfolge ihrer Motivationen sichtbar wird. Die primäre Motivation evangelischer Schulen geschieht *durch das Evangelium.* Es befreit zu pragmatischer Betrachtungsweise der jeweiligen Situation. Es erschließt uns die Lage, wie sie in Wahrheit und am jeweiligen Standort historischer Entwicklung ist. Wir haben deshalb angesichts der kurz umrissenen paradoxen Lage auf dem Schul- und Bildungssektor *zuverlässig einfach dazusein,* was eigentlich immer schon eine spezifisch evangelische Tugend war. Dieser evangelische Ansatz führt uns öffentlich in die Partnerschaft mit dem staatlichen Schulwesen. Wir verstehen uns als Partner, welcher zunächst nichts anderes tut, als was man in einem öffentlichen Schulwesen

normalerweise tut. Er wird aber durch sein bloßes Vorhandensein als freie gesellschaftliche Gruppe Hilfestellung leisten, bis die für die nächste Zukunft notwendige Autonomie auch der staatlichen Schulen innerhalb der Gesellschaft Platz ergriffen haben wird. *Autonomie in freier Vereinbarung* und im Dialog zwischen Veranstalter, Lehrer, Schüler und Eltern einer evangelischen Schule war schon immer ein Orientierungspunkt evangelischer Erziehungsarbeit. Damit drängt sich gleich ein Thema auf, welches sich in der Geschichte der evangelischen Schulen seit der Reformation zum tragenden Hauptthema entwickelt hat: *Freiheit!* Nicht nur in mannigfachen Konfliktsituationen in Schule und Internat und bei der gemeinsamen Arbeit am brenzligen Einzelthema wie Manipulation, Tabu, Genuß, soziale Gerechtigkeit kommt es heute zur Sprache. Es liefert auch die Beziehung für unser Selbstverständnis als Schulgruppe in der Bildungsgesellschaft: Freie Schule.

Ein aus der Freiheit des Evangeliums kommender Emanzipationswille wird zunächst stark genug sein, unzeitgemäße Schulmonopolansprüche zu bestreiten. Des weiteren können durch frei bewegliche Vortrupps die auf unsere Bildungsgesellschaft zukommenden Reformaufgaben in überschaubaren kleinen Zellen erprobt werden. Dieses wird zwar heute ebenfalls als Aufgabe des öffentlich-staatlichen Schulwesens deklariert, bedarf aber sicher auch für die Zukunft der Achtsamkeit und Spontaneität, der Erfahrung und der Vorhaben freier Schulgruppen. Die evangelische Privatschule kann dabei einer der wirklich staatsfreien Räume sein, wo Experimente angestellt werden, von denen auch einmal eines mißglücken darf, ohne daß eine Kettenreaktion von Präzedenzfällen ausgelöst wird. Wo Experimente jedoch gelingen, wirken sie weithin modellhaft. Wenn es also keine evangelischen Schulen in freier Trägerschaft gäbe, müßten sie heute als Partner des Staates in einem gemeinsam zu verantwortenden öffentlichen Schulwesen erfunden werden. Aber es gibt kirchliche Schulen noch in einer Zahl, welche die Partnerschaft leisten könnte. Man muß die etwa 350 Schulen in der Bundesrepublik und West-Berlin mit ihren wenigstens 85 000 Schülern in ihrer Quantität halten, wenn die Qualität evangelischer Pädagogik wirksam werden soll. Das sind zwar nur wenige Prozente des Schulwesens insgesamt. Aber die gesellschaftliche Wirkung dieser engagierten Minderheiten ist nicht gering einzuschätzen. Hier wird morgen mehr als heute Nonkonformismus nicht als kurzlebiger Einfall, sondern als positiver Ansatz einer Weltdeutung überhaupt zu leben sein.

Die heute *vordringliche pragmatische Begründung* im Selbstverständnis evangelischer Schulen ist auch *theologisch und historisch* relevant. In meist überraschend von der Gesellschaft als zu ihrer Erhaltung für dringend notwendig erachteter Weise füllten die evangelischen Schulen im Verlaufe ihrer Geschichte echte *Bedarfslücken* aus. Als sich in Deutschland um die Emanzipation der Frau und um das dazu nötige Mädchenschulwesen keine öffentliche Hand kümmerte, waren es die evangelischen Privatschulen, welche jungen Frauen nicht nur spezifische Fachschulen für Frauenberufe, sondern eine gymnasiale Schullaufbahn eröffneten. Daß seit diesem entscheidenden Durchbruch mancherorts eine fast zu große Zahl evangelischer Träger den Schultyp des Gymnasiums oder Aufbaugymnasiums als ihre eigentliche Aufgabe betrieben hat, gereicht heute beinahe zum Nachteil, weil man zur Zeit im Gymnasium eine der schwierigsten Basen zur Begründung der Notwendigkeit staatsfreier Initiativen zur Verfügung hat. So konnte es auch zu Beschlüssen kommen, solche Schulen aufzugeben. Das ist sehr zu bedauern, auch dann, wenn als Ersatz verstärkte Internatsarbeit angeboten werden soll. Internatsarbeit muß mit eigenen Schulen verbunden sein. Hier haben evangelische Schulen mit anderen Schulgruppen in freier Trägerschaft immer noch einen unaufholbaren Vorsprung vor dem staatlichen Schulwesen; bis heute sorgt die öffentliche Hand so gut wie gar nicht für Internate. Sie wird sich auch von den freien evangelischen Internatsschulen aufklären lassen müssen, wozu man so etwas betreibt. Im letzten Jahrzehnt lag die pädagogische Leistung dieser Internate und Heime mehr in der verläßlichen unterrichtlichen und erzieherischen Alltagsarbeit. Großspurige und auffällige Breitenwirkung ist hier sowieso nicht möglich. Im Sinne der evangelischen Begründung in der biblischen Rede vom „Salz der Erde“ und vom „Licht der Welt“ sind viele Leuchtfeuer zu erkennen. Es ist manches mindestens Geschmackvolle, letztlich aber Lebensnotwendige zu nennen.

Die evangelischen Schulen und Internate leisteten nach dem Krieg der wieder aufstrebenden Gesellschaft in Westdeutschland einen wichtigen Dienst für Flüchtlingsschüler und sozial benachteiligte Jugendliche. Man kultivierte schulfreie Räume auf dem Lande. Man stieß aber auch in einige neue Ballungszentren vor, wo ein Bildungsnotstand früh erkannt wurde. Dabei kam es zu interessanten Schulversuchen. Die nach Bonhoeffer benannten Schulen in Oldenburg und im Rheinland zeigen beispielsweise die Spannweite von der Tagesheimschule in Ahlhorn zur sehr differenzierten Internatsschule in Hilden, die sich ständig neue Aufgaben setzt. Eine für mehrere Landkreise zuständige, als staatliches Realschulmodell geltende Ganztagsschule entstand in Gefrees in Oberfranken. In der westfälischen Sennestadt und im hessischen Rimbach wurden gymnasiale Oberstufenreformen früh staatlich anerkannt. Formen additiver Gesamtschulen gibt es u.a. in Hamburg, Nürnberg,

Augsburg und Berlin. Ein Schulzentrum mit zwölf differenzierten allgemeinbildenden Schulen und Fachschulen entstand in Neuendettelsau. Ein besonderes Bildungsprogramm versuchen die Evangelische Landesschule zur Pforte in Westfalen, das Evangelische Gymnasium zum Grauen Kloster in Berlin und das Sportgymnasium in Meisenheim/Glan zu realisieren. Im hessischen Steinatal hat die Internatsarbeit stets große Anpassung an konkrete Nöte erwiesen. In Königsfeld im Schwarzwald und in Korntal verantworten bruderschaftlich orientierte evangelische Gruppen auch pädagogisch ein bruderschaftliches Verhältnis zwischen Alt und Jung. Die württembergischen evangelischen Schulen wollen sich überörtlich zu größeren Organismen zusammenschließen und beseitigen dabei das Mißverständnis, welches kirchlichen Schulen oft anhaftet, als bereite die Kirche in der evangelischen Schule ihr eigenes Gärtlein zur Züchtung kirchlichen Betriebsnachwuchses. In Reutti bei Neu-Ulm sind evangelische Heimerziehung, Realschulbildung und Lehrwerkstätten für Maschinenbau, Gartenbau und Holzverarbeitung verbunden und bieten auch Jugendlichen aus der Fürsorgeerziehung die nötigen Aufstiegschancen. In Uffenheim wird intensiv die gymnasiale und mittlere Bildung ländlicher Begabungsreserven betrieben. Institute des zweiten Bildungsweges wie im hessischen Laubach und im niedersächsischen Hermannsburg/Celle stehen neben einer unübersehbaren Zahl berufsbezogener und fachspezifischer Ausbildungsgänge im Bereich der Diakonischen Werke (z. B. in Bayern allein fast 60 Einrichtungen). Dies alles zeigt, auf welche Weise das evangelische Schulengagement Bedarfs- und Marktlücken der öffentlichen Hand ausfüllt.

Für die bevorstehende, durch den Strukturplan bildungsplanerisch schon erschlossene Zeit wird jedoch eine weitere vorrangige Motivation evangelischer Schulen in Kürze zum Tragen kommen. Wenn nicht alles trügt, wird das Schul- und Bildungswesen der 70er Jahre zu vorwiegend wissenschaftlich begründeten und technokratisch arbeitenden Großschulen führen. Wir befürworten die auf soziale Längsschnittgleichheit abzweckende Theorie und Praxis. Die evangelischen Schulen sollten sich getreu ihrem aus der Reformationszeit stammenden Ansatz: „Wenn es Nöte gibt im Volke, soll man Schulen einrichten", auf einen Rückkoppelungsprozeß zwischen den gesellschaftlich zwingenden Notwendigkeiten und den eigenen evangelischen Erziehungsgrundsätzen verstärkt einlassen. Es wird dann sicher zu einer Zielorientierung kommen, die auch im künftigen curricularen Prozeß eine große Rolle spielen kann. *Die um des Evangeliums willen nötige Humanorientierung gegenüber der Schülerschaft* wird den evangelischen Erzieher noch immer und wieder einmal solidarisch erklären mit technokratisch bedrohten jungen Menschen. Im Namen des Menschen wird der evangelische Lehrer mit aufstehen gegen eine von uns selbst geschaffene und zu vertretende Welt des bloßen Funktionierens. Das Wecken einer verantwortbaren Leistungsfähigkeit der Starken ebenso wie der Schutzraum für schulisch bedrohte, erzieherisch gefährdete oder sozial benachteiligte Jugendliche sind unseres Amtes. Während es im vorigen Jahrhundert die Landkinder und die Mädchen waren, um die sich die evangelische Erziehung in besonderer Weise kümmerte, werden es demnächst die früh als hochbegabt Erkannten ebenso wie die im vorgeschriebenen Lernprozeß großer Systeme emotionell frustrierten Schüler sein, die eine schülergerechte Schule brauchen. Dies dürfte eine gerade an den evangelischen Schulen mit zu entwickelnde Determinante für das Curriculum sein.

Evangelische Lehre weiß es, daß Gott selbst nicht von oben, sondern von unten, vermittelt durch den Menschen, handelt.

Evangelische Schulen werden gegenüber allem, „was von oben kommt", einen Akzent zu setzen haben, der von den Problemen der Schüler her die zentral gesteuerten curricularen Forderungen überprüft und korrigiert, wo das Humanum gefährdet wird. So haben wir nicht nur nach *mehr* Erziehung, sondern nach einer *anderen* Erziehung zu fragen, um der gegenwärtigen Krise Herr zu werden.

Evangelische Lehre weiß auch, daß das Evangelium auf die Befreiung von Gesetzlichkeit zielt. Evangelische Schulen werden sich deshalb nicht nur als Koalitionspartner des herrschenden schulischen Systems, sondern auch als dessen Opposition verstehen, wo das pädagogische System zum Zwang wird.

Diese Feststellungen führen bereits zu der nächsten Begründung eines evangelischen Freien Schulwesens. Sie wird gemeinhin die *gesellschaftsdiakonische Komponente der kirchlichen Öffentlichkeitsarbeit* genannt, wobei natürlich Gesellschaftskritik auch gemeint ist. *Gesellschaftsdiakonie* durch die evangelische Schule wird sich einerseits gründen auf die bisher unerschöpfliche Bereitschaft evangelischer Lehrer und Erzieher, den ihnen Anvertrauten gegenüber in diakonischer Haltung zu beharren. Wenn dies heute von progressiven Gruppen im Konfliktfeld Schule und Erziehung als „karitative Fürsorge zur Stabilisierung repressiver Herrschaftssysteme" gebrandmarkt wird, so läßt die unerschütterlich dem Evangelium verpflichtete Haltung der Treuesten dennoch erwarten, daß diese Vorwürfe durch noch mehr Selbstpreisgabe unterlaufen werden. Auf der Synode der württembergischen Landeskirche im Mai 1970 wurde im Blick auf die evangelischen Schulen radikal gefordert, daß die evangelische Zumutung „Verkaufe alles, was du hast" hier und da auch heißen könnte, von unserem Besitz an wohlerworbenen Rechten, an Autorität und Erfahrung abzusehen und auf das Risiko des Dialogs ohne Vorurteile und Sicherungen sich einzulassen, und damit eben auf wirkliche Gesellschaftsdiakonie ohne Privilegien. „Diese Armut des Geistes, diese franziskanische Demut findet ganz eigentlich ihre Verkörperung in der Mitte des Neuen Testaments, wo Jesus selbst steht und die bestehenden Autoritäten verunsichert" (REICHEL). Die auch gegen sich selbst kritische Gesellschaftsdiakonie wird dann in der Schule das tun, was kritische Diakonie an allen Orten christlich zu besorgen hat: „Sie wird Sand ins Getriebe und Salz in die Wunden dieser Gesellschaft streuen, die so reibungslos zu funktionieren scheint und der so vieles nicht mehr weh tut" (WENDLAND). Gesellschaftsdiakonie kann es dabei nicht belassen. Als Diakonie Christi nimmt sie sich des einzelnen an. In unserer zur Trauer unfähigen Gesellschaft brauchen schon die noch nicht Geborenen unsere Hilfe. Erst recht aber die um ihr Wachstum Bedrohten und Ausgesperrten, die in der Einsamkeit dysfunktionalen Schwachen, kurz, die Opfer der Leistungs-, Konsum- und Emanzipationszwänge unserer Gesellschaft bedürfen besonderer schulisch-pädagogischer Einrichtungen. Es tauchen deshalb im Selbstverständnis evangelischer Schulen hinter denjenigen Schularten, wo man Gesellschaftsdiakonie nur verbalisieren und dem intellektuellen Urteilsvermögen einpflanzen kann, diejenigen Schultypen auf, welche in unmittelbar fachspezifischer Weise in soziale Ausbildungseinrichtungen führen oder als Sonderschulen und fachmännisch heilpädagogisch ausgerüstete und geführte Heime heute sachgemäß Diakonie praktizieren. Man kann das z. B. ablesen am evangelischen Schulwesen im Bundesland Bayern, welches neben 16 allgemeinbildenden weiterführenden insgesamt 89 berufsbildende und spezifisch sozial begleitende Schulen und Ausbildungsstätten umfaßt. Das sind Sonderschulen für Lernbehinderte, geistig Behinderte, Erziehungsschwierige, Spastiker im Volks- und Berufsschulbereich mit angeschlossenen Heilerziehungsheimen und Beschützenden Werkstätten, Fachschulen für Sozialpädagogik und Hauswirtschaft, Höhere Fachschulen für Sozialpädagogik und Sozialarbeit, Fachoberschulen für Sozialwesen, ein- bis dreijährige Berufsfachschulen, Heimberufsschulen mit Berufsaufbauschulen, evangelische Vorseminare für Sozialberufe. Wenn man dazu noch die im Evangelischen Schulbund in Bayern auch vertretenen Ausbildungsstätten für Krankenpflege, Krankenhaushilfe, Kinderpflege, Kinderkrankenpflege, Altenpflege, Heilerziehungspflege, Dorfhelferinnen hinzurechnet, kann unschwer erkannt werden, wie das evangelische Schulwesen auf dieser gesellschafsdiakonischen Bandbreite nicht nur „Marktlücken" des öffentlichen Schulwesens schließt, sondern nahezu den ganzen weiten Raum öffentlicher sozialer Bildungsarbeit umfaßt, auf welchen sich die öffentliche Hand bildungsmäßig wenig eingelassen hat. Dieser Bereich ist heute attraktiv genug, auch vom Staat aufgenommen zu werden. Sollte er dabei aber das Schicksal dieser Fülle privater Schulen heutiger Gesellschaftshilfe in der Weise besiegeln, daß er – wie auf anderen Gebieten freier schulischer Pionierarbeit – die Ausbildung in monopolistische Hände übernähme, würde er nicht nur das Bildungschaos endgültig heraufbeschwören, sondern seine eigenen Möglichkeiten endgültig überziehen. So wird deutlich, daß nur die *Partnerschaft zwischen öffentlichen Schulen in staatlicher, kommunaler und freier Trägerschaft* die Bildungsprobleme der Zukunft bewältigen wird. Die eben einsetzende Entwicklung auf dem auch für freie evangelische Träger wichtigen Sektor der Vorschulerziehung wird sich als Testfeld für die Willigkeit zur Partnerschaft erweisen.

Das letzte, für manche Kenner des kirchlichen Schulwesens evangelischer Prägung vielleicht wichtigste Motiv in einer kurzen Selbstdarstellung wurde bisher verschwiegen: die Bedeutung evangelischer Schulen und Heime für *internationale evangelische oder kirchliche Erziehung.* Dieses Thema ist theologisch kontrovers. Während die einen ein möglichst institutionsfreies Christentum inkognito oder latent in der Schule wirken sehen wollen, verlangen andere eigene Schulen der Kirche auf allen Ebenen als „exemplarische Repräsentanz“. Dazwischen gibt es noch eine Reihe anderer theologischer Positionen. Man bejaht eine mündige und wertfreie Pädagogik, aus der sich ein einheitliches öffentliches Schulwesen ergibt. Andere wünschen einige wenige Schulen für soziale Bereiche, die der Staat noch nicht oder nicht genug entdeckt hat. Schließlich sollen kirchliche Schulen als avantgardistische Modelle großen Stils eingerichtet werden.

Obwohl das Evangelium für eine institutionelle Verfolgung eigener Zwecke ziemlich unbrauchbar zu sein scheint, weil es an allen öffentlichen Orten verkündet werden muß, setzt sich die Meinung durch, daß die Kirche nicht nur verbal in den Bereich der Bildung hineinwirken sollte, sondern eine eigene umgrenzte Erfahrungsbasis auch in Zukunft im Schulbereich nötig hat. Die mannigfachen gewollten oder ungewollten Erziehungserfolge bewußt evangelischer und kirchlicher Leute dürfen nicht verkannt werden. Der in der Tat heute oft übersehene Ansatz der religiösen Komponente in der Erziehung, nämlich das Angelegtsein des Menschen auf Glauben hin, wird über kurz oder lang wieder gefragt sein. Gebildet zu sein heißt auch, Verantwortung übernehmen zu können. Das bedeutet aber zugleich, die Verantwortung dort abzugeben oder nicht wahrzunehmen, wo man sich nicht sachverständig weiß. Beides setzt ein elementares Vertrauen voraus. Dieses steht in Relation zum religiösen Vertrauen. Der Lösung aller notwendigen politischen und gesellschaftlichen „Konfliktmodelle" sollte etwas Derartiges zugrunde liegen. Deshalb sollte nach evangelischem Verständnis das Evangelium in dieser seiner glaubenschaffenden Wirkung aber an allen öffentlichen Schulen und auch nicht nur von eingesessenen Spezialisten verkündigt werden. Ein Abstellen auf nur eigene institutionalisierte Stätten evangelischer Observanz wird sich auf die Dauer rächen. Das geschieht ganz besonders in einer Gesellschaft, welche unsachgemäß kirchliche Artikulationen sofort in den Bereich des unmaßgeblich Privaten und Ideologieverdächtigen abdrängt.

Das wollen die evangelischen Schulen in freier Trägerschaft heute gerade nicht. Sie wollen mitten in der Gesellschaft und nicht bloß an ihrem Rande stehen und an dieser ihr *Mandat* wahrnehmen, das kürzlich jemand so formuliert hat:

als *Beistand*, nämlich als Erziehungsassistenz in öffentlichen Schulen,

als *Widerstand*, nämlich als evangelische Erziehungskritik am jeweiligen System,

als *Einstand*, nämlich als Erziehungsmodell einer evangelischen Schule.

Dabei räumen die evangelischen Schulen – in Anlehnung an ein Wort von C. F. von Weizsäcker – in der wissenschaftlichen Struktur ihres Unterrichtsangebotes dem Evangelium als der einzigen Wahrheit, die tiefer reicht als die Wissenschaft, auf der das Atomzeitalter beruht, eine zentrale Stelle ein. Auf die unterschiedlichste Weise zwar, aber bezogen auf die konkrete Gemeinde der Glaubenden üben sie in den Vollzug des Glaubens ein, weil die Wahrheit nur überzeugt, wo sie gelebt wird. Dazu gehören allerdings auch Wille und Phantasie, gesellschaftliche Positionen zu räumen, sobald die breite Öffentlichkeit die Wahrheit der zu leistenden Bildungs- und Erziehungsarbeit erkannt hat, um sich um so intensiver solchen Aufgaben zur Hilfe am Menschen widmen zu können, welche die Öffentlichkeit innerhalb ihres Bildungssystems vernachlässigt. Bisher aber ist die Kirche mit ihrem Evangelium nirgends, wo sie Schule hält, im Sinne dieser Denkanstöße überflüssig geworden.

Modelle für die siebziger Jahre

Dieser Bericht von einigen evangelischen Schulversuchen stellt keine *Pläne* vor, sondern beschreibt *Praktiziertes*. Wenn auch häufig nur erste Schritte auf dem „langen Marsch durch die Bildungsreform" getan werden, hat dieser Bericht den Vorzug, die Übergangsstelle vom Ererbten zum Künftigen genau zu fixieren. Hierin liegt der Informationswert. Das ist auch ein Beitrag Freier Schulen zur schulischen Zukunft überhaupt, die ja nicht von einer Tabula rasa ausgehen kann. Wir stellen vor:

Versuche mit Gesamtschulen;
Versuche mit der Sekundarstufe II;
ein Schulzentrum mit allgemeinbildenden und fachbezogenen Studiengängen;
eine Erfahrung mit der Ganztagsschule;
eine Internatsschule, die zugleich einer ländlichen Region gerecht werden muß;
eine Internatsschule mit Schulversuch „Sportgymnasium".

Ernst Dietzfelbinger

Die Wilhelm-Löhe-Schule Nürnberg als kooperative Gesamtschule

Unter den evangelischen Schulen haben viele drei oder zwei Schularten unter einem Dach (Grund- und Hauptschulen, Realschulen, Gymnasien). Als additive, kooperative oder teilintegrierte Gesamtschulen sind sie mit ihren Abschlüssen anerkannt. In Berliner Schulen gilt das ebenso wie in Hamburg, wo die Wichern-Schule die älteste Gesamtschule überhaupt ist. Natürlich sind diese Schulen von den Zwängen staatlicher Schulpolitik betroffen. Ihre Entwicklung wurde beeinträchtigt von den Abiturbestimmungen der Saarbrücker Rahmenvereinbarung ebenso wie von organisatorischen Festlegungen einzelner Schulstufen durch verschiedene Bundesländer. Obwohl an anderen Orten die Integration schon weiter gediehen ist, mag für die Ausgangslage an vielen Orten der Bericht des Direktors der Nürnberger Löhe-Schule interessant sein.

Die Eigenschaften der Wilhelm-Löhe-Schule als einer kooperativen Gesamtschule wirken sich in verschiedener Hinsicht aus:

Im Blick auf die *Schüler:* Sie wirken in der SMV zusammen, sie arbeiten gemeinsam an der Schülerzeitung, sie geben Anregungen, die für die drei Schularten gelten (z. B. im Schulforum, für gemeinsame Schulgottesdienste, für gemeinsame Schulfeiern, für Ausflüge). Schülerinnen der drei Schularten können gemeinsam Neigungsgruppen bilden.

Im Blick auf die *Eltern:* Der Elternbeirat wird zwar nach den drei Schularten gewählt, aber er bildet dann ein Ganzes. An den Sitzungen nehmen der Schulleiter und seine drei Stellvertreterinnen teil. Von den Mitgliedern des Elternbeirats wird zur besonderen Vertretung der einzelnen Schularten nach außen hin (also z. B. Verbindung zur Landeselternvereinigung der Gymnasien, Realschulen oder Volksschulen) je ein

Mitglied beauftragt. Die Gesamtschule vertritt der Vorsitzende des Elternbeirats, dieser gehört auch dem Kuratorium der Schule an, in dem die Fragen der ganzen Schule besprochen werden. Durch die vom Elternbeirat ins Schulforum gewählten Mitglieder ist auch in diesem Gremium die gesamte Elternschaft vertreten.
Im Blick auf die *Lehrer:* Die Lehrer der drei Schularten müssen voneinander wissen, ebenso auch von den Problemen der jeweils anderen Schulart. Dem dienen gemeinsame Veranstaltungen. Selbstverständlich sind die Hauptkonferenzen der Schule für alle Lehrer verbindlich. Die Lehrer besuchen sich gegenseitig im Unterricht. Sie haben einen gemeinsamen Vertrauensausschuß gewählt, in dem die Fragen der gesamten Schule besprochen werden. Von hier aus kommen viele Anregungen für das gesamte Schulleben.
In Blick auf die *Leitung der Schule:* Sie ist in einer Hand. Für die drei Schularten hat der Direktor jeweils eine Stellvertreterin. Ständige Gespräche in diesem Gremium bilden eine weitere Grundlage für den Gang der Schule und Beratungen im Kollegium.
Im Blick auf die *Durchlässigkeit:* Sie besteht seit vielen Jahren. Es ist eine Durchlässigkeit nicht nur nach den niveauschwächeren Klassen hin (z. B. vom Gymnasium zur Realschule), sondern auch in die niveaustärkeren Klassen hinein. Seit 1957 gab es kein Abitur, an dem nicht ehemalige Realschülerinnen der eigenen Schule beteiligt waren. Die Durchlässigkeit könnte aber noch weiter ausgebaut werden durch das Abstimmen der Lehrstoffe in den einzelnen Schularten.
Im Blick auf die *Verwendung der vorhandenen Lehrmittel* und den allgemeinen Sachaufwand ergeben sich manche Rationalisierungen.

Ulrich Klemens

Der Kollegschulversuch in den v. Bodelschwinghschen Anstalten, Bethel-Bielefeld

In Bethel ist neben den Krankenhäusern, Pflegeheimen und Werkstätten für Behinderte auch eine große Zahl von Schulen vorhanden. Im berufsbildenden Sektor sind als Schwerpunkte zu nennen:
die Fachschule für Sozialpädagogik und Heilpädagogik,
die Fachschule für Ernährungs- und Hauswirtschaft (2jährig),
die Berufsfachschule für Ernährungs- und Hauswirtschaft (1jährig),
die Ausbildungsstätte für Sozial- und Milieutherapie,
die Lehranstalten für Laborassistenten und Diätassistenten,
die Heimsonderberufsschule,
zwei Krankenpflegeschulen, eine Kinderkrankenpflegeschule und
die Diakonenschule.

In der Trägerschaft der v. Bodelschwinghschen Anstalten befinden sich außerdem ein großes Gymnasium und mehrere Schulen des Sonderschulbereichs. Ergänzt wird das schulische Angebot durch eine städtische Grund- und Hauptschule.

Der Gedanke liegt nahe, diese Vielfalt von Schulen organisatorisch zusammenzufassen. Das nordrhein-westfälische Kollegschulmodell, das berufsbildende und allgemeinbildende Ausbildungsgänge zu kombinieren versucht, bot sich dabei an [29a]. Die Kollegschule in Bethel soll die Schulen der Sekundarstufe II so zueinander ordnen, daß zum Beispiel ein Schüler der Fachschule für Sozialpädagogik neben seiner Fachschulausbildung weitere Qualifikationen durch seine Teilnahme an Unterrichtseinheiten (Trimester) des Gymnasiums erwirbt, die ihm dann nach einem Zusatzsemester die Fachhochschulreife vermitteln. Für einen Schüler der Oberstufe des Gymnasiums eröffnet sich die Möglichkeit, etwa im Rahmen eines Leistungskurses Anteile einer Berufsausbildung zu erwerben, die nach dem Abitur in einer einjährigen Zusatzausbildung zu einem beruflichen Abschluß führen.

Der Schulversuch in Bethel befindet sich im Übergang aus der Planungs- in die Vorlaufphase. Unter der Vorlaufphase versteht man die Zeit der zunehmend enger werdenden Kooperation zwischen den Schulen mit Lehrer- und Schüleraustausch und weitgehender Abstimmung der Unterrichtsinhalte und der Schulorganisation. Erst in der Hauptphase wird eine Integration der Schulen auf allen Ebenen eintreten.

Da es sich in Bethel um eine „Schwerpunktkollegschule“ handelt, konzentrieren sich die Bemühungen im Schulversuch auf die Fachgebiete Erziehungswissenschaft, Gesellschaftswissenschaften mit den Schwerpunkten Soziologie und Politik, Ernährungswissenschaft, Theologie und Diakonie sowie Sprache (Deutsch, Englisch). In Fachgruppen, die sich aus Kollegen aller beteiligten Schulen zusammensetzen, werden in den genannten Schwerpunkten „polyvalente Kurse“ erarbeitet, d. h. Unterrichtseinheiten, die sowohl im Gymnasium als auch in allen entsprechenden Fachschulen verwendet werden können. Angestrebt werden zweijährige Ausbildungsgänge, die nach dem Baukastensystem den traditionellen Schullaufbahnen eingefügt werden können. Dabei soll die scharfe Trennung zwischen Theorie und Praxis überwunden werden. Im Rahmen eines Leistungskurses Erziehungswissenschaft im Gymnasium soll ein Trimester-Praktikum in einem Kindergarten oder Pflegeheim im Rahmen der Ausbildung der Fachschule für Sozialpädagogik voll angerechnet werden, oder die Arbeit im Labor der Laborassistenten-

---

[29a] Strukturförderung im Bildungswesen des Landes Nordrhein-Westfalen. Kollegstufe NW, Heft 17, Düsseldorf 1972.

schule wird dem Leistungsfach Biologie zugeordnet. Entsprechend sind Kurse in Mathematik, Deutsch, Englisch oder Geschichte im Gymnasium von Berufsschülern zu besuchen.

Zweifellos macht die Verbindung allgemeinbildender Schullaufbahnen mit Teilen praktischer Berufsausbildung die größten Schwierigkeiten. Auch die Definition von Lernzielen bei polyvalenten Kursen gelingt nur teilweise. Die bisherigen Erfahrungen zeigen, daß ohne weitgehende Neubestimmung der Lernziele und der angestrebten Qualifikationen in allen Ausbildungsgängen eine Integration wesentlicher Teile unmöglich ist. Selbst die Kooperation beschränkt sich im Augenblick auf die parallele Erprobung gleicher Unterrichtseinheiten mit einem Umfang von 40 bis 80 Wochenstunden in zwei oder drei Schulen. Gegenseitige Hospitation der Fachkollegen soll Einblick in Methode und Leistungshöhe der anderen Schule gewähren. Unterstützung in der theoretischen Begründung dieses Schulversuchs bietet die Wissenschaftliche Begleitung der Universität Münster und eine zentrale Koordinierungsstelle für Kollegschulversuche im Kultusministerium in Düsseldorf.

Trotz dieser großen Probleme am Anfang der Kollegschule sollte der Versuch energisch fortgeführt werden. Gerade in Bethel muß ein Schulwerk vorhanden sein, das den wechselnden Anforderungen der Anstalt an die Qualifikation der Mitarbeiter schnell entsprechen kann. Die Konzipierung neuer Berufsbilder muß möglich sein. Daneben ist die Verwirklichung der Durchlässigkeit des Schulsystems eine allgemeine bildungspolitische Forderung, die auch in Bethel erfüllt werden soll. Schließlich erscheint im Zeichen des verschärften Numerus clausus an den Hochschulen das Angebot einer beruflichen Ausbildung neben der allgemeinen Hochschulreife als ein möglicher Ausweg aus der augenblicklichen Zwangslage.

Günter Reichel

Schulzentrum Neuendettelsau

Unter den breitgefächerten Arbeitsfeldern des Diakoniewerks Neuendettelsau nehmen die Schulen und Bildungsstätten von jeher einen hervorragenden Platz ein. Die Reformen der sechziger und der frühen siebziger Jahre gingen auch hier nicht spurlos vorüber. Das Schulzentrum steht und ist weiter ausbaufähig. Ein innerhalb der Schulreform in Bayern möglicher erster Schritt in die Zukunft ist damit getan.

Das Schulzentrum vereinigt Lehrer, Schüler und nötige Fachräume des Laurentius-Gymnasiums (neusprachlich und sozialwissenschaftlich), einer Realschule, einer Berufsschule mit Berufsaufbauschule, einer Berufsfachschule, zweier Fachakademien und einer Fachoberschule für Sozialwesen. Es ist umgeben von weiteren Schulen und Ausbildungsstätten, seien es Sonderschulen für Lernbehinderte oder weitere Berufsfachschulen und Fachschulen für den sozialpflegerischen Bereich. Jedenfalls betreten täglich mehr als 1000 Schülerinnen und Studierende das Neuendettelsauer Schulzentrum, um zusammen mit rund 80 Lehrkräften und Fachleuten der verschiedenen Bildungsbereiche Schule zu machen. Sonderpädagogische Maßnahmen der Erziehungsberatung und des Schulpsychologischen Dienstes gehören flankierend zum Angebot. Ein Teil der jungen Leute kommt aus den angeschlossenen Wohnheimen mit ihren insgesamt 500 Plätzen in Einzel- und Mehrbettzimmern, ein anderer Teil kommt täglich aus dem Stadtgebiet und Landkreis Ansbach oder wird mit eigenen Schulbuslinien des Diakoniewerks aus einem Einzugsradius von ca. 30 km herangeholt. Viele Begabungsreserven befinden sich darunter. Infolgedessen verändern sich z. B. in der Realschule die Strukturen seit fünfzehn Jahren völlig. Besuchten im Jahre 1959 nur 38 externe Schülerinnen (bei 80 internen Schülerinnen) die Realschule, waren es 1969 insgesamt 148 bei einer Schülerzahl von 234, so leben 1974 von zusammen 307 Schülern nur 45 im Internat. Die Realschule wird inzwischen, wie die meisten anderen Schulen des Schulzentrums, koedukativ geführt.

Durch gezielte Aktionen einer aktiven Schülermitverwaltung änderte sich in den letzten Jahren auch merklich das Bild des Unterrichtsvollzuges. Ebenso konnten bildungspolitische Impulse vermittelt werden: Der neueingeführte soziale Zweig in der Wahlpflichtfächergruppe III der Realschule beispielsweise wurde unter wesentlicher Beteiligung Neuendettelsaus geplant und mitgestaltet. Nach außen hin trat jene Aktivität deutlich in Erscheinung in der Einrichtung des Tonstudios im Schulzentrum. Das Angebot hier, mit Hilfe eines Tonbandarchivs und einer Fernsehspeicheranlage einschließlich Unterrichtsmitschau Unterrichtsgegenstände im programmierten Lernverfahren und im individuellen Selbstunterricht sich anzueignen, wird ständig beansprucht, überprüft und ausgebaut.

Wohin führt der Weg unseres Neuendettelsauer Schulzentrums? Wir werden sicherlich verhältnismäßig schnell und leicht Möglichkeiten zu einer Ganztagsschule mit freiem Samstag entwickeln können. Es wird uns ebensowenig Schwierigkeiten bereiten, im Gefüge der vorhandenen Schularten eine bisher noch fehlende Fachakademie für Heilpädagogik zu begründen. Die Arbeitsmittel des Studienkollegs (Oberstufe der Gymnasien), schulübergreifende Kooperationsmöglichkeiten im Bereich der Sekundarstufe II und die Voraussetzungen für eine intensive Praxis- und Berufsbezogenheit in vielerlei Hinsicht sind bereits gegeben.

Ein Blick auf den zurückliegenden Weg der Neuendettelsauer Schulen läßt erkennen, welche Schwierigkeiten noch zu überwinden sein werden. Die bisherige schulpolitische und organisatorische Geschiedenheit der einzelnen Schultypen im Bundesland Bayern, die ja in Berücksichtigung der berufsbildenden Schulen noch weit über die bisher innerlich geschiedene Grundständigkeit der drei Säulen Hauptschule, Realschule, Gymnasium hinausreichte und geradezu einem Wald von verschiedenen einzelnen Schulstämmen glich, führte notwendigerweise dort, wo ein Schulträger von der Art Neuendettelsaus eine hohe Zahl verschiedener Schularten auf engstem Raum zusammenführte, zu einem eigentlich unzulässigen und undurchlässigen Nebeneinander der Schultypen. Jede der Schularten war unmittelbar zur jeweiligen Schulbehörde und streng für sich der jeweiligen Abteilung der Schulverwaltung zugeordnet. Sie war deshalb folgerichtig unabhängig und frei von der anderen benachbarten, im selben Hause gelegenen Schulart. Wenn Neuendettelsau bisher schon ein Zentrum freier Schulen war, dann weniger in dem Sinne, daß seine 15 verschiedenen Schularten freie Schulversuche und Modelle unternehmen konnten, als vielmehr in dem Sinne, daß die Unabhängigkeit und Freiheit der Schularten untereinander praktiziert und geradezu kultiviert werden mußte.
Die Bildungsreform der einzelnen Parteien, die Bildungsprogramme der einzelnen Länder, der Deutsche Bildungsrat und die Aussagen des Bildungsgesamtplans haben diese bisher uns quälende Situation überholt. Es liegt nun an uns selber, auf dem langen Marsch vom Zentrum freier Schulen zum Schulzentrum mit Zukunft nicht zu ermüden. Unsere Aufgabe am Neuendettelsauer Schulzentrum wird in erster Linie darin bestehen, die in einem Schulzentrum übliche Zusammenarbeit von Hauptschule, Realschule und Gymnasium strukturell weiterzuentwickeln zu einem weiteren Zusammenwirken dieser Schularten mit den vorhandenen und bereits definierten berufsbildenden Schulen. Es muß uns um die Durchlässigkeit zwischen allgemeinbildenden und berufsbildenden Schulen nach oben und nach unten hin gehen. Ein erster Ansatz wurde unsererseits dadurch gegeben, daß die Realschule in ihrer Wahlpflichtfächergruppe III auf solche berufsbildende Schulen ausgerichtet wurde, welche im sozialpflegerischen und sozialpädagogischen Bereich weiterführen, wie Fachschulen, Fachakademien, Fachoberschulen und Fachhochschulen. In solchen Zielvorstellungen dürfte der Bildungsauftrag des Neuendettelsauer Schulzentrums für die nächsten Jahre liegen.

Walter Bölckow

Die Wichern-Schule in Hamburg

Die Wichern-Schule des Rauhen Hauses in Hamburg hat im Jahre 1974 ihr 100jähriges Bestehen gefeiert. Aus kleinsten Anfängen als Heimschule für wenige Kinder hatte sie sich schon in den Jahren der Weimarer Republik als erste Gesamtschule im hamburgischen Schulwesen fest etabliert. Seit 1922 umfaßte sie Grund-, Volks- und Realschule, vereinigte Oberrealschule und Gymnasium unter ihrem Dach und hatte eigene berufsfördernde Weiterbildungseinrichtungen für Schulentlassene.
Nach der völligen Zerstörung der Schule im Jahre 1943 wurde sie 1957 neu gegründet. Als sogenannte Concordien-Schule sollte sie Volksschule, Realschule und Gymnasium umfassen. Um sie dennoch überschaubar zu halten, wurde sie einzügig angelegt: je eine Klasse der Volksschule, eine der Realschule, eine des Gymnasiums – aus der richtigen Erkenntnis heraus, daß gerade eine evangelische Schule sich hüten müsse, aus den Schülern eine beliebig große Zahl anonymer Individuen zu machen.
Nach 10jährigem Aufbau hatte die Schule 1967 in 27 Klassen etwa 680 Schüler und Schülerinnen, davon etwa 120 aus dem Internat.
Aufgrund des Gutachtens des „Deutschen Ausschusses für das Erziehungs- und Bildungswesen" kamen in den 60er Jahren auch in Hamburg Reformen der Schule in Gang, die die Wichern-Schule nicht unberührt ließen. Wollte sie nicht den Anschluß an das öffentliche Bildungswesen verlieren, mußte sie vergrößert werden, um Raum für die verschiedenen Projekte der Beobachtungsstufe, der Differenzierungen nach Neigung und Leistung in der Haupt- und Realschule und der reformierten Oberstufe zu schaffen, die allesamt klassenübergreifende Kurse vorsahen.
Schulleitung und Kollegium haben seit 1964 an solchen Plänen gearbeitet, vom Schuljahr 1967/68 an begann dann die Erweiterung der Klassen- und Schülerzahlen, ab 1972 auch eine räumliche Erweiterung.
Ein *Antrag auf Anerkennung als Gesamtschulversuch wurde 1968/69 abgelehnt.* Die notwendigen Voraussetzungen konnten nicht sichergestellt werden, besonders was die Schülerzahlen anging. *Außerdem wollte der hamburgische Staat nicht sein Versuchsprogramm auf eine Schule in freier Trägerschaft ausdehnen.*
So ist die Wichern-Schule heute ein kooperatives Schulsystem, bestehend aus 2 Abteilungen, einer Volks- und Realschule und einem Gymnasium, die *von den staatlichen Behörden wie zwei selbständige Schulen anerkannt und behandelt werden.* Dementsprechend gibt es zwei Schulaufsichtsbeamte.

Kirche, Rauhes Haus, Kollegium, Eltern und Schüler sehen die Schule dagegen als *eine* Einheit an, mit einer Gesamtschulleitung, einer Schulkonferenz, einem Eltern und einem Schülerrat. Vorgesetztes Gremium – zuständig für alle Angelegenheiten, die nicht der staatlichen Schulaufsicht unterliegen – ist ein Kuratorium. Es ist zu gleichen Teilen (je 3 Vertreter) aus dem Kirchenrat der evangelisch-lutherischen Kirche im hamburgischen Staat und aus dem Verwaltungsrat des Rauhen Hauses zusammengesetzt. Vorsitzender ist zur Zeit der Vorsteher des Rauhen Hauses.

Die Schule ist wie folgt gegliedert:

1. Volks- und Realschule:

a) Grundschule (Kl. 1–4) je 2 Klassen	=	8 Klassen
b) Beobachtungsstufe (Kl. 5 + 6)	=	4 Klassen
c) Hauptschule (Kl. 7–10) je 1 Klasse	=	3 Klassen
d) Realschule (Kl. 7–10) je 2 Kl. 7–9	=	10 Klassen

(2 Klassen 10 mußten als Pufferklassen zusätzlich eingerichtet werden.)

2. Gymnasium:

a) Beobachtungsstufe	6 Klassen
b) Mittelstufe	8 Klassen
c) Sekundarstufe II	10 Gruppen

(3 Gruppen Vorsemester, 7 Gruppen der Studienstufe)

Die Schulleitung ist unterteilt in eine engere und eine erweiterte Schulleitung. Zur engeren Schulleitung gehören neben dem Schulleiter, der gleichzeitig Leiter des Gymnasiums ist, der Leiter der Volks- und Realschule und ihre beiden Stellvertreter. Der Leiter der Volks- und Realschule und der Stellvertreter aus dem Gymnasium sind stellvertretende Schulleiter der gesamten Schule in allen gesamtschulischen Angelegenheiten. Zur erweiterten Schulleitung gehören darüber hinaus die an den hamburgischen Gymnasien seit 1972 eingeführten Koordinatoren: je einer für die Beobachtungsstufe, die Mittelstufe und Sekundarstufe II. Schulintern wurde eine Kollegin der Volks- und Realschule mit Koordinationsaufgaben beauftragt, auch sie gehört zur erweiterten Schulleitung. Jeder von ihnen betreut eine überschaubare Zahl von Klassen. Diese Gliederung soll es Eltern und Schülern erleichtern, schneller und direkter mit einem Mitglied der Schulleitung zu sprechen.

Neben dieser Gesamtschulleitung hat jede Abteilung ihre eigene Schulleitung mit der Verpflichtung, die jeweilige Schulabteilung pädagogisch eigenverantwortlich zu leiten. Dasselbe gilt auch für die Konferenzen. Neben der Gesamtkonferenz, die aus mehr als 80 Mitgliedern besteht und auf der nur noch allgemeine Probleme der Schule erörtert werden, hat jede Abteilung ihre Abteilungskonferenz, so wie es daneben Stufen- und Fachkonferenzen gibt, in denen die wesentliche pädagogische Arbeit geleistet wird. Auch Eltern- und Schülerrat sind entsprechend konzipiert. Wie andernorts zeigt sich auch an der Wichern-Schule, daß die Aktivität der Eltern erheblich stärker ist als die der Schüler. So tagt der Elternrat mindestens alle 4 Wochen. Er wird von der Schulleitung umfassend informiert und ist immer zu aktiver Mitarbeit bereit.

Unter Wahrung der Parität beider Abteilungen sind sie dennoch eine Institution, wobei der Vorstand des Schülerrates aus drei gleichberechtigten Sprechern besteht, einem aus der Sekundarstufe II, einem aus der Mittelstufe des Gymnasiums, einem aus den Klassen 5–10 der Haupt- und Realschule. Dadurch soll verhindert werden, daß jeweils nur die Sprecher der Sekundarstufe II in diese Funktion gelangen und die übrigen keine Chance haben, sich im Vorstand des Schülerrates zu artikulieren. Einheitlich ist auch die Verwaltung der Schule, die Hausmeisterei usw.

Es muß noch ein Wort zur Schulkonferenz gesagt werden, einer im hamburgischen Schulverfassungsgesetz vom 1. 8. 1973 vorgesehenen Einrichtung. Nach § 14 dieses Gesetzes hat sie folgende Funktion: „Die Schulkonferenz dient der Zusammenarbeit der Eltern, Lehrer und Schüler und der weiteren an der Schule tätigen Mitarbeiter. Bei Meinungsverschiedenheiten zwischen Lehrerkonferenz, Elternrat, Schulbeirat und Schülerrat bemüht sie sich um einen Ausgleich. Der Schulleiter unterrichtet sie regelmäßig über wichtige Angelegenheiten der Schule."

Nachdem das Kuratorium der Wichern-Schule sich entschieden hatte, das Schulverfassungsgesetz sinngemäß auch für die Wichern-Schule anzuwenden, ist folgende Zusammensetzung beschlossen worden:

Den Vorsitz der Schulkonferenz hat der Leiter der Wichern-Schule. Jede der beiden Schulabteilungen entsendet drei Lehrer, darunter von Amts wegen den Leiter der Abteilung Volks- und Realschule, drei Eltern- und drei Schülervertreter; zusätzlich ein Vertreter des technischen Personals, so daß die Schulkonferenz aus insgesamt 20 Personen besteht.

Die Erfahrungen mit der hier beschriebenen Konstruktion der Wichern-Schule sind insgesamt positiv, auch wenn es sicher keine optimale Lösung ist. Unter Berücksichtigung der Größe der Schule ist dennoch durch die Organisationsform ein relativ hohes Maß an Überschaubarkeit erreicht.

Das bedeutet natürlich noch nicht auch die pädagogische Überschaubarkeit der Schule, d. h. die praktizierte Menschennähe gegenüber Eltern und Schülern, auf die es wahrscheinlich mehr ankommt als auf den überschaubaren organisatorischen Rahmen.

Die Wichern-Schule bemüht sich, der pädagogischen Überschaubarkeit dadurch näherzukommen, daß sie eine Vielzahl von Kommunikationsmöglichkeiten (Elternsprechtage, Elternabende, Spielnachmittage mit Eltern und Schülern, Theatergruppen, Zusammenkünfte von Lehrern, Eltern und Schülern außerhalb der Schule usw.) anbietet.

Heinrich Gutbrod

Das Gymnasium mit Internaten in Wilhelmsdorf

In Wilhelmsdorf, das als evangelische Brüdergemeine im Jahr 1824 von König Wilhelm I. von Württemberg gegründet worden war, wurde im Jahre 1837 eine Gehörlosenschule ins Leben gerufen. Durch eine merkwürdige Fügung entstand in dieser Gehörlosenschule im Jahre 1857 das Internat „Knabeninstitut", aus dem sich im Laufe der Jahre eine Realschule entwickelte, die fast ausschließlich von Heimschülern, zuerst aus der französischen Schweiz, dann aus allen Teilen Deutschlands und dem Ausland besucht war.

Der *Geist der Brüdergemeine* prägte auch die Erziehungsarbeit – ein Geist der Brüderlichkeit, in dem sich eins fürs andere verantwortlich weiß, ein Geist evangelischer Freiheit, der zugleich die Bindung an Gott bejaht. Johannes Ziegler, der von 1864 bis 1907 Direktor war, gab der Schule und dem Heim Inhalt und Form, nicht so sehr von einer pädagogischen Idee geleitet als vielmehr von dem Eros, die ihm zugeführten jungen Menschen in jeder Beziehung zu fördern. Aus den vorgegebenen Ansätzen wurde schon früh das *Sprechersystem* geschaffen. Die Schülerschaft wird, auf verschiedene Wohn- und Arbeitszimmer verteilt, von älteren Schülern, den Sprechern, geführt, die für ihre Zimmer verantwortlich sind und so – neben den Lehrern – Miterzieher sind. Die Leitung bringt den Schülern Vertrauen entgegen, delegiert Verantwortung und gewinnt so ihre Bereitschaft zur Mitarbeit. Es gibt bis zum heutigen Tage in unserem Jugendheim, in dem zur Zeit 190 Jungen der Klassen 5 bis 13 wohnen, *keine Erzieher*. In gelebter Partnerschaft zwischen Jung und Alt werden alle Fragen des Internats in der Sprecherversammlung und im Konvent erörtert und weitgehend entschieden, auch Probleme der äußeren Disziplin und der inneren Haltung. Dasselbe läßt sich vom Schülerparlament sagen, in dem die Fragen der Schule behandelt werden. Dadurch bekommt das Leben in Internat und Schule eine gelockerte und jugendgemäße Atmosphäre, in der sich Schüler und Lehrer ungezwungen begegnen.

Die Weltoffenheit und Freiheit bewies Johannes Ziegler, indem er – seiner Zeit voraus – ein Schwimmbad und eine Turnhalle baute, weite

Sportwiesen anlegte und den Werkunterricht einführte. Die Schüler waren seine „Söhne“, mit denen er auch nach der Schulzeit in Verbindung blieb – er schuf dazu die „Wilhelmsdorfer Blätter“, eine Schulzeitschrift, die heute noch existiert.
Das blühende Schulsystem wurde in der Zeit des Nationalsozialismus auf eine Zubringerschule reduziert. Nach 1945 entwickelten die ZIEGLERschen Anstalten, die Träger der Heime und der einstigen Realschule, und die Gemeinde eine Interessengemeinschaft – die Klassen 5 bis 10 wurden öffentliche Schule, die Klassen 11 bis 13 „Schule in freier Trägerschaft“, während die Heime nach wie vor private Einrichtung der ZIEGLERschen Anstalten sind. Inzwischen ist auch das einst selbständige Töchterinstitut mit eigener Schule als Mädchenheim für 50 Schülerinnen angegliedert worden.
Die Schule wuchs und wächst in dem Maße, wie die ländliche Bevölkerung Wilhelmsdorfs und der Umgebung von dem Schulangebot Gebrauch macht – heute besuchen über 250 externe Schüler das Gymnasium, und da Wilhelmsdorf im katholischen Oberland liegt, nimmt der Anteil der katholischen Schüler ständig zu. Interne und Externe aus verschiedenen sozialen Schichten, evangelische und katholische Schüler lernen sich in der einen Schulgemeinschaft gegenseitig kennen und bereichern sich.
Die Erfahrungen mit den Schülern, die mit dem 10. Schuljahr eine Berufsausbildung anstreben, legten den Gedanken nahe, eine Realschule anzugliedern. Das Kultusministerium von Baden-Württemberg entsprach dem Antrag, der von Gemeinde und Gymnasium in engem Einvernehmen mit der Hauptschule gestellt worden war, so daß die Voraussetzungen für die Gesamtschule gegeben sind.
Der ursprüngliche Rahmen ist gesprengt, die neue Entwicklung macht großzügige Neubaupläne notwendig und erfordert neue Überlegungen, wie die wissenschaftlich fundierte Leistungsschule, die wir waren und bleiben wollen, mit den Notwendigkeiten neuer Methoden und neuer Zielsetzungen in Einklang gebracht werden kann. Dies alles wird wie einst bejaht aus dem evangelischen, weltzugewandten Geist, der sich den Forderungen der heutigen Gesellschaft stellt und sich aus der brüderlichen Verantwortung vor Gott allen verpflichtet weiß.

Johannes Rosenboom

Sportzug in Meisenheim

Das Paul-Schneider-Gymnasium in Meisenheim/Glan, Kreis Kreuznach, Internatsschule der Evangelischen Kirche im Rheinland, praktiziert seit

Herbst 1968 auf Initiative der Schulleitung und mit finanzieller Unterstützung des Ministeriums für Unterricht und Kultus in Mainz einen Schulversuch „Sportzug".

Die Schüler und Schülerinnen der Klassen 5 bis 8 erhalten an dieser Schule – als bisher einziger in der Bundesrepublik – die tägliche Sportstunde. Jungen und Mädchen, die sich in den Leibesübungen als überdurchschnittlich talentiert erweisen (gut bis sehr gut), können von Klasse 9 (Obertertia) an Sport statt Griechisch oder Französisch als Hauptfach wählen. Die Schüler und Schülerinnen des Sportzugs erhalten 8 Wochenstunden Leibeserziehung (Leistungssport): Leichtathletik, Schwimmen, Geräteturnen, Spiele. Sie nehmen in den übrigen Fächern an dem normalen Unterricht ihrer Klasse teil (Fremdsprachen Latein, Englisch oder Griechisch, Französisch) und müssen hier mindestens dem Leistungsdurchschnitt der Klasse entsprechen. Ihr Bildungsgang führt zur allgemeinen Hochschulreife. Allen Schülern und Schülerinnen werden in Neigungsgruppen zusätzliche Sportübungsmöglichkeiten angeboten, z. B. Rudern, Rhythmische Gymnastik.

Die Deutsche Sporthilfe und der Landessportbund Rheinland-Pfalz unterstützen den Schulversuch durch Gewährung von (Teil-)Freistellen im Internat für Leistungssportler. Der Deutsche Turner-Bund hat das Paul-Schneider-Gymnasium seit 1969 als Stützpunkt für seinen Leistungsturnerinnen-Nachwuchs erwählt, der von der Bundestrainerin Marie Luise Krutmeyer unterwiesen wird. Auch der Deutsche Ruderverband plant, seinen Nachwuchs in Meisenheim einzuschulen (Trainingsgemeinschaft Bad Kreuznach-Meisenheim).

Ziel des Schulversuchs ist, Sport als praktisches und wissenschaftliches (!) Bildungsfach vollgültig in den Unterricht einzuordnen, die Jugend an den Sport als eine Lebensnotwendigkeit beizeiten zu gewöhnen und überdurchschnittlich Begabten auch hier die Möglichkeit zu bieten, rechtzeitig und fachgerecht gefördert zu werden.

Schon jetzt kann von einem Erfolg des Schulversuchs gesprochen werden. Er ist zu einem integrierten, wesentlichen Bestandteil des Unterrichts und der Erziehung geworden und findet die Aufmerksamkeit und den lebhaften Beifall der Presse, des Fernsehens im In- und Ausland, nicht zuletzt auch der Eltern der Kinder, die in den Genuß dieser fortschrittlichen Einrichtung kommen. Meisenheim, von der Sportpresse als „Modell der siebziger Jahre" bezeichnet, findet bereits Nachahmung in Nordrhein-Westfalen, in Baden-Württemberg, in Berlin und andernorts.

Statistik des evangelischen Schulwesens

Stand Sommer 1972

Schulart	*Anzahl*	*Schüler insgesamt*
Volksschulen	1	173
Berufsbildende Schulen	200 *	7 344
Realschulen	12	3 051
Gymnasien	50	19 981
Sonderschulen	55 *	5 855
Kooperationsschulen	2	2 419
Volksschule/Realschule/Gymnasium	2	766
Gymnasium/Realschule	5	1 886
Volksschule/Realschule	1	463
Volksschule/Gymnasium	328	41 938

* Die Zahl der berufsbildenden Schulen und der Sonderschulen ist wesentlich höher als hier angegeben, da die sehr stark differenzierten Trägerschaften gegenwärtig eine genaue Erfassung erschweren.

Die katholischen Schulen

Josef Homeyer

Allgemeines

„Unsere Schule ist privat.
Sie besteht aus zwei Zimmern des Pfarrhauses und aus zwei weiteren, die uns als Werkstatt dienen."
„Früher einmal gab es die konfessionelle Schule. Die hatte ein Ziel, das auch wert war, angestrebt zu werden. Aber sie war nicht für die Ungläubigen.
Alle erwarteten, daß ihr etwas Großartiges an ihre Stelle setzen würdet. Dann habt ihr etwas Armseliges geboren: die Schule des Eigennutzes.
Nun gibt es die konfessionelle Schule nicht mehr. Die Geistlichen haben die staatliche Gleichstellung verlangt und erteilen nun Zensuren und Zeugnisse wie ihr. Auch sie stellen den Jungen den Gott Mammon vor ...
Langsam, langsam haben wir entdeckt, daß dies eine besondere Schule ist: Es gibt keine Zensuren, keine Zeugnisse, keine Gefahr, durchzufallen oder wiederholen zu müssen. Mit den vielen Schulstunden und Schultagen, die wir haben, gelingen uns die staatlichen Prüfungen eher leicht, und so können wir uns erlauben, fast das ganze Jahr nicht an sie zu denken ... Diese Schule also, ohne Ängste, tiefer und reicher, hat nach wenigen Tagen jeden von uns begeistert. Nicht nur das: nach wenigen Monaten hat jeder von uns das Wissen von selbst liebgewonnen.
Aber wir mußten noch eine Entdeckung machen: Das Wissen zu lieben kann auch Egoismus sein.
Der Pfarrer hält uns ein höheres Ideal vor: das Wissen nur zu suchen, um es im Dienst des Nächsten zu verwenden; zum Beispiel, sich als Erwachsener dem Unterricht, der Politik, der Gewerkschaft, dem Apostolat oder ähnlichem zu widmen ... Aber der Pfarrer sagt, daß wir auf keinem Gebiet etwas für den Nächsten zu tun vermögen, solange wir uns nicht mitteilen und verständigen können ..." [30]

---

[30] Scuola di Barbiana. Die Schülerschule. Berlin 1970.

Diese Sätze sind dem erfrischenden Büchlein „Die Schülerschule“ entnommen, das 1967 von den Schülern der Schule in Barbiana geschrieben worden ist. Diese Schule ist von einem Pfarrer geleitet, von überwiegend katholischen Schülern besucht und vom Geist des Evangeliums bestimmt. Man kann, wenn man so will, von einer katholischen Schule sprechen, obschon weder die Schüler noch die Lehrer dieser Schule darüber viel nachgedacht haben werden. Den Lehrern und den Schülern ging es um eine schülergerechte Schule, um eine Schule, die dem jungen Menschen in der konkreten geschichtlichen und gesellschaftlichen Situation gerecht zu werden versucht.
Die zitierten Sätze sind zwar aphoristisch und provozierend formuliert. Aber sie akzentuieren und kritisieren zugleich in bewundernswerter Dichte das Verständnis der katholischen Schulen, wie es sich geschichtlich entwickelt hat, aber auch, wie es sich gegenwärtig darstellt.

„Früher einmal gab es die konfessionelle Schule“

Vom Beginn des Schulwesens im Abendland, etwa vom 5. Jahrhundert an, bis in das hohe Mittelalter des 15. Jahrhunderts hinein gab es Schule nur als kirchliche Einrichtung (Schule als *ecclesiasticum*), nämlich als Klosterschulen, als Domschulen und – in bedeutenderem Maße vom 13. Jahrhundert an – als Pfarrschulen. Der Gedanke an den Nachwuchs für kirchliche Berufe, aber auch der Kulturauftrag des Evangeliums waren die Motive bei diesen Schulgründungen.
Mit der Glaubensspaltung im 16. Jahrhundert kam es zur konfessionellen, also zur evangelischen und zur katholischen Schule. Immer mehr Ordensgenossenschaften entstanden, die sich mit ihren Schulen bestimmten gesellschaftlichen Schichten zuwandten. Zum Beispiel widmete die „Genossenschaft der Brüder der christlichen Schule“ sich ausschließlich der Bildung der sozial schwachen Schichten des Volkes, vor allem in der unentgeltlichen Unterweisung in den Elementarfächern und in der religiösen Bildung. Der Orden der Ursulinerinnen und der Orden der Englischen Schwestern gründeten ein ausgedehntes Netz von Mädchenschulen, wenn auch vor allem für die mittleren und höheren Gesellschaftsschichten. Diese Frauenorden nahmen sich auch frühzeitig der Ausbildung der Lehrerinnen an, längst bevor Joseph II. 1786 in Wien das erste weltliche Lehrerinnenseminar gründete. Die Jesuitenschulen machten in den katholischen Landen vom 16. bis 18. Jahrhundert das gesamte höhere Schulwesen aus. Sie schufen ähnlich wie vorher bereits die „Brüderschaft vom gemeinsamen Leben“ den entscheidend vom Humanismus geprägten neuen Typ der allgemeinbildenden höheren Schule. Die Sorge um den Nachwuchs für kirchliche Berufe und der in der Bot-

schaft Christi vernommene Ruf zum Dienst an der Bildung des Menschen und der Gesellschaft waren die wesentlichen Beweggründe für diese Schulen.
Mit dem Aufstieg des Staates im 18. Jahrhundert entwickelte sich das staatliche Schulwesen (Schule als *etaticum*). Die katholische Schule wird die Ausnahme, wenn man von der eigentümlichen Einrichtung eines staatlichen Bekenntnisschulwesens – für den Bereich der Volksschule – absieht. Die Aufhebung des Jesuitenordens (1773) ließ auch das hochentwickelte höhere Schulwesen der Jesuiten zusammenbrechen, das nun in die Hand des Staates überging. Manche Orden behielten ihre Schulen, und es entstand um die Wende zum 19. Jahrhundert und im Laufe des 19. Jahrhunderts eine Reihe von neuen Orden und Genossenschaften, die sich der Bildungsaufgabe stellten (Wiederherstellung des Jesuitenordens 1814, die Maristen-Schulbrüder 1817, die Brüder von der christlichen Lehre 1845 und manche Frauenorden). Auch bei diesen Gründungen geht es um Ordens- und Priesternachwuchs, aber noch mehr um den Dienst an dem Menschen und an der Gesellschaft, der aber letztlich als Dienst am Heil der Menschen verstanden wird. Die katholischen Mittelschulen und Gymnasien bemühten sich vor allem um die weithin vernachlässigte Mädchenbildung. Mehrere Orden schufen schulische Einrichtungen für behinderte und benachteiligte Jugendliche. Durch die private Initiative von Pfarrern und Lehrern entstanden in dieser Zeit viele heilpädagogische Einrichtungen verschiedenster Art. In ländlichen Gegenden entstanden durch Anregung von Lehrern und Pfarrern sogenannte Rektoratsschulen, durch die vielen jungen Menschen auf dem Lande der Zugang zu Gymnasien und dann zu verschiedenen akademischen Berufen ermöglicht wurde.
Dieser kurze Rückblick auf die Geschichte des katholischen Schulwesens läßt folgende Beweggründe erkennen, die auch heute noch gültig und wirksam sind:

der Dienst am Menschen und an der Gesellschaft;
der Dienst an den sozial Benachteiligten und Behinderten;
der Heilsdienst gegenüber den Menschen;
die Sorge um den Nachwuchs für kirchliche Berufe.

Die absolute Zahl katholischer Schulen hat sich in den letzten Jahrzehnten gehalten. Es gibt in der Bundesrepublik über 1000 katholische Schulen, die sich verteilen auf Real- oder Mittelschulen, auf Gymnasien, auf berufsbildende Schulen und auf heilpädagogische Einrichtungen.
Träger dieser Schulen sind vor allem Ordensgenossenschaften, Diözesen, Pfarrgemeinden und eingetragene Vereine.

Außerdem haben die Kirchengemeinden in hohem Ausmaß Kindergärten errichtet, deren Zahl zur Zeit mit den evangelischen Kindergärten zusammen mehr als zwei Drittel aller Kindergärten ausmacht.

„Langsam haben wir entdeckt, daß dies eine besondere Schule ist"

Die Veränderungen in Gesellschaft und Kirche wie auch die schulreformerischen Bemühungen der letzten Jahre haben zu einer intensiven Selbstbesinnung der katholischen Kirche geführt. Ein Prozeß der selbstkritischen pädagogischen Reflexion und der Reform in den katholischen Schulen hat begonnen. Die Zahl größerer Versuchsprojekte mit Ganztagsschulen und Gesamtschulen wächst, die Internatsschulen entwickeln zunehmend mehr pädagogische Initiativen; eine differenziertere Lehrerfortbildung bis hin zur Errichtung eigener Institute für Lehrerfortbildung soll eine ständige Reform ermöglichen. Der wissenschaftlichen Dokumentation, der Forschung und dem Experiment der Weitergabe wissenschaftlicher Erkenntnisse in dem hier behandelten Arbeitsbereich dient das Deutsche Institut für wissenschaftliche Pädagogik, Münster. Die Mitarbeit der Lehrer, Eltern und Schüler an den reformerischen Bemühungen führt auch zu einer neuen Verfassung der katholischen Schule; die Eigenverantwortung und Eigeninitiative der Lehrer, Eltern und Schüler soll sich auch auf Administration und Strategie des katholischen Schulwesens überhaupt erstrecken. Es ist damit zu rechnen, daß die Gemeinsame Synode der Bistümer in der Bundesrepublik Deutschland innerhalb ihrer Bildungsvorlage Ende 1975 auch Entscheidungen über die katholischen Schulen in freier Trägerschaft fällen wird.

Die besondere Zielsetzung der katholischen Schulen

Die katholische Schule muß wie jede Schule im Dienst des jungen Menschen stehen; sie muß den Menschen befähigen zur kritischen Selbstbestimmung und zur engagierten Mitarbeit in der modernen Gesellschaft. Auch die von Christen gestaltete Schule muß zunächst das pädagogisch Richtige tun.

Verschiedene Motive mögen bei der Errichtung der von Christen gestalteten Schule denkbar und in der Gestaltung wirksam sein; maßgebendes Ziel dieser Schule wird aber sein und bleiben müssen, die eigenen Bildungsvorstellungen in den pädagogischen Vollzug, also in die konkrete Erschließung der Wirklichkeit und ihrer Sinngehalte in Unterricht und Erziehung einzubringen. Dabei darf nicht vergessen werden, daß die Theologie, hier verstanden als wissenschaftliche Reflexion der christlichen Offenbarung, keineswegs die Prinzipien enthält, aus denen die entsprechenden pädagogischen Einsichten und Normen abzuleiten wären. Darin unterscheidet sich u. a. die christliche Theologie z. B. von der Anthroposophie, die als solche bereits eine eigene Pädagogik enthält. Dennoch wird der Anspruch erhoben, daß die Theologie der Erziehung bestimmte Impulse und eine bestimmte Orientierung zu geben vermag, so daß sich durchaus spezifische Fernziele und Maßstäbe einer von Christen gestalteten Schule ergeben können. Aber diese Schule kann eben nicht von einem festgelegten, vorgegebenen Normenkatalog ausgehen, der dem pädagogischen Vollzug nur zu substituieren wäre. Vielmehr müssen die Impulse und die Aussagen der Offenbarung und der Kirche z. B. über den Menschen (seine Unverfügbarkeit, seine Offenheit), über das zwischenmenschliche Zusammenleben (Hilfsbereitschaft, Liebe, Friede), über die Welt (eschatologische Vorbehalte, kritische Distanz, Engagement) jeweils neu in den pädagogischen Vollzug eingebracht werden. Bei dem Aufweis der weltanschaulichen Implikationen in den einzelnen Sachfragen und bei der Integration der verschiedenen (fachspezifischen, soziologischen, politischen, religiösen) Aspekte zu einem eigenen Standpunkt sollen diese Schulen auch die Aussagen der Offenbarung – immer als solche gekennzeichnet – kritisch erarbeiten, wenn auch die Annahme dieser Antworten in die freie Entscheidung des einzelnen gestellt bleiben muß. Diese hier skizzierte Zielsetzung der von Christen gestalteten Schule macht deutlich, daß diese Schulen nur prozessual, nicht aber statisch definiert werden können. Die so verstandene katholische Schule will nicht ein eigenes Schulghetto für katholische Christen schaffen. Sie ist als Angebotsschule offen für alle Lehrenden und Lernenden, die die Zielsetzung dieser Schulen bejahen. Diese Schulen müssen im Wettbewerb mit den anderen Schulen ihre Leistungsfähigkeit und ihre Existenzberechtigung erweisen. Diese Schulen wollen mit allen freien Schulen die Demokratisierung des gesamten Schulwesens fördern, jeglicher Monopolisierung und auch den Tendenzen eines ideologisierten Indifferentismus im Schulwesen entgegenwirken, vor allem aber den Dienst der Kirche leisten am jungen Menschen, an der Schule und an der Gesellschaft, ohne damit die Christen von der Mitarbeit in allen Schulen zu dispensieren.

Die Jungen von Barbiana haben behauptet: „Früher einmal gab es die konfessionelle Schule. Die hatte ein Ziel, das auch wert war, angestrebt zu werden... Nun gibt es die konfessionelle Schule nicht mehr. Die Geistlichen haben die staatliche Gleichstellung verlangt und erteilen nun Zensuren und Zeugnisse wie ihr. Auch sie stellen den Jungen den Gott Mammon vor..."

Vielleicht haben die Jungen sogar recht. Das eben entwickelte Verständnis von katholischer Schule ist eine Zielvorstellung, allerdings eine Vorstellung, die von gläubigen Menschen formuliert ist, die so katholische Schule zu machen versuchen. Zwar wissen sie auch, daß dies Verständnis von katholischer Schule wahrscheinlich eine Utopie ist, aber sie sind überzeugt, daß es eine Real-Utopie ist. Sie wissen genau, daß die Wirklichkeit noch und vielleicht in aller Zukunft anders aussieht. Sie wissen, daß dieses Ziel eben sehr schwer zu operationalisieren ist, daß es dagegen viel Mittelmäßigkeit, Verzagtheit, Unmut, Kleingläubigkeit gibt. Das muß gesagt werden, wenn dies eine faire und wahrhaftige Selbstdarstellung sein soll. Die Diskrepanz zwischen der hohen Zielvorstellung und der harten Wirklichkeit ist da und wird bleiben. Finanzielle Engpässe und personelle Nöte schaffen Existenzangst und lassen die Frage aufkommen, ob das ganze Bemühen überhaupt sinnvoll ist, vor allem, wenn man entdeckt, daß das eigentlich intendierte Ziel dort viel mehr verwirklicht ist, wo man es gar nicht vermutete. Manche werden in der Tat sagen, zumindest denken: Die Jungen von Barbiana haben eigentlich doch recht.

Mir scheint, die Schüler von Barbiana widerlegen sich selbst durch den Bericht ihrer eigenen Schule, die doch auch eine konfessionelle Schule ist, aber eben nicht „wie früher einmal", sondern unter den Bedingungen unserer gesellschaftlichen und kirchlichen Situation.

So scheint es auch mit der katholischen Schule überhaupt zu sein. Sie versteht sich heute anders als „früher einmal", weil das gesellschaftliche und das kirchliche Verständnis ein anderes geworden ist, sich eben entwickelt hat.

Aber in einem ist die katholische Schule sich gleichgeblieben: Sie will, motiviert und bestimmt von der guten Botschaft Jesu Christi, dem Menschen und der menschlichen Gesellschaft dienen in ihren heutigen Fragen und Aufgaben.

Dabei weiß die katholische Schule aber genau, wenn sie von Glauben gestaltet wird, daß sie dabei immer unterwegs bleibt. Sie weiß auch, daß sie unterwegs bleiben muß, um der Heils- d. h. Friedensbotschaft Jesu Christi willen, aber auch um der Menschen und der Gesellschaft willen.

Deswegen macht sie – trotz allem – doch weiter, wissend und glaubend, daß sie unterwegs ist und bleibt.

Die folgenden Darstellungen einzelner katholischer Schulen und der Entwicklungstendenzen im katholischen Schulwesen eines Bistums wollen davon Zeugnis geben.

Anton Brehm

Die Oberschwabenschule Ravensburg-Weingarten

Die Oberschwabenschule ist eine der neun Freien katholischen Schulen der Diözese Rottenburg. Sie wurde im Jahre 1968 als sog. „Umwandlungsschule" aufgrund von Anträgen der Eltern der beiden Städte Ravensburg und Weingarten gegründet.

Inzwischen ist aus der ehemaligen Grund- und Hauptschule ein „Katholisches Bildungszentrum Ravensburg-Weingarten" entstanden, für das folgende *Einrichtungen* geplant sind:

Vorschulkindergarten mit vier Gruppen
sechszügige Grundschule
zweizügige Hauptschule
zweizügige Realschule
zweizügiges Gymnasium (Sek. I), dreizügige Oberstufe (Sek. II)

Derzeitig besuchen 1200 Schüler die einzelnen Schulen. Das Gymnasium ist im Schuljahr 1975/76 bis zur 10. Klasse ausgebaut.

Das Bildungszentrum wird als koedukative *Ganztagsschule* (Fünftagewoche) geführt. Den Ganztagesbetrieb (Freizeiterziehung) betreuen Sozialpädagogen und engagierte Eltern. Den Schülern stehen zentrale Einrichtungen wie Bücherei und Mediothek zur Verfügung. Die einzelnen selbständigen Schulen, denen der Leiter des Bildungszentrums vorsteht, arbeiten pädagogisch und organisatorisch zusammen.

Träger der Grund- und Hauptschule (Umwandlungsschule) und der Realschule (Privatschule) ist das „Freie Katholische Modellschulwerk Ravensburg-Weingarten e. V.", für das Gymnasium (Privatschule) das Salvatorkolleg Bad Wurzach. Eltern, Lehrer und Schüler bilden die Schulgemeinde. Diese Gruppen geben sich ihre Ordnungen. Organe des Vereins sind Vorstand, Schulgemeinderat, Geschäftsführer und Mitgliederversammlung. Zur Erledigung von Aufgaben können Ausschüsse gebildet werden, z. B. der Pädagogische Ausschuß. Über die pädagogische Gesamtkonzeption und die Ordnungen der Schulgemeinde und ihrer Gruppen beschließt der Schulgemeinderat. Der Vorstand führt die laufenden Geschäfte in Zusammenarbeit mit dem Geschäftsführer und den Leitern der Ausschüsse. Die Mitgliederversammlung wählt die Vorstandsmitglieder und die Beiratsmitglieder des Schulgemeinderats.

Die *zentrale Lage* des Katholischen Bildungszentrums Ravensburg-Weingarten innerhalb weiterer katholischer Schulen (u. a. Ordensschulen) zeigt die folgende Skizze:

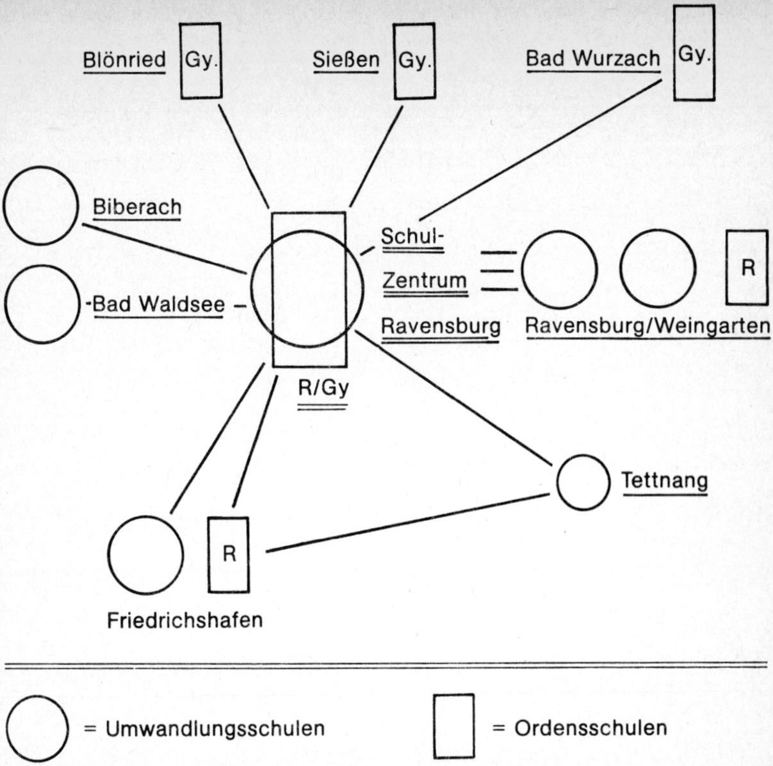

Die *Ziele und Aufgaben* des Katholischen Bildungszentrums Ravensburg-Weingarten lassen sich wie folgt zusammenfassen:
Als Beitrag der Kirche zum Bereich Erziehung und Bildung ist das Katholische Bildungszentrum Ravensburg-Weingarten eine vergleichbaren staatlichen Einrichtungen ebenbürtige Bildungsstätte, die bezeugt, daß der Glaube zum Gesamtverhalten des Menschen gehört, sich bemüht, aus dem Geist der Kirche heraus zu leben, zu lehren und zu erziehen, und deshalb einen Raum darstellt, an dem Heilsbegegnung ermöglicht und eine ganzheitliche Erziehung angestrebt wird.

Deshalb bejaht das Katholische Bildungszentrum Ravensburg-Weingarten das im Strukturplan genannte *Bildungsziel* für staatliche Schulen: „Fähigkeit des einzelnen zu individuellem und gesellschaftlichem Leben, verstanden als seine Fähigkeit, die Freiheit und die Freiheiten zu verwirklichen, die ihm die Verfassung gewährt und auferlegt“, und stellt die hier verbürgte Freiheit auf ein christliches Fundament: sie bekennt sich, der Wissenschaft und der Wahrheit verpflichtet, zu einem besonderen *Erziehungsziel*, zu der persönlichen, stets sich erneuernden Nachfolge Jesu und zu der Bereitschaft, als Glied der Kirche zu leben und zu wirken.

Die Erziehungsbemühungen des Katholischen Bildungszentrums Ravensburg-Weingarten sind demnach auf den Menschen gerichtet, der
- seine Person annimmt und entfaltet, ohne sich je am Ende zu sehen;
- sich dem Mitmenschen verantwortlich fühlt und entsprechend handelt;
- in der Lage ist, die Arbeits- und Lebensbedingungen der gegenwärtigen und zukünftigen Gesellschaft zu bewältigen und mitzugestalten;
- letzte Sinngebung und bestimmende Kraft für sein Tun in den Aussagen des Evangeliums findet.

Im einzelnen ergeben sich für das Katholische Bildungszentrum Ravensburg-Weingarten folgende Aufgaben:

Fachliche Bildung

- Fachliche Bildung spricht das kreative und rezeptive Leistungsvermögen an.
- Dieses Leistungsvermögen ist zu wecken, zu fördern und zu vertiefen. Es ist auf konkrete Ziele hin zu richten.
- Ohne Kontrollen sind keine Aussagen möglich, ob Fortschritte auf dem Weg zu den Zielen gemacht wurden oder nicht.
- Die Methoden der Zielauswahl, der Zielannäherung und der Zielkontrollen müssen wissenschaftlichen Kriterien standhalten.
- Fachliche Bildung darf nie aus dem Blick verlieren, daß sie es mit Menschen (vorzugsweise mit jungen Menschen) zu tun hat. Nicht das von der Sache her wünschenswerte Maximum, sondern das im Hinblick auf den Lernenden mögliche (individuelle) Optimum hat als Grenzmarke allen pädagogischen Bemühens zu gelten.
- Der fachlich Gebildete findet seinen Platz in dieser unserer Gesellschaft. Er muß wissen, daß alles Machbare dem Wandel unterliegt.
- Fachliche Bildung ist daher von den Ansätzen her universell und speziell anzulegen. Das erfordert ein hohes Maß von Flexibilität von seiten der Lehrenden.

Emotionale, schöpferische Bildung

- Das Katholische Bildungszentrum Ravensburg-Weingarten legt Wert darauf, nicht einseitig die rationalen Fähigkeiten seiner Schüler zu fördern, sondern auch ihre emotionalen und schöpferischen Begabungen zu entfalten.
- Die Schule trägt zur Selbstfindung des Schülers und zur Reifung seiner Persönlichkeit bei. Sie weitet den Blick für die Fülle unserer erfahrbaren Welt. Ebenso erschließt sie ihm auch die religiösen Dimensionen und befähigt ihn, einen Beitrag für eine humaner zu gestaltende Welt zu leisten.

Religiöse Bildung

- Die Daseinsberechtigung des Katholischen Bildungszentrums Ravensburg-Weingarten hängt wesentlich davon ab, inwieweit es sich die religiöse Erziehung der Kinder zur Aufgabe macht.
- Nur der von seiner Sache Überzeugte kann anderen davon Zeugnis geben. Besondere Bedeutung für die religiöse Bildung des Kindes hat daher das Glaubenszeugnis aller an der Erziehung Beteiligten.
- Die Schule will die Gemeinschaft der Glaubenden erfahrbar machen durch Einübung und Vollzug des Glaubens, z. B. durch Eucharistiefeiern, verschiedene Formen des Gebetes, mitmenschliches Handeln.
- Die Schule sucht gemeinsam mit den Schülern nach zeitgemäßen, tragfähigen und überzeugenden Ausdrucksformen im religiösen Bereich.
- Die Schule legt besonderen Wert auf einen guten Religionsunterricht.
- Für das Leben der Schulgemeinschaft kommt der Schulseelsorge besondere Bedeutung zu.

Sozial-karitative Erziehung

- Innerhalb und außerhalb der Schulgemeinschaft erlebt der Schüler seine zunehmende sozial-karitative Verantwortung, auch über seinen eigenen Lebensbereich hinaus. Er erfährt die Gesellschaft, lernt, seinen Standort in ihr zu finden, seine Freiheit sinnvoll zu gebrauchen und in ihr verantwortlich sein Leben zu gestalten.
- Der Schüler lernt, seine Fähigkeiten zu bejahen und zu entfalten, aber auch seine Schwächen zu erkennen und sich mit ihnen auseinanderzusetzen. So lernt er, seine Mitmenschen anzunehmen und mit ihnen zu leben. Grundlage hierfür ist eine christliche Lebensgestaltung, die auch in der Schule eingeübt werden muß:
  - Im Verhältnis Schüler–Mitschüler,
    z. B. in der Rücksichtnahme auf Benachteiligte, z. B. Kranke, weniger erfolgreiche Schüler usw.
  - Im Verhältnis Schüler–Eltern–Familie
    Die Schule leistet ihren Beitrag zum besseren gegenseitigen Verständnis innerhalb der Familien. Unterricht, allgemeine gezielte Information und das persönliche Gespräch mit Eltern und Schülern bietet die Schule als Hilfe an, und zwar im Bewußtsein, auch sozial Benachteiligte zu fördern.
  - Im Verhältnis Schüler–Lehrer
    erfährt der Schüler, daß er als Person angenommen ist, lernt echte Autorität anzuerkennen, aber auch zunehmend eigene Verantwortung zu übernehmen und durchzustehen.

Sinn und Aufgaben der Schulgemeinschaft

- Das Katholische Bildungszentrum Ravensburg-Weingarten zeichnet sich durch ein besonderes Selbstverständnis der die Schule bildenden Gemeinschaft aus. Die Schule will eine auf Partnerschaft gründende Zusammenarbeit zwischen Eltern – den letztlich für die Erziehung Verantwortlichen – Lehrern und Schülern pflegen. Die Schulgemeinschaft ist offen gegenüber der Gesellschaft, in der sie lebt.
  - Der Erzieher
    Der Erzieher anerkennt den katholischen Charakter der Schule und handelt danach. Durch sein persönliches Beispiel gibt er Zeugnis von dem Geist dieser Schule. Er hält sich frei von jeglicher Einseitigkeit. Er bemüht sich um die religiöse und fachliche Fortbildung und ist bereit zu partnerschaftlicher Zusammenarbeit, die auch Hilfsbereitschaft einschließt.
  - Die Eltern
    Die Schule kann und will ihren Erziehungsauftrag nur in engem Zusammenwirken mit den Eltern erfüllen. Das bedeutet, daß die Eltern
    - das Erziehungsziel der Schule akzeptieren,
    - bereit sind zur pädagogischen und religiösen Weiterbildung,
    - mit ihren Begabungen und Fähigkeiten die Schulgemeinschaft mittragen und
    - sich um eine gute Zusammenarbeit mit den Erziehern bemühen.
  - Der Schüler
    Das Wohl des Schülers und seine Entfaltung stehen im Mittelpunkt der Bemühungen der Schulgemeinschaft. Er wächst innerhalb dieser Gemeinschaft zu einem freien Menschen heran und übernimmt in ihr Verantwortung.

Nachdem nun in den letzten 6 Jahren der „äußere Rahmen“ des Katholischen Bildungszentrums Ravensburg-Weingarten (Aufbau der einzelnen Einrichtungen, Bau von Schulgebäuden usw.) geleistet wurde, gilt das Bemühen der nächsten Zeit dem weiteren „inneren Aufbau“ i. S. der genannten Ziele (pädagogische Konzeption). Über die Schule hinaus bekannt ist derzeitig an der Grundschule der projektorientierte Erstlese- und Erstschreibunterricht nach der Druckmethode FREINETS.

Ansgar Friemelt

Die Heinrich-Brügger-Schule Wangen im Allgäu, eine Klinikschule

Unter den Krankenhaussonderschulen gilt die Heinrich-Brügger-Schule, ehemals Sanatoriumsschule, als ein beachtliches Zeugnis privater Erzieherinitiative. Sie ist der Fachklinik für Kinder und Jugendliche in Wangen im Allgäu angegliedert und wird getragen vom Caritasverband für Württemberg e.V. In der nach Umfang und Differenzierung modellhaften Klinikschule erfüllen thoraxerkrankte Kinder und Jugendliche ihre Schulpflicht.

Das Für und Wider eines solchen Unternehmens wurde bereits ausführlich erörtert[32]. Jedenfalls gibt es Unterricht für schulpflichtige Kinder, die sich über längere Zeit in stationärer Behandlung befinden, schon seit Anfang dieses Jahrhunderts. Nahezu alle Tbc-Kinderheilstätten in Deutschland haben Lehrer der örtlichen Volksschulen mit ein paar Wochenstunden ans Krankenbett bzw. in die Liegehalle geholt. Auch der erste Leiter der Kinderheilstätte Wangen, Prof. Dr. med. habil. Heinrich Brügger, hat sich gleich im Gründungsjahr 1928 nach Lehrkräften umgeschaut, denn infolge der damals noch bedeutend längeren Heilbehandlung traf man in Sanatorien nicht selten Kinder, die noch mit zehn Jahren weder lesen noch schreiben konnten. In der Geschichte der Kinderheilstätte Wangen liest man unter dem Jahr 1930: „Zwei Lehrerinnen wurden angestellt. Auch Unterricht in Fremdsprachen konnte erteilt werden. Für die älteren Mädchen war eine Haushaltungsschule eingerichtet mit Lehrküche, für alle Patienten Bastelräume. Jeder Ältere hatte sein Beet und wurde vom Gartenmeister im Anbau unterrichtet. Später entstand eine Waldschule."

All dies geschah natürlich ohne schulamtlichen Auftrag, ja im Dritten Reich sollte der Unterricht eingestellt werden, weil keine staatliche Genehmigung vorlag, aber Prof. Brügger widersetzte sich mit der Feststellung: „Eine Notwendigkeit besteht auch ohne staatliche Genehmigung", womit der subsidiäre und freiheitliche Aspekt privaten Schulunterrichts lapidar unterstrichen war. Der Unterricht ging insgeheim weiter.

In den 60er Jahren wurden auch den Schülern weiterführender Schulen Kurse in Kernfächern angeboten. Im Vordergrund stand nach wie vor die Bemühung, Resignation und Depression der Kranken durch geistige Anregungen zu überwinden. Inzwischen hatte sich aber mit Einführung der Chemotherapie das Krankheitsbild der Tuberkulose grundlegend gewandelt. Die Zeit der Heilbehandlung war im Schnitt auf sechs bis

---

[32] Brügger, Margret: Die Sanatoriumsschule Wangen. In: Katholische Freie Schule. 8. Jg. Nr. 77/78, Heft 5/1970.

neun Monate reduziert worden, die Belastbarkeit der Patienten gestiegen. Damit verschob sich die ursprüngliche Zielsetzung des Stützunterrichts und einer Therapie durch geistige Betätigung mehr in Richtung der weit schwierigeren schulischen Aufgabe: Der Unterricht sollte so differenziert werden, daß eine möglichst große Zahl von Patienten das Jahresklassenziel erreichen kann. Bei der gegenüber Schulen der Normalform erheblich reduzierten Unterrichtsstundenzahl ist dies nur zu erreichen, weil der Lehrer in den kleineren Gruppen viel intensiver auf jeden Schüler eingehen kann. Der Spielraum einer Freien Schule mußte dafür leider fast ganz aufgegeben werden, denn nun ist der Anschluß an den Unterrichtsgang der heimatlichen Regelschule beherrschendes Normziel. Für die Schüler jedoch bedeutet die Aussicht, daheim in den vertrauten Klassenverband ohne Zeitverlust zurückkehren zu können, die stärkste Lernmotivation und die beste Ablenkung von der Krankheit.

Das Unterrichtsverfahren ist auf den Dreiphasen-Behandlungsplan einer Tuberkuloseerkrankung abgestimmt. In der Phase der Anpassung und Bettruhe werden die notwendigen ärztlichen Untersuchungen durchgeführt. Schüler, die schon einen längeren Krankenhausaufenthalt hinter sich haben oder deren Überweisungszeugnis bedenkliche Wissenslücken verrät, erhalten, schon während die Behandlung eingeleitet wird, Stationsunterricht in Kernfächern. Sobald in der zweiten Phase eine gewisse Stabilisierung erreicht ist und eine Übertragung ausgeschlossen werden kann, ordnet der Arzt Schulbesuch an, dessen Umfang schrittweise erweitert wird, und die Schule stellt dem Patienten aufgrund des ärztlichen Belastungsbogens einen Stundenplan zusammen, der demjenigen der Heimatschule soweit wie möglich entspricht. Sehr bald erreicht der Schüler die Rehabilitationsphase. Diese letzte Stufe der Behandlung soll auf die Belastung des Lebens unter normalen Verhältnissen vorbereiten. Bei je nach Schulform bis zu 20 Wochenstunden festigt sich in dem Schüler die Überzeugung, daß er das Jahresklassenziel erreichen und – in nicht wenigen Fällen – sogar als besserer Schüler an die Heimatschule zurückkehren wird.

Auffallend ist auch, daß mancher Schüler am Unterricht in Fächern teilnimmt, die ihm von der Stundentafel seiner Schulart her nicht vorgeschrieben sind; beliebt sind Werken und Maschineschreiben, Sprachkurse in Englisch und Französisch auch bei Berufsschülern und Fachschülern.

Vorbedingung für schulische Erfolge ist der ständige Kontakt der Lehrer mit Ärzten und Erziehern. Die Jugendlichen selber sind stark in die Kooperation einbezogen; ein Patientenrat übernimmt Funktionen der Schülermitverwaltung.

Der Lehrerstellenplan dürfte dem anderer Sonderschulen entsprechen. Im Schuljahr 1973/74 unterrichteten 11 hauptamtliche und 16 nebenamtliche Lehrkräfte in den einzelnen Schulgattungen, die seit 1971 in einem modernen Schulgebäude untergebracht sind (s. Übersicht). Seitdem sind die Abteilungen Grund- und Hauptschule, Realschule und Gymnasium staatlich anerkannt.

Übersicht

	Schüler im Schuljahr 1973/74 insgesamt	Schüler am 26. 9. 1973 (Stichtag)	Abschlüsse
Sonderschulkindergarten	27	11	–
Grundschule	149	45	8 (a)
Hauptschule	170	46	7 (b)
Realschule und Gymnasium Kl. 5–10 Wirtschaftsschule	151	58	5 (c)
Gymnasium Kl. 11–13 und Wirtschaftsgymnasium	62	19	4 (d)
Kaufmännische Berufsschule	27	13	7 (e)
Gewerbliche und hauswirtschaftliche Berufsschule	39	21	1 (e)
	625	213	32

Erläuterungen zur Spalte „Abschlüsse“: (a) Aufnahmeverfahren nach Klasse 5 der Realschule und des Gymnasiums, (b) Abschlußzeugnis der Hauptschule, (c) mittlere Reife, (d) Abitur, (e) durch Vermittlung der Heinrich-Brügger-Schule an staatlichen Berufsschulen und vor der Industrie- und Handelskammer bzw. der Handwerkskammer abgelegte Kaufmannsgehilfen- bzw. Gesellenprüfung. – Nicht enthalten in der Übersicht, weil nicht exakt zu ermitteln, ist die weitaus größere Zahl der Schüler, die dank dem Krankenhausunterricht termingerecht ihre Prüfung an der Heimatschule abgelegt haben.

Joachim Dikow

Die Friedensschule in Münster

Seit dem 1. August 1969 besteht die Friedensschule, die integrierte Gesamtschule des Bistums Münster. Der Kultusminister des Landes Nordrhein-Westfalen hat sie mit ihrer Genehmigung in die Zahl von Schulversuchen eingereiht, die gemäß den Empfehlungen des Deutschen Bildungsrates von der Konferenz der Kultusminister für die verschiedenen

Bundesländer vorgesehen sind. Zur Zeit werden etwa 1050 Schülerinnen und Schüler des 5. bis 10. Schuljahres unterrichtet. Im Endausbau werden etwa 1500 junge Menschen des 5. bis 13. Schuljahres in der Schule Platz finden. Während zur Zeit 60 hauptamtliche Lehrkräfte an der Friedensschule arbeiten, wird im Endausbau das Kollegium rund 100 hauptamtliche Lehrkräfte umfassen, unter denen sich auch ein Geistlicher und Ordensfrauen befinden werden wie auch einige nichtkatholische Lehrkräfte, unter ihnen ein als Lehrer und evangelischer Schulseelsorger arbeitender Pastor. Ein Internat ist mit der Schule nicht verbunden. Da sie als Ganztagsschule in Fünftagewoche arbeitet, ist es auch für relativ weit entfernt wohnende Kinder lohnend, den Weg zu machen. Ein Schulgeld wird wie in allen freien katholischen Schulen im Lande Nordrhein-Westfalen nicht erhoben, jedoch müssen die Eltern die Personal- und Materialkosten der Mittagsversorgung tragen, während der Schulträger die Investitionskosten für Küche, Kücheneinrichtung und Speiseräume übernimmt. Zur Zeit kostet das Essen pro Kind 38,– DM im Monat. Die Zahl der Bewerbungen um Plätze in der Schule übertrifft stets um ein Vielfaches die vorhandenen Plätze. Die Auswahl der Bewerber erfolgt nach einem vom Beirat der Schule festgelegten Losverfahren. Aufgenommen werden Schüler von Eltern, die sich mit dem Schulträger in einem Schulvertrag über die Besonderheiten der Friedensschule als private Ersatzschule, Gesamtschule, Ganztagsschule und katholische Schule verständigt haben. Etwa 15 % der Schüler sind evangelisch.

Für die integrierte Gesamtschule gilt die Kennzeichnung, daß bei der Aufnahme der Schüler noch nicht entschieden wird, zu welchem Abschluß diese Schüler geführt werden sollen. Wohl aber ermöglichen Gesamtschulen innerhalb ihres Systems mehrere der Abschlüsse, die bisher nur an getrennt arbeitenden Systemen erlangt werden konnten. So bietet die Friedensschule die Möglichkeit, bei entsprechenden Leistungen des Schülers die Abschlüsse der Hauptschule, der 10. Klasse der Hauptschule, der Realschule und des Gymnasiums in der enttypisierten Form gemäß dem Modell der Kultusministerkonferenz zu erlangen. Angesichts dieser Struktur sind die Kinder ohne Berücksichtigung von Begabungshöhen oder Begabungsrichtungen in Kerngruppen eingeteilt worden, wobei lediglich darauf zu achten war, daß weder Jungen noch Mädchen in einen für die Absichten der Koedukation ungünstigen Anteil von weniger als 30 % der Mitglieder einer Kerngruppe absanken.

Es sind vornehmlich zwei Gesichtspunkte, die in pädagogischer Hinsicht zum Entwurf der Gesamtschule geführt haben. Erstens ist es für den großen Anteil der mittleren Begabungen nicht möglich, zuverlässige und eindeutige Langzeitprognosen für den Schulerfolg zu machen. Eine schülergerechte Schule muß deshalb versuchen, die Schullaufbahnchancen möglichst lange offenzuhalten; die Schullaufbahnen sollen deshalb nicht punktuell und nicht zu früh festgelegt werden, sondern lange revidierbar bleiben. Zweitens kann bei manchen Schülern ein Begabungsprofil in der Weise angenommen werden, daß sie in bestimmten Bereichen besonders gefordert und gefördert, in anderen wiederum besonders unterstützt oder geschont werden müssen, wenn dem Begabungsprofil entsprechend gehandelt werden soll. Eine schülergerechte Schule muß deshalb versuchen, ein Bildungsangebot zu machen, das dem vorausgesetzten Begabungsprofil entspricht.

Die wichtigste schulorganisatorische und didaktische Maßnahme der Gesamtschule in diesem Zusammenhang ist die Einrichtung von Fachleistungskursen. Sie müssen drei Bedingungen erfüllen, um sowohl der Offenheit der Schullaufbahnchancen wie der Profilierung des Bildungsangebotes zu dienen. Die Fachleistungskurse müssen zunächst fachspezifisch eingerichtet werden. Das heißt, daß die Einstufung eines Schülers in einem Fach nicht konstitutiv für die Einstufung des gleichen Schülers in einem anderen Fach sein darf. Diese Bedingung läßt sich nur bei komplizierten Vorkehrungen in der Personal-, Bau- und Stundenplanung erfüllen und wird nur bei gewissen Größenordnungen erreichbar sein. Sodann müssen die Fachleistungskurse auf das Leistungsniveau aller Abschlüsse eingestellt werden, die an einer Gesamtschule angeboten werden. Darin unterscheiden sie sich von schulforminternen Differenzierungen, bei denen auch die schwächste Gruppe immer noch die Mindestanforderungen der betreffenden Schulform erfüllen muß. Es ist selbstverständlich, daß auch an der Gesamtschule Leistungen zu erbringen sind, die den Abschlüssen der bisherigen Schulformen gleichwertig sind. Allerdings entstehen spezifische Probleme bei einem revidierten Curriculum und bei Kompensationsmöglichkeiten von Leistungen in Kursen verschiedenen Anforderungsniveaus. Schließlich muß zwischen Fachleistungskursen möglichst lange Durchlässigkeit erstrebt werden. Hierzu ist es nötig, die Differenzierung in eine Sequenz zu bringen, die beginnt mit gleichen Lernzielen, die sodann übergeht zur Sicherung von gleichen Lernzielen in parallelen Gruppen bei ungleichen Lernverfahren und Lernmedien, die fortgesetzt wird mit gleichen Lernzielen in parallelen Gruppen bei ungleichen Lernzeiten, die sodann übergeht zur Sicherung von gleichen Lernzielen eines fundamentalen Bereichs in parallelen Gruppen bei ungleich hinzugefügten zusätzlichen Lernzielen, die nicht konstitutiv für die Chance zu weiterer Mitarbeit sind, und die schließlich in parallel arbeitenden Gruppen ungleiche Lernziele verfolgt, aber Übergänge durch gezielte Maßnahmen (Umstufungskurse) möglich macht.

Zwei Besonderheiten wären zu nennen, durch die die Friedensschule sich im Bereich der hier angerissenen Strukturprobleme von den bekanntgewordenen anderen Gesamtschulkonzeptionen unterscheidet. Zunächst einmal bemüht sich die Friedensschule, auch als Gesamtschule erziehungsintensiv zu bleiben und nicht zur reinen Leistungsschule – wobei unter Leistung nur noch meßbare quantitative Lernergebnisse verstanden werden könnten – zu degenerieren. Dies und nicht technisch-organisatorische Gründe veranlaßten den vom Bischof berufenen wissenschaftlichen Beirat, der das Konzept der Friedensschule entworfen hat, die Ganztagsform einzuführen, damit Platz für soziale Aktivitäten, freie Gesellung, personalen Bezug und gezielte Förderung der als erziehungsintensiv angenommenen künstlerischen Praxis (darstellendes Spiel, Chor, Orchester, Zeitschriftenredaktion) bleibt. Außerdem sucht die Friedensschule auch als Gesamtschule den Eltern Entscheidungskompetenzen freizuhalten. Vor allem in der Frage der Einstufung in die Fachleistungskurse wurden für die Eltern Rechte vorgesehen, die allerdings auch Zeitverluste in der Schullaufbahn des Kindes zur Folge haben können. Es erschien als eine unangebrachte und grob irreführende Methode, die Gesamtschule als die Schule anzupreisen, in der niemand sitzenbleiben könne. Dies könnte ja nur richtig sein, wenn man statt der Jahrgangswiederholung die Abstufung in einen Kurs mit geringeren Anforderungen von seiten der Schule durchsetzte und damit Abschlußchancen, auf die Eltern auch unter Zeitverlust größten Wert legen könnten, so gut wie unmöglich macht. Aber nicht allein auf eine gesicherte Rechtsposition der Eltern von Gesamtschülern muß Wert gelegt werden. Wichtiger erscheinen darüber hinaus Methoden, die Eltern in dem relativ komplizierten System auf einem Informationsstand zu halten, der eine Ausübung elterlicher Rechte in der Bestimmung der Schullaufbahn überhaupt erst möglich macht. Dazu ist an der Friedensschule eine Schullaufbahnberatung eingerichtet worden (sie stellt übrigens einen der Faktoren dar, der Gesamtschulen gegenüber bisherigen Schulen verteuert, während sich auf anderen Bereichen Einsparungen ergeben könnten), und dazu ist der Aufbau einer systematischen Elterninformation im Gange.

Der 1973 bezogene Neubau von etwa 60 000 m³ steht auf einem geeigneten 6 ha großen Gelände. Es wurde ein relativ kompakter Bau errichtet, der die für Gesamtschulen wichtigen kurzen Wege von Raum zu Raum ermöglicht. Auf Stammklassenräume wird für ältere Schüler verzichtet bei relativer räumlicher Stabilität der Kinder der unteren

Schuljahre. Die Bau- und Einrichtungskosten betrugen ca. 23 Millionen DM. An ihrem Aufbringen beteiligt sich, abweichend von den im Ersatzschulfinanzierungsgesetz des Landes Nordrhein-Westfalen vorgesehenen Regelungen, aus Interesse für den Schulversuch auch das Land mit 7,5 Millionen DM. Die Stadt Münster leistet einen Zuschuß von 4 Millionen und der Landkreis Münster einen solchen von 400 000 DM. Das Bistum Münster hat am Deutschen Institut für wissenschaftliche Pädagogik eine Arbeitsstelle Schulbegleitung eingerichtet, die die Friedensschule unterstützen und das Ergebnis ihrer Arbeit auswerten soll.
Das Bistum Münster will mit diesem Versuch auch den in seinem Bereich arbeitenden rund 65 Freien katholischen Schulen einen Diskussionsanstoß liefern, der den Schulen des gegliederten Schulwesens zur weiteren Entwicklung verhilft. Entsprechende Versuche werden deshalb auch an diesen Schulen durchgeführt.

Sr. Michaele Csordás OSB

Heimschule Kloster Wald, Wald/Hohenzollern

Unmittelbar nach dem Krieg, im Jahre 1946, wurde im barocken Gebäude der ehemaligen Zisterzienserinnenabtei in Wald/Hohenzollern die „Heimschule Kloster Wald“ errichtet, ein staatlich anerkanntes Mädchengymnasium mit Internat, geleitet von den Benediktinerinnen von der hl. Lioba. Seit 1951 sind diesem Gymnasium Lehrwerkstätten angegliedert, in denen Abiturientinnen jedes Jahr zur Gesellenprüfung geführt werden. Was nach dem Krieg aus der Not der Zeit als Antwort auf die damalige Orientierungslosigkeit geschaffen wurde, hat sich mittlerweile durch zwei Jahrzehnte hindurch bewährt und ist heute, in einer Zeit der Bildungskrise, aktueller als je zuvor.
300 Schülerinnen besuchen die Schule; 240 wohnen im Internat, 60 kommen aus der Umgebung. Die Heimschule Kloster Wald bietet durch differenzierten Gruppenunterricht mehrere gymnasiale Züge an: den neusprachlichen, altsprachlichen und naturwissenschaftlichen Zug, die mit dem Abitur abschließen, außerdem den Aufbauzug (den musischen und hauswirtschaftlichen Zweig), der zur fachgebundenen Hochschulreife führt.
Neben der vollständigen gymnasialen Ausbildung bietet die Heimschule Kloster Wald den Schülerinnen die Möglichkeit, eine handwerkliche Lehre zu absolvieren. In drei Lehrwerkstätten, einer Holzbildhauerei, einer Schreinerei und einer Schneiderei, wird diese Ausbildung vermittelt. Die Schülerinnen sind während dieser Zeit Lehrlinge mit einem Lehrvertrag. Die Arbeit in den Lehrwerkstätten beginnt im allgemeinen

in der Obertertia (der 9. Klasse). Die Mädchen besuchen neben dem ungekürzten Unterricht des Gymnasiums die theoretischen und praktischen Lehrgänge der Lehrwerkstätten während der Klassen 9 bis 12. Nach dem Abitur arbeiten die Lehrlinge ganztägig in der Werkstatt und legen nach etwa einem halben Jahr die Gesellenprüfung ab. Fünf Bundessiegerinnen und 19 Landessiegerinnen sind bis jetzt aus diesen Werkstätten hervorgegangen. Gegenwärtig sind von den 160 Schülerinnen der Mittel- und Oberstufe 87 in den Lehrwerkstätten. Die Möglichkeit, ihre weitere Ausbildung ohne Zeitverlust auf dem Abitur und der Gesellenprüfung aufzubauen, gibt den Schülerinnen eine zusätzliche Chance in der Berufswahl. Viele von ihnen sind nach ihrem Abschluß an der Heimschule an pädagogische und technische Hochschulen, an Kunstakademien und Universitäten gegangen, um Innenarchitektin, Restauratorin, Kunsterzieherin oder Gewerbelehrerin zu werden. Doch schon während der Schulzeit gibt ihnen die Tätigkeit in den Werkstätten den Ausgleich zur intellektuellen Arbeit und vermittelt ihnen Achtung vor exaktem handwerklichem Können und eine stärker motivierte Arbeitshaltung.

Die Vielfalt an Möglichkeiten auf kleinem Raum, die Überschaubarkeit einer differenzierten Struktur, macht „Wald“ zu einer Schule, in der pädagogisches Wirken sich auf vielfältige Weise vollziehen kann. Die jungen Menschen werden durch die Entfaltung ihrer affektiven, intellektuellen und kreativen Fähigkeiten gefördert und gebildet. Bildung wird als eine umfassende Formung der Persönlichkeit gesehen, die sich in der Gemeinschaft vollzieht. Die Individualität der einzelnen kann sich dort harmonisch entwickeln, wo der Mensch mit allen seinen Kräften gefordert wird. Schulische Mißerfolge können manchmal durch Erfolgserlebnisse im künstlerischen Bereich ausgeglichen werden, eine rein intellektuelle Ausrichtung wird durch die handwerkliche Ausbildung abgerundet. Die Jugend verlangt heute nach solchen „Ergänzungen“. Das Interesse für diese Ausbildungsmöglichkeiten zeigt, daß in der Heimschule Kloster Wald eine Form gewachsen ist, die den Erfordernissen der heutigen Zeit entspricht.

Statistik der katholischen Freien Schulen (1. Zahl = Schulzahl, 2. Zahl = Schülerzahl)

Lfd. Nr.	Land	Grund-, Haupt-, Volksschulen		Real-Schulen		Gymnasien		Sonderschulen		Berufsbezogene Schulen		Summe	
1	2	3		4		5		6		7		8	
1	BW	14	4 621	21	4 645	33	12 849	34	2 705	66	3 973	168	28 793
2	By	16	2 433	76	23 215	53	21 023	19	2 167	121	9 022	285	57 860
3	BE	10*	1 474	4	592	6	3 825	2	268	3	408	25	6 567
4	Br	4*	1 900	2	203	—	—	—	—	1	50	7	2 153
5	HH	17	5 523	4	660	2	1 568	—	—	3	100	26	7 191
6	HE	1*	80	5	1 043	15	11 756	7	627	19	1 807	47	15 313
7	NS	8	2 684	1	17	16	9 804	2	147	25	1 902	52	14 554
8	NW	4	960	33	15 026	86	58 115	16	1 885	198	15 677	337	91 663
9	RhPf	10	2 859	8	3 229	18	11 349	13	993	54	3 557	103	21 987
10	Sl	—	—	2	734	5	3 528	1	30	8	613	16	4 905
11	SH	—	—	—	—	—	—	—	—	2	122	2	122
12	Ausl.*	—	—	—	—	2	556	—	—	—	—	3	556
		84	22 534	156	49 364	236	134 373	94	8 822	500	37 231	1 071	251 664

* = Deutsche katholische Schulen im Ausland

Die Schulen des Verbandes Deutscher Privatschulen

Hans Heckel

Allgemeines

Der Verband Deutscher Privatschulen e. V. (VDP) versteht sich als Berufsorganisation der Träger privater deutscher Unterrichts- und Erziehungseinrichtungen. Der Verband ist politisch, weltanschaulich und konfessionell neutral. Die Zugehörigkeit zu ihm ist freiwillig. Dem VDP gehören mehr als 300 Träger von allgemeinbildenden und berufsbildenden Schulen, von Einrichtungen der Vorschulerziehung sowie von Institutionen der Erwachsenenbildung und des Hochschulbereiches an: Träger von Kindergärten, von Grund- und Hauptschulen, Realschulen und Gymnasien, Handels- und Sprachenschulen; von Chemieschulen, Technikerschulen, Gymnastikschulen, Frauenfachschulen; von Ingenieur-Akademien und Fachhochschulen; von Fernschulen sowie von verschiedenartigen Lehrgängen und Kursveranstaltungen zur Fort- und Weiterbildung und zur Umschulung Erwachsener. Zahlreiche Schulen sind mit Internaten (Schülerheimen) verbunden.

Der Verband vertritt in erster Linie die Belange seiner Mitgliedschulen, aber er sieht es von jeher auch als seine Aufgabe an, dem privaten Unterrichts- und Erziehungswesen als Ganzem zu dienen und die im Grundgesetz verankerte Stellung der Privatschule zu sichern und zu festigen. Darüber hinaus will der Verband dem gesamten Schulwesen jene Impulse vermitteln, die von den pädagogisch besonders geprägten Privatschulen schon immer an die öffentlichen Schulen weitergegeben worden sind. Deshalb finden nur solche Schulen Aufnahme, die bereit und in der Lage sind, ihren Bildungs- und Erziehungsauftrag ernst zu nehmen.

Die überwiegende Mehrzahl der verbandsangehörigen Bildungseinrichtungen arbeitet auf gemeinnütziger Grundlage. Ihre Träger erstreben in erster Linie die Ausbildung, Förderung und Erziehung der Schüler, verwenden ihre Einnahmen nachweislich für diesen Zweck und begnügen sich mit der Erstattung der gesetzlich anerkannten Selbstkosten (Personal- und Sachkosten der Schule einschl. eines angemessenen Entgelts für die Arbeitsleistung des Schulträgers sowie die übliche Verzinsung und

Abschreibung des investierten Kapitals). Ein Teil dieser Schulen ist im Hinblick auf ihre Rechtsform – Träger ist eine juristische Person – auch steuerrechtlich als gemeinnützig anerkannt.
Der Verband gliedert sich in Fachgruppen und Landesverbände, die jährlich Fach- und Regionaltagungen durchführen. Außerdem finden pädagogische Arbeitsgemeinschaften, Vorträge und sonstige Veranstaltungen statt. Das regelmäßig erscheinende Verbandsorgan „Freie Bildung und Erziehung" bringt Aufsätze schulpolitischer, erziehungswissenschaftlicher und methodisch-didaktischer Art, berichtet über Neuerungen im Schulwesen und bringt Darstellungen zu Rechtsfragen des Schulalltages. Die Geschäftsstelle des Verbandes befindet sich in 6232 Bad Soden (Taunus), Hauptstraße 10.
Eine gegenständliche und fachlich so breit gestreute Organisation wie der VDP, die zudem, bedingt durch ihre Neutralität, ausgesprochen pluralistischen Charakter hat, kann nicht mit programmatischen Grundlagen aufwarten. Dem VDP kann jede Bildungseinrichtung angehören, die das Neutralitätsgebot anerkennt, in der Qualität ihrer Leistung und in der Betreuung ihrer Schüler befriedigt sowie in Werbung und Geschäftsführung solide und korrekt arbeitet. Außerhalb des Verbandes stehen die einer Religion, Weltanschauung oder pädagogischen Richtung verpflichteten kirchlichen Schulen, Freien Waldorfschulen und Landerziehungsheime, die in eigenen Verbänden organisiert sind. Außerhalb des Verbandes stehen aber auch jene Schulen, die sich seinen Grundsätzen nicht unterordnen wollen, deren Aufnahme der Verband abgelehnt hat oder die einmal aus dem Verband ausgeschlossen worden sind. Die dem Verband angehörenden Bildungseinrichtungen repräsentieren fast alle Möglichkeiten innerhalb des allgemeinbildenden und des berufsbildenden Bildungswesens von der Vorschulerziehung bis zur Erwachsenenbildung.

Einzeldarstellungen

Die folgenden Einzeldarstellungen unterrichten über die Aufgaben und Arbeitsmöglichkeiten der Fachgruppen, machen mit Organisationsmodellen bekannt und zeigen an ausgewählten Beispielen die Vielfalt der im Verband organisierten Bildungseinrichtungen.

Der Hamburger Schulverbund

Der Strukturplan der Bildungskommission des Deutschen Bildungsrates fordert die Schaffung leistungsfähiger Bildungseinheiten durch Zusammenfassung mehrerer Schulen zu Schulzentren, neben denen „kein Platz für unverbundenes Nebeneinander“ bleibt. Die gleichen Erwägungen haben noch vor der Veröffentlichung des Strukturplanes zur Kooperation privater Schulträger in Hamburg mit der Bezeichnung *Hamburger Schulverbund* geführt. Dem Publikum wird so ein breites Angebot allgemeinbildender und berufsbildender Unterrichtsgänge geboten mit der Möglichkeit zu zahlreichen fachlichen Abschlüssen zu gelangen. Vier private Schulträger mit mehr als 3000 Schülern – die Privatschulpädagogische Gesellschaft, die Hamburger Fremdsprachenschule/Dolmetscherinstitut, die Handels- und Sprachenschule Rackow und die Technische Fachschule H. E. Heinze – bieten in pädagogischer Zusammenarbeit Tages- und Abendschulen, Tages- und Abendkurse an und versuchen damit die Forderung nach horizontaler und vertikaler Durchlässigkeit zu verwirklichen. Der Schulverbund ermöglicht nicht nur den reibungslosen Wechsel von einer Schulform zur anderen. Künftig wird es Schülern des Gymnasiums oder der Realschule auch möglich sein, am Nachmittag oder Abend Fremdsprachen- oder Steno- und Schreibmaschinenkurse in den Partnerschulen zu ermäßigter Gebühr zu belegen, während umgekehrt die Schüler der Fremdsprachenschule oder der Handelsschule als Besucher allgemeinbildender Abendklassen eine Vorzugsstellung einnehmen werden.

Zu den vereinbarten Aufgaben des Schulverbundes gehört auch eine innerbetriebliche Koordination, die von einer nach einheitlichem System aufgebauten elektronischen Buchhaltung über das Rechnungswesen bis in die Bereiche der Werbung und Public-Relations-Arbeit reicht. Jedoch ist mit dem Schulverbund keine Fusion der beteiligten Schulen erfolgt oder in Zukunft beabsichtigt.

Die Breite und die Fülle des Angebotes ergibt sich aus der nachstehenden Aufzählung der wichtigsten im Verbund zusammengefaßten Bildungsformen: Realschule, grundständiges und Aufbau-Gymnasium, Tagesheimgymnasium, eine Schule des 2. Bildungsweges in Tagesform mit der Bezeichnung „Studienschule“, Abendgymnasium; Handelsschule und höhere Handelsschule; Berufsfachschulausbildung zum Auslandskorrespondenten, Übersetzer, Dolmetscher und Wirtschaftsdolmetscher; Ausbildung zum Hochbau-, Tiefbau-, Maschinenbau- und Wirtschaftstechniker; ferner entsprechende allgemeinbildende, kaufmännische, sprachliche und technische Tages- und Abendlehrgänge und -kurse und Umschulungsveranstaltungen sowie Schularbeitszirkel und Legasthenikerkurse. Zum Schulverbund gehört auch die Hamburger Aushilfeschule mit Vollzeitklassen und Abendkursen.

Fachgruppe Allgemeinbildende Schulen

In dieser Fachgruppe des Verbandes deutscher Privatschulen reicht die Skala der Schulformen und Schultypen vom Kindergarten über Grund- und Hauptschulen, Realschulen, Abendschulen, Vorbereitungskursen bis hin zum vollausgebauten staatlich anerkannten Gymnasium. Diese staatliche Anerkennung beinhaltet, daß die Schüler der privaten Gymnasien die Abiturprüfung an der Schule vor den eigenen Fachlehrern ablegen.
Seit Jahrzehnten führen viele dieser Verbandsschulen auch die verschiedensten Schulversuche durch, deren methodisch-didaktische und schulorganisatorische Ergebnisse auch in den öffentlichen Schulbereich hineinwirken. Denken wir dabei nur an das weite Gebiet der Montessori-Pädagogik. Herausgestellt sei auch die zielstrebige pädagogische Arbeit in den privaten Gesamtschulen, Tagesheim- und Internatsschulen. Der Erfolg dieser Einrichtungen liegt besonders in der Überschaubarkeit ihrer Klassen, der dadurch intensiveren Arbeit in kleineren Lerngruppen, im engen menschlichen Kontakt zwischen Lehrenden und Lernenden sowie in der sorgfältigen individuellen Betreuung der Schüler. Die Schulen des Verbandes sehen es auch als eine ihrer Aufgaben an, den jungen Menschen mit allen seinen Entwicklungsmöglichkeiten anzusprechen. Neben dem sorgfältigen allgemeinen Unterricht steht auch die sportliche und musische Erziehung mit dem Ziel, einen im späteren Beruf und in der Gemeinschaft charaktervollen und verantwortungsbewußten Menschen heranzubilden.
Stolz sind diese Schulen auch auf den engen Kontakt zu ihren Ehemaligen, die in Briefen, durch Besuche und Veranstaltungen ihre stete Verbundenheit zum Ausdruck bringen.
Beispiel einer allgemeinbildenden Verbandsschule mit dem Charakter einer additiven Gesamtschule ist die *Anna-Schmidt-Schule* in Frankfurt am Main, die vom Kinderhaus bis zur Universitätsreife führt. In dieser Schule sind vereinigt:

Das Montessori-Kinderhaus für Drei- bis Fünfjährige mit anschließender Montessori-Grundschule (Kl. 1–4);
parallel dazu eine in Jahrgangsklassen organisierte Grundschule.
(In beiden Einrichtungen bestehen Kurse für Legastheniker);
ein neusprachliches Gymnasium mit Tagesheimschule;
zwei Internate für Mädchen;
ein Montessori-Seminar zur Weiterbildung als Montessori-Erzieher und Montessori-Lehrer (Abschlußprüfung: Montessori-Diplom).

Von dem 1886 gegründeten Lyceum Anna Schmidt standen nach dem 2. Weltkrieg nur noch die Ruinen. Seit 1948 hat der Direktor der Schule,

Professor Dr. Paul Scheid, dieses vielseitige Schulsystem nach den pädagogischen Grundsätzen Maria Montessoris aufgebaut.

Ab 1950 begann die Montessori-Arbeit in der Anna-Schmidt-Schule mit der Eröffnung des Kinderhauses. Die Montessori-Schule schloß sich später organisch an. Hier wie im Kinderhaus finden wir die vorbereitete Umgebung, welche den Kindern zahlreiche Anreize bietet und ihnen gleichsam die Freiheit gibt, innerhalb des Lernangebotes zu wählen. Die vorbereitete Umgebung und die freie Arbeitswahl erleichtern in einer Montessori-Schule jedem Kind die ihm gemäße Entfaltung. Der Schüler wird zum selbständigen und verantwortungsvollen Arbeiten erzogen. Der Selbsttätigkeit wird unter Beachtung der jeweils erreichten Entwicklungsstufe breiter Raum gelassen. Es gibt keine Jahrgangsklassen in der Montessori-Schule. Die Form der altersmäßig und nach der Reife der Kinder differenzierten Lerngruppen herrscht vor. Der Schüler wird in einer solchen Gruppe nicht einem für alle verbindlichen Klassentempo unterworfen, sondern er kann sein Lernziel unter Beachtung seines individuellen Arbeitstempos anstreben.

So wird das begabte Kind im schnelleren Fortschreiten nicht gehindert, umgekehrt hat ein weniger begabtes Kind die Möglichkeit, seinen Stoff zu wiederholen. Um sinnvoll selbsttätig zu sein, findet der Schüler in der Montessori-Schule ein Arbeitsprogramm vor, welches das zu bewältigende Pensum in kleinen überschaubaren Einheiten enthält. Dazu kommt in der Eingangsstufe und in der Grundschule das didaktische Montessori-Material, in dem ebenfalls die Lernschritte vorgezeichnet sind, so daß der Schüler durch selbsttätiges Üben und Wiederholen mit diesem Material zu Anschauung und Abstraktion gelangen kann. Das „Material" enthält zugleich eine Fehlerkontrolle.

Bedingt durch die enge pädagogische Zusammenarbeit der Lehrkräfte in den einzelnen Zweigen dieser Gesamtschule ergab sich im Laufe der Zeit, daß die Fachlehrer des Gymnasiums Überlegungen anstellten, inwieweit sich Montessori-Prinzipien auch in den Unterricht der Sekundarstufe I einbauen ließen. Dieses Vorhaben hat der Hessische Kultusminister mit Erlaß vom 3. 2. 1967 der Anna-Schmidt-Schule offiziell genehmigt:

„Die Bemühungen der Anna-Schmidt-Schule Frankfurt, die von ihr seit langem intensiv gepflegten Arbeitsprinzipien nach Maria Montessori auch für das Gymnasium nutzbar zu machen, sind nach ihren und meinen Beobachtungen erfolgversprechend. Die Schule hat die Montessori-Methodik inzwischen auf die Gymnasialklassen 5–10 transformiert. Ich erkenne das als Schulversuch an, der für die Gymnasialpädagogik neue Erkenntnisse erwarten läßt."

In der gymnasialen Oberstufe bereitet die Anna-Schmidt-Schule seit Jahren durch eine gezielte fachspezifische Differenzierung eine neue Organisationsform vor.

Von besonderer Bedeutung sind die Kontakte der Anna-Schmidt-Schule im internationalen Bereich, die durch Partnerschaften (Collège Cévenol, Le-Chambon-sur-Lignon; Colegio de Ensenanza Media, Lope de Vega, Benidorm; Ghana International School, Accra) zu einem festen Programm geworden sind. Wesentlich unterstützt wird diese weit über die Landesgrenzen hinausgehende pädagogische Arbeit durch den persönlichen Einsatz des Direktors in seiner Eigenschaft als Präsident der International Schools Association (ISA), einer n. g. Organisation der UNESCO. Die Anna-Schmidt-Schule gehört zu den Mitgliedsschulen der ISA.

Fachgruppe Handelsschulen

Die in dieser Fachgruppe vereinigten *privaten kaufmännischen Berufsschulen* nehmen – wie die entsprechenden Einrichtungen des öffentlichen Schulwesens – solche Schüler auf, die zumindest ihrer gesetzlichen Vollschulpflicht genügt, meist schon eine berufliche Vorentscheidung getroffen haben und sich anschließend in einer berufsbildenden Schule zielgerichtet und möglichst praxisgerecht auf die von ihnen gewählte berufliche Fachrichtung vorbereiten wollen. So waren und sind diese Berufsfachschulen für viele Hauptschüler – seit Jahren und nicht minder heute – die Stätten, in denen durch weitgehend selbstgewählte, neue Lehr- und Bildungsinhalte auch neue Lern- und Arbeitsanreize geweckt werden. Der Weg führt über die Abschlüsse dieser Schulen entweder zum Berufseintritt oder zum Besuch weiterführender Fach- und höherer Fachschulen und kann bis zum Studium gehen. Die kaufmännischen Schulen erweisen sich damit als Aufstiegsschulen für die praktisch-kaufmännisch Begabten. Dies gilt auch für jene Realschüler und Gymnasiasten, die wegen ihrer vorwiegend praktisch-kaufmännischen Begabung kein Universitätsstudium anstreben – zumindest nicht über die gymnasiale Oberstufe – und den Weg über die berufsnähere Berufsfachschule – verbunden mit betrieblichem Praktikum oder voller Lehre – vorziehen, ohne daß sie damit die Möglichkeit eines späteren Hochschulbesuchs verlieren.
In der heutigen Zeit zunehmender Bedeutung der verwaltenden Berufe im öffentlichen Dienst und in allen Bereichen der Wirtschaft liegt in der Öffnung und Verbreiterung dieses Weges für viele die Chance, zu gehobenem Schulbesuch und ggf. zum Hochschul- und Universitätsstudium zu gelangen. Die kaufmännischen Berufsfachschulen, nicht zuletzt die privaten Einrichtungen dieser Art, tragen damit zu einem erheblichen Teil zur Deckung des Kräftebedarfs auf diesen Gebieten bei.
In ihrer Arbeit legen die Schulen besonderen Wert auf eine individuelle

Ausbildung. Die dem Verband angeschlossenen Schulen haben sich verpflichtet, den Jugendlichen nicht nur die bestmögliche fachliche Ausbildung zu vermitteln, sondern ihnen auch die Grundtugenden der Höflichkeit und Bescheidenheit im Auftreten, der Pünktlichkeit, Sauberkeit und äußersten Genauigkeit anzuerziehen. Die Privatschulen sind bahnbrechend in der Erprobung moderner Hilfsmittel auch für die öffentlichen Schulen. Langjährige Erprobungen z. B. in der Methodik der Kurzschrift und des Maschinenschreibens, der Buchführung und anderer kaufmännischer Fächer konnten ohne Übergangsschwierigkeiten von den öffentlichen Schulen übernommen werden.

Hervorzuheben ist ferner die Vielfalt des Angebotes der privaten kaufmännischen Schulen auf Gebieten, die von den öffentlichen Schulen noch nicht erfaßt sind. Die Schaffung von Ausbildungsgängen beispielsweise für den Bürokaufmann, den Auslandskorrespondenten, die kaufmännisch-praktische Arzthelferin sind das Ergebnis jahrelanger Arbeit privater Schulen, die die Stoff- und Ausbildungspläne entwickelt und zur Erstellung der entsprechenden Berufsbilder und Prüfungsordnungen beigetragen haben.

Die kaufmännischen Berufsfachschulen sind Stätten der Berührung und der Verbindung von Schule und Praxis. Diese Funktion spiegelt sich nicht nur in der Auswahl der Stoffe und in deren praxisnaher Darbietung wider. Sie findet ihre Fortsetzung in der unterrichtlichen Betreuung der Absolventen über die eigentliche Vollschulzeit hinaus. So sind insbesondere die privaten kaufmännischen Berufsfachschulen seit langem in der Erwachsenenbildung tätig. In Zusammenarbeit mit der Praxis haben sie zahlreiche Bildungseinrichtungen geschaffen, die sich für die Bedürfnisse von Wirtschaft und Verwaltung als notwendig erwiesen haben und deren Wirken aus der berufsverbundenen Erwachsenenbildung heute nicht mehr wegzudenken ist. Hierher gehören auch die im Rahmen der Maßnahmen nach dem Arbeitsförderungsgesetz durchgeführten Fortbildungs- und Umschulungslehrgänge, die von den Arbeitsämtern besonders gern den privaten Handelsschulen anvertraut werden. Auf diese Weise finden insbesondere Frauen, die nach langer Pause wieder berufstätig werden oder ihren Beruf wechseln wollen, einen neuen Zugang zu qualifizierten Tätigkeiten.

Ein Beispiel für die Entwicklung des privaten kaufmännischen Bildungswesens nach dem Kriege und für seine Vielfalt ist die Gemeinnützige Schulgesellschaft *Oskar-Kämmer-Schule in Braunschweig*, die am 1. September 1945 – vier Monate nach der Kapitulation Deutschlands – ihre unterrichtliche Tätigkeit aufgenommen hatte. Der Privatunterricht für Stenografie und Maschinenschreiben, mit dem begonnen wurde, fand

regen Zuspruch. Zahlreiche interne Schulwettbewerbe und wiederholte Beteiligung an nationalen und internationalen Wettkämpfen regten die Schüler zu guten Leistungen an. Diese Beispiele wirkten anspornend. Die Oskar-Kämmer-Schule stellt bis heute eine der stärksten deutschen Mannschaften für Stenografie und Maschinenschreiben. Allgemeinbildende und berufliche Fächer wie Deutsch, Rechnen, Buchführung vervollständigten bald das Programm und führten zu größerem Raumbedarf.
Im Jahre 1951 begann die erste Klasse der Zweijährigen Berufsfachschule Wirtschaft – Handelsschule – mit staatlichem Abschluß (entsprechend der früheren sog. mittleren Reife) in neuen Räumen. In kurzen zeitlichen Abständen folgten die Einjährige höhere Handelsschule, die Arzthelferinnen-Schule und die Sprachenschule für Auslandskorrespondenten. Das Bildungsprogramm ist inzwischen durch Einrichtung einer Fachoberschule Wirtschaft erweitert und abgerundet worden, die zur Fachhochschulreife und damit zur Studienberechtigung auf einer Fachhochschule führt. Alle diese Schulzweige sind staatlich anerkannt.
Von Anfang an haben sich die Schulträger Hilde und Oskar Kämmer in besonderem Maße auch der Jugend- und Erwachsenenbildung gewidmet, also der allgemeinen und beruflichen Fortbildung der Schulentlassenen und Berufstätigen. Ein weit gefächertes Angebot von der Fortbildung in der deutschen Sprache und von Übungen in Fremdsprachen über die Kernfächer kaufmännischer Bildung – wie Betriebswirtschaft, Schriftverkehr, Buchführung, Rechnen – bis zu den Schreibkünsten (Stenografie in Deutsch und Englisch sowie Maschinenschreiben) gibt sowohl kaufmännischen Auszubildenden und Berufsanfängern als auch fortbildungswilligen Angestellten Gelegenheit zum heute nötigen „permanenten Lernen". Die Gründung des Niedersächsischen Vereins für freie Erwachsenenbildung e. V. – private Volkshochschule – geht auf die Initiative Oskar Kämmers zurück.
Zahlreiche Kursarten und Schulzweige wurden im Verlauf der Zeit nach und nach aufgenommen oder, den Bedürfnissen der Wirtschaft entsprechend, neu entwickelt. Das stetige Anwachsen der verwaltenden Arbeiten hat neben Kursen für Stenografie und Maschinenschreiben die Schulungs- und Aufbaulehrgänge für Sekretärinnen und Chefassistentinnen entstehen lassen, die heute zum unentbehrlichen Bestandteil der Oskar-Kämmer-Schule gehören; teils werden sie auch speziell für größere Firmen und deren Bedürfnisse durchgeführt. Der Zwang zur Rationalisierung auch der Büroarbeiten führte zur Entwicklung eines Sonderlehrgangs für Diktanten. Im Mittelpunkt seines Programms stehen das richtige Diktieren (auch das auf Tonträger) sowie der stilistisch gute, psychologisch werbewirksame und betriebswirtschaftlich richtige Brief. Parallel-

kurse für Phonotypistinnen, Stenotypistinnen und Sekretärinnen ergänzen die Arbeit des Korrespondenz-Lehrgangs. Auch die elektronische Datenverarbeitung und ein Telekolleg zum nachträglichen Erwerb des Realschulabschlusses ist zum festen Bestandteil der Erwachsenenbildung – als Arbeitsgemeinschaft auch bereits im Rahmen der Handelsschule – geworden und aus dem Lehrprogramm nicht mehr wegzudenken.
Ein weites Feld nehmen die Kurse im Auftrage des Arbeitsamtes ein, die der Umschulung oder Fortbildung der Teilnehmer dienen, ebenso die Maßnahmen zur Erhaltung der Berufstüchtigkeit von längerdienenden Soldaten und zu deren Wiedereingliederung in den zivilen Arbeitsprozeß. Seit dem Frühjahr 1970 werden Umschulungskurse mit Schwerpunkt Buchführung und mit Schwerpunkt Stenografie/Maschinenschreiben geführt, die eine schon mehrjährige Tradition der Oskar-Kämmer-Schule fortsetzen. Beide Kurse sind gedacht für Interessenten, die einen qualifizierten Beruf ergreifen oder nach längerer Pause wieder berufstätig werden wollen. Die Zusammensetzung der Kurse ist denkbar heterogen: 18jährige sitzen neben 58jährigen; verheiratete Frauen, meist mit Kindern, neben unverheirateten; Teilnehmer mit abgeschlossener Volksschulbildung neben solchen mit Abitur; Frauen, deren letzte Berufstätigkeit ein Vierteljahrhundert zurückliegt, neben Frauen, die erst vor kurzer Zeit eine Berufsausbildung mit der Abschlußprüfung beendet haben. Auch die früher ausgeübten Berufstätigkeiten ergeben ein buntes Bild.
In allen Oskar-Kämmer-Schulen wird im Rahmen der Erwachsenenbildung besonderes Augenmerk der Ausbildung von Fachlehrkräften und Parlamentsstenografen gewidmet. Der Nachwuchs der Fachlehrer für Stenografie und Maschinenschreiben kommt zumeist aus den eigenen Schülerreihen. Im Deutschen Bundestag und in mehreren europäischen Organisationen stenografieren Kämmer-Schüler.
In Wolfenbüttel und Wolfsburg wurden Tochterschulen errichtet, die sich inzwischen zu beachtlichen Faktoren des kaufmännischen Schulwesens sowie der Jugend- und Erwachsenenbildung in ihren Städten entwickelt haben. Die Schule in Wolfenbüttel hat 1973 als neuen Zweig eine staatlich anerkannte zweijährige Fachschule Wirtschaft zur Ausbildung staatlich geprüfter Betriebswirte eingerichtet, die durch Sonderkurse die Fachschul- bzw. Fachhochschulreife erlangen können.

Fachgruppe der Sprachenschulen

Die Bildungs- und Unterrichtsbemühungen der in dieser Fachgruppe zusammengeschlossenen Schulen sind auf die praktische Verwendbarkeit von Fremdsprachen vorwiegend im Beruf ausgerichtet. Die Sprachenschulen sind Schulen, die in Zusammenarbeit und Abstimmung mit der Wirtschaft (den Handelskammern) sowie mit den Berufsverbänden der Fremdsprachler ihre Ausbildungsaufgaben den regionalen Erfordernissen anzupassen haben. Die Unterrichtsleistung ist eine echte Aus- und Weiterbildung mit dem Ziel des beruflichen Aufstiegs der Unterrichtsnehmer.

Die besondere Bedeutung der privaten Sprachenschulen liegt also schwerpunktmäßig auf dem Gebiet der Erwachsenenbildung.

Der Einsatz fremdsprachlicher Kenntnisse im Beruf ist außerordentlich vielgestaltig. Entsprechend muß die fremdsprachliche Ausbildung sein. Sie muß sich in der Art und Dauer diesen verschiedenen Anforderungen anpassen und zudem auf den Zeitplan des Unterrichtsnehmers abgestimmt sein. Dabei ist zu berücksichtigen, ob es sich um die berufliche Aus- und Weiterbildung junger Menschen zum Fremdsprachenkorrespondenten, Fremdsprachensekretär, Übersetzer und Dolmetscher handelt, oder ob bereits Berufstätige Sprachkenntnisse erwerben bzw. erweitern müssen oder diese zusätzlich zu einem anderen Beruf benötigen, wie Führungskräfte der Wirtschaft und Wissenschaft, Manager, Ingenieure, Architekten u. a. m. Dazu gehört auch der große Kreis der mittleren und kleinen Angestellten, die dieses Ziel in kleinen Stufen nebenberuflich, vor allem abends, erreichen müssen.

Alle diese verschiedenartigen Ausbildungsaufgaben können nur von den privaten Sprachenschulen mit ihren vielseitigen Unterrichtsprogrammen und durch ihre Flexibilität erfüllt werden.

Die meisten deutschen privaten Sprachenschulen sind Mitglieder des Verbandes der Deutschen Privatschulen: Zu ihnen gehören rd. 30 Bénédict-Sprachschulen, die Berlitz Sprachschulen GmbH mit rd. 20 Schulen, rd. 50 Inlingua Sprachschulen sowie etwa 20 selbständige Sprachenschulen.

Der Unterrichtsrahmen, der für nahezu sämtliche private Sprachenschulen gilt, umfaßt die folgenden Ausbildungsprogramme:

Die berufliche *Ausbildung* zum Fremdsprachenkorrespondenten, Fremdsprachensekretär, Fremdsprachler, Übersetzer und Dolmetscher erfolgt überwiegend in Vormittagslehrgängen. Da es sich hierbei um eine praxisbezogene Ausbildung handelt, wird in den meisten Sprachenschulen ergänzend Unterricht in Kurzschrift und Maschinenschreiben erteilt. Die Vollzeitausbildung wird in fast allen Sprachenschulen nach dem Bundesausbildungsförderungsgesetz gefördert. In den letzten Jahren ist vermehrt festzustellen, daß einzelne Sprachenschulen auch Handelsfächer in ihr Unterrichtsprogramm aufgenommen haben, ebenso wie Handelsschulen seit einigen Jahren fremdsprachlichen Unterricht erteilen. So werden z. B. Stenokontoristinnen auch in Sprachenschulen ausgebildet. Die berufliche *Fortbildung und Umschulung* zum Fremdsprachenkorrespondenten, Fremdsprachensekretär, Fremdsprachenkaufmann und zur Stenokontoristin im Rahmen des Arbeitsförderungsgesetzes wird ebenfalls in Vollzeitlehrgängen von den meisten privaten Sprachenschulen durchgeführt. In diesen Lehrgängen werden auch ältere Berufstätige in ihrem kaufmännischen Beruf fortgebildet. In den Umschulungslehrgängen vermitteln die Sprachenschulen die zur Wiedereingliederung in das Berufsleben erforderlichen Kenntnisse. Hier – wie auch bei der Ausbildung – finden die Abschlußprüfungen vor der Prüfungskommission der Industrie- und Handelskammer oder der ausbildenden Schule statt, im Einzelfalle unter Mitwirkung des betreffenden Kultusministeriums.

Für den großen Kreis der Angestellten besteht vom Anfänger bis zum Fortgeschrittenen die Möglichkeit, in *Abendkursen* fremdsprachliche Kenntnisse zu erwerben oder zu erweitern. Die für Fortgeschrittene eingerichteten Abendlehrgänge zum Fremdsprachenkorrespondenten, Fremdsprachenkaufmann oder Übersetzer/Dolmetscher werden in vielen Sprachenschulen nach dem Arbeitsförderungsgesetz gefördert.

Daneben wird von allen Sprachenschulen *Einzelunterricht* erteilt, der im allgemeinen zu jeder Tageszeit durchgeführt wird.

Für Führungskräfte, die zur Erfüllung ihrer Aufgaben kurzfristig umfangreiche oder auch spezielle Sprachkenntnisse erlangen müssen, haben einige größere Sprachenschulen besondere *Intensiv-Trainingsprogramme* entwickelt. Der Lernende wird in einem vierwöchigen Einzeltraining mit täglich bis zu 10 Unterrichtsstunden konzentriert auf seine Aufgabe vorbereitet.

Der Sprachunterricht wird nicht nur in den Schulräumen, sondern auch in den Räumen der *Firmen* zur Schulung der Betriebsangehörigen durchgeführt.

Eine besondere Aufgabe haben private Sprachenschulen mit der Erteilung von *Deutschunterricht* an Ausländer und Aussiedler übernommen. In Tages- und Abendklassen sowie im Einzelunterricht werden ausländische Arbeitnehmer in der deutschen Sprache geschult, um ihnen die Verständigung am Arbeitsplatz zu ermöglichen. Ausländischen Studenten werden die für Universitätsvorlesungen erforderlichen Deutschkenntnisse vermittelt.

Von den Hauptsprachen steht Englisch nach wie vor an erster Stelle. In vielen Sprachenschulen ist inzwischen der Deutschunterricht an die zweite Stelle getreten, gefolgt von Französisch und Spanisch. Darauf

folgen – regional unterschiedlich – Italienisch, Brasilianisch, Russisch und eine Reihe weiterer Sprachen.
Seit einigen Jahren ist an vielen Sprachenschulen zu beobachten, daß sich der Unterricht mehr auf die Tageslehrgänge und auf die über den ganzen Tag verteilte Einzelausbildung verlagert hat.

Fachgruppe naturwissenschaftlich-technische Berufsfach- und Fachschulen / Chemieschulen

In dieser Fachgruppe des VDP sind eine größere Zahl verschiedener privater Schulen zusammengefaßt, die ihre Schüler u. a. für die folgenden Berufe ausbilden:

Chemisch-technische Assistenten
Chemotechniker
Fachschulchemiker
Physikalisch-technische Assistenten
Biologisch-technische Assistenten
Biotechniker
Pharm.-techn. Assistenten
Pharmareferent
Medizinisch-technische Assistenten
Techn. Assistenten für Materialprüfung
Kunststofftechniker
Maschinenbautechniker
Hoch- und Tiefbautechniker
Biochemisch-technische Assistenten

Die privaten Chemieschulen, die jahrzehntelang die einzigen Ausbildungsstätten ihrer Art waren, können für sich verbuchen, daß sie – wie die Schule *Fresenius* bereits seit 1848 — insbesondere auf den naturwissenschaftlichen und technischen Gebieten Pionierarbeit geleistet haben und noch leisten. Infolge der Vernachlässigung der naturwissenschaftlichen Fächer an den Schulen, insbesondere der Chemie, haben sich bei den Interessenten für diese Ausbildungen große Lücken in den Grundkenntnissen ergeben und dazu geführt, daß der Nachwuchs in den letzten Jahren stark abgenommen hat. Dagegen hat der Bedarf insbesondere der Forschungsinstitute und der Industrie stark zugenommen, so daß viele Stellen der mittleren Berufsgruppen naturwissenschaftlicher Ausprägung z. Z. aus Mangel an jungen Menschen in diesen Sparten nicht besetzt werden können. Moderne Ausbildungsplätze stehen an den privaten Schulen in ausreichender Zahl zur Verfügung. Leider hat die unterschiedliche Entwicklung der Ausbildungsrichtlinien in den Bundesländern manche Unklarheiten verschuldet.

Ein Anliegen der privaten Schulen war es immer schon, gerade den Assistenten und Technikern, die nur unter besonders schweren Umständen im Beruf weiter aufsteigen konnten, bei guten Leistungen Möglichkeiten zur Weiterbildung zu verschaffen. Diese Durchlässigkeit gelang den privaten Schulen in einigen Bundesländern bereits vor vielen Jahren. Es entstanden damals Übergangsmöglichkeiten unter Anrechnung der bereits absolvierten Zeiten und des erarbeiteten Stoffes zu den Ingenieurschulen und dann anschließend sogar zu den Hochschulen.

Heutzutage ist der Übergang von den Fachhochschulen zu den Hochschulen – leider ohne Berücksichtigung der Leistungen – allgemein möglich geworden. Der Weg von der Berufsfach- und Fachschule zur Fachhochschule ist neuerdings in einigen Bundesländern durch eine gleichzeitige Zusatzausbildung verbunden mit Ablegung der Fachhochschulreife-Prüfung gegeben.

Fachgruppe Ingenieurschulen / Fachhochschulen

Obwohl der Anteil der privaten Ingenieurschulen in der Bundesrepublik im Vergleich zu den USA, zu England usw. verhältnismäßig gering ist, ist ihre Bedeutung wesentlich größer, als es dem Zahlenverhältnis entspricht. Häufig haben gerade die privaten Schulen als Modell für staatliche Einrichtungen gedient; von jeher werden an privaten Schulen entstandene und bewährte Fachrichtungen vom Staat übernommen. Beispiele der letzten Zeit sind die physikalisch-technischen Assistenten und Ingenieure der Fachrichtung Physikalische Technik, die Herr Prof. Dr. Harms in Lübeck-Schlutup (jetzt Wedel, Holstein) gestaltete, die pharmazeutisch-technischen Assistenten und die Ingenieure der Fachbereiche Chemie mit den Studienrichtungen Lebensmittelchemie, die Herr Prof. Dr. Grübler in Isny/Allgäu konzipierte, die Ingenieurausbildung in der Fachrichtung Chemie als Teilzeitstudium im Rahmen der Erwachsenenbildung von der Fachhochschule *Fresenius* in Wiesbaden und der Ingenieur der Fachrichtung Wirtschaftstechnik, die in der Rheinischen Fachhochschule in Köln entstand. Auch gibt es bei den privaten Ingenieurschulen Fachabteilungen wie z. B. Pharmazeutische Chemie, Physikalische Elektronik, Lebensmittelchemie, die bei den staatlichen Schulen nicht vorhanden sind, die aber auf Gebieten ausbilden, die von der Industrie und Forschung z. Z. noch in geringer Zahl, in absehbarer Zeit aber in großem Umfang gebraucht werden. Die auf diesen neuen Fachgebieten gesammelten Erfahrungen kommen eines Tages dem ganzen Bundesgebiet zugute.

Neue Wege gehen die privaten Schulen in der Fachgruppe Ingenieurschulen auch in der Gestaltung der Ausbildung und in der Zusammenarbeit mit den Studierenden. So werden auch die Ausbildungsmethoden und die Richtlinien, die an den privaten Schulen entwickelt worden sind, immer wieder in den staatlichen Bereich übernommen. Bemerkenswert ist die Tatsache, daß die Streikwellen der 60er Jahre an den privaten Ingenieurschulen entweder überhaupt nicht oder in anderen Formen aufgetreten sind. Maßgebend war dabei vor allem, daß die meisten Forderungen der Studierenden bei den privaten Institutionen längst realisiert sind.

Die Ingenieurschulen wurden in der letzten Zeit in den einzelnen Bundesländern in Fachhochschulen umgewandelt. Dabei wurden die privaten Ingenieurschulen als private Fachhochschulen genehmigt oder anerkannt. Die Entwicklung ist freilich bisher nicht einheitlich, da die Fachhochschulgesetze in den Ländern unterschiedlich sind. Ein Beispiel aus diesem Bereich ist die *Naturwissenschaftlich-technische Akademie in Isny/Allgäu,* die im Oktober 1975 ein 30jähriges Bestehen feiern konnte.

Die Akademie begann im Oktober 1945 als private Chemieschule in Ravensburg mit der Ausbildung von staatlich geprüften chemisch-technischen Assistenten. Im Herbst 1950 wurde sie nach Isny im Allgäu verlegt. Sie hat sich seither zu einer höheren Berufsfachschule und Fachhochschule mit durchschnittlich 700 Schülern und Studierenden entwickelt. Im Jahre 1956 begann sie als erste Schule in Süddeutschland mit der Ausbildung von staatlich geprüften physikalisch-technischen Assistenten und im Herbst 1967 als erste Lehranstalt im Bundesgebiet mit der Ausbildung von staatlich geprüften pharmazeutisch-technischen Assistenten. Die Ausbildungspläne für diese beiden Berufe sind in Isny entwickelt worden; sie sind richtungweisend für alle derartigen Lehranstalten in der Bundesrepublik.

Ingenieurschule ist die jetzige Naturwissenschaftlich-Technische Akademie Prof. Dr. GRÜBLER seit 1960. Als erste Schule im süddeutschen Raum hat sie Ingenieure der Fachrichtung Physikalische Technik und in Baden-Württemberg als erste Schule Ingenieure der Fachrichtung Chemie ausgebildet. Darüber hinaus hat sie als einzige Schule im Bundesgebiet die Studienrichtungen Lebensmittelchemie, Pharmazeutische Chemie und Physikalische Elektronik. Die Isnyer Lehranstalt hat dem beruflichen Ausbildungswesen mannigfache Anregungen für die Gestaltung der Lehr- und Arbeitspläne gegeben und damit fruchtbar auf die allgemeine Entwicklung eingewirkt. So ist diese private Institution Modell für das entsprechende Ausbildungswesen geworden und hat dem gesamten Schulwesen neue Impulse vermittelt. Diese Leistung ist um so höher zu bewerten, als die Schule weder vom Staat noch von einer anderen Seite subventioniert wird, vielmehr sich selbst erhalten muß.

Ein gemeinnütziger Verein, der Mitglied des Deutschen Paritätischen Wohlfahrtsverbandes ist, errichtete, um die Unterbringungsschwierigkeiten der Studierenden zu beheben und um niedrige Lebenshaltungskosten zu ermöglichen, 6 Wohnheime mit 250 Betten und eine Mensa, die täglich bis zu 300 Essen ausgibt.

Die verschiedenen Veranstaltungen anläßlich der Feier des 30jährigen Bestehens der Akademie, an denen namhafte Wissenschaftler sowie zahlreiche ehemalige Schüler und Studierende – teilweise von weit her gekommen – teilnahmen, vermittelten ein eindrucksvolles Bild vom wissenschaftlichen Rang, von der Geltung und von der internationalen Ausstrahlung der Isnyer Akademie. Um so bedauerlicher ist die Tatsache, daß der Bestand der Fachhochschule gefährdet ist, da das Land Baden-Württemberg es noch immer ablehnt, der Akademie Finanzhilfe zu gewähren.

Das J.-Iversen-Institut in München

(Deutscher Werbe-Unterricht)

Die Vielfalt der im VDP vertretenen Bildungseinrichtungen wird dokumentiert durch eine Schule, die in dem Verband eine Sonderstellung einnimmt. Das J.-Iversen-Institut in München kann auf fünf Jahrzehnte Unterrichtserfahrung und -bewährung, und zwar in Fernunterricht und Seminarunterricht zur Ausbildung von Werbefachleuten zurückblicken.

Lehrfächer des Iversen-Institutes sind zunächst Grundkenntnisse der modernen Wirtschaftswerbung sowie aller Werbemittel wie Anzeigen, Film-, Funk- und Fernsehwerbung, ferner Briefbogengestaltung, Entwerfen von Prospekten, Werbebriefen, Drucksachen aller Art, Katalogen und Broschüren. Nach einem Grundwissen, das in den ersten vier Lehrbriefen vermittelt wird, beginnen ab dem 5. Lehrheft die sog. „Fallstudien", die von den Lehrgangsteilnehmern das Lösen von Werbe- und Vertriebsproblemen des Einzelhandels, des Versandhandels, der Markenartikelindustrie, der Investitionsgüter-Unternehmen sowie Werbe- und Vertriebsaufgaben für Dienstleistungen (Kreditgewerbe, Fremdenverkehr, Verlagswerbung usw.) verlangen. Selbstverständlich werden auch die neuen Werbeträger wie Funkwerbung, Film- und Dia-Werbung und Fernsehwerbung sowie die werbliche Planarbeit (Etatplanungen, Werbepläne, Streupläne usw.) ausführlich behandelt.

Das Institut wird von dem Industrieberater Helmut Rüdinger, Werbeberater BDW, geleitet, der zugleich Dozent für Marketing am Werbefachlichen und Werbewissenschaftlichen Institut e. V. in München ist. Rüdinger steht seit über drei Jahrzehnten in der Absatzwirtschaft; er ist auf den Gebieten Werbung, Verkauf, Verkaufstraining, Marktforschung, Vertriebsplanung tätig. Er war selbst Iversen-Schüler und hat den Lehrgang noch unter dem Gründer Johannes IVERSEN, dem Altmeister der deutschen Reklame, absolviert. Von ihm stammt übrigens das „ungeschriebene Gesetz", wonach der jeweilige Unterrichtsleiter mit über 90 Prozent seiner Arbeitszeit in der Beratungspraxis stehen muß, damit die Teilnehmer nicht nur unmittelbare Praxisnähe spüren, sondern damit auch in den individuellen Korrekturen die neuesten Erkenntnisse, die gerade auf einem dynamischen Gebiet wie dem der Absatzwirtschaft besonders wichtig sind, berücksichtigt werden.

Der „Deutsche Werbe-Unterricht" ist in Wirtschafts- und Werbefachkreisen vor allem für sein individuelles Schulen der Teilnehmer im Werbetext bekannt geworden. Er bringt in reichlichem Ausmaß Textaufgaben, das Gestalten von Werbekernsprüchen (Slogans) sowie Anleitungen und Übungen für eine überzeugende Argumentation im Werbe- und Verkaufstext, im Verkaufsgespräch und in den anderen werbe- und absatzwirtschaftlichen Äußerungen eines Unternehmens.

Die Beratungspraxis des Unterrichtsleiters bei Industrie, Handels-, Markenartikelfirmen und Versandhäusern und neuerdings auch im Dienstleistungsbereich (Versicherungen, Banken, Sparkassen) bringt es mit sich, daß die neuen Verkaufs- und Werbemethoden, deren sich die Wirtschaft bedient, dem Unterricht unverzüglich zugute kommen. Neben der bereits erwähnten Fallstudienform pflegt das Iversen-Institut seit 1919 den Bereich der Textprogrammierung, die heute unter differenzierten Bezeichnungen (z. B. Textverarbeitung) als neu und hochmodern angeboten wird (Gutenberg-System). Auch audiovisuelle Unterrichtsmittel, die vielfach in der Presse als neu vorgestellt werden, sind im Iversen-Institut seit Jahr und Tag im praxisnahen Unterricht eingesetzt.

In den Unterrichtsheften und den Seminaren werden erfolgreiche frühere Teilnehmer vorgestellt. Man will damit von Heft zu Heft und von Seminar zu Seminar bei den Teilnehmern den Ehrgeiz wecken. Das ist nützlich und wichtig, weil beim Fernunterricht der Teilnehmer auf sich allein gestellt ist und daher immer wieder des Ansporns bedarf.

Da für Angestellte und Geschäftsleute, Betriebsinhaber, Techniker und Ingenieure die Werbe- und Vertriebskenntnisse immer wichtiger werden, steigen die Teilnehmerzahlen im Fernunterricht; auch das seit zehn Jahren durchgeführte „Marketing Colleg", eine Fortentwicklung des Werbe- und Vertriebsunterrichts, ist regelmäßig voll besetzt. Die Zahl der Absolventen liegt im Werbeunterricht bisher bei etwa 14 000. Im Marketing Colleg, das jeweils auf 30 Teilnehmer begrenzt ist und nur

einmal jährlich durchgeführt wird, sind bisher mehr als 300 Teilnehmer ausgebildet worden.
Entsprechend der Wirtschaftsentwicklung sind jeweils andere fachliche, personelle und branchenmäßige Schwerpunkte bei den Teilnehmern festzustellen. So hat sich ergeben, daß nach den beiden Weltkriegen vor allem viele Offiziere als Werbefachleute ausgebildet wurden. Später hat es Teilnahmewellen der Kaufleute, der Techniker und Ingenieure, der Einzelhändler, der Industrie, der Versandhäuser, der Textil- und Bauwirtschaft gegeben. Heute sind die Dienstleistungsbereiche (Versicherungen, Banken, Sparkassen, Reisebüros, Verlage usw.) stark vertreten.
Das Iversen-Institut verfügt über eine der umfangreichsten Fachbibliotheken auf dem Gebiet der Absatzwirtschaft. Es hat ein Archiv für Firmenschriften eingerichtet, das von vielen Werbefachleuten laufend mit neuen Arbeitsbelegen versehen wird. Unter dem Titel „Ein schneller Blick – Informationen vom Iversen-Institut" erscheint ein Blatt, in dem aus dem Institut, aus der Absatzwirtschaft usw. berichtet wird. Darüber hinaus werden in diesem Informationsblatt Markt- und Firmeninformationen geboten.

Der Reifensteiner Verband für haus- und landwirtschaftliche Frauenbildung e. V.

Dieser Verband vertritt innerhalb des Verbandes Deutscher Privatschulen die *haus- und landwirtschaftlichen Frauenschulen.* An diesen Fachschulen (sog. Landfrauenschulen) und Berufsfachschulen wird den Schülerinnen in ein- und zweijährigen Lehrgängen sowie in halbjährigen Abiturientinnenlehrgängen das für Beruf und Leben notwendige hauswirtschaftliche Rüstzeug vermittelt. Der erfolgreiche Abschluß der Lehrgänge bildet nicht nur die Grundlage für eine moderne Haushaltsführung, sondern eröffnet auch den Zugang zu vielen Frauenberufen. Neben dem Fachunterricht auf allen hauswirtschaftlichen Gebieten werden kulturelle Interessen angeregt und gepflegt. Das Zusammenleben im Internat fördert die menschliche Erziehung und weckt Verständnis für soziale Aufgaben. Der Unterricht erstreckt sich von der Ernährungswissenschaft bis zur Haushaltschemie, vom Schnellgericht bis zum Festessen, von der rationellen Arbeitsgestaltung bis zur Finanzplanung, vom Einkauf bis zur Marktbeobachtung und von der Säuglingspflege bis zu Erziehungsaufgaben. In verkürzten Lehrgängen für Abiturientinnen vermitteln die Schulen, unter Berücksichtigung der Vorbildung, das Rüstzeug für die spätere erfolgreiche Führung eines eigenen Haushalts.

Als einer der ältesten Privatschulverbände des Bundesgebietes verfügt der 1897 gegründete Reifensteiner Verband – er leitet seinen Namen von einer in Thüringen gelegenen Schule her, die 1945 mit zahlreichen anderen, östlich der Elbe liegenden, Schulen verlorengegangen ist — über eine langjährige Tradition. Durch Verbindung dieser Tradition mit Aufgeschlossenheit der modernen Entwicklung gegenüber ist es ihm gelungen, die Unterrichtsmethoden und die Schuleinrichtungen den Anforderungen der neuzeitlichen Haushaltstechnik und der rationellen hauswirtschaftlichen Betriebslehre anzupassen. Um die sozialen Aufgaben besser wahrzunehmen, wurde der Reifensteiner Schule Wöltingerode eine Fachschule für Sozialpädagogik angegliedert.

Fachgruppe Sport- und Gymnastikschulen

Die heutigen Sport- und Gymnastikschulen entstanden in Eigeninitiative in der Zeit um 1922 bis 1925 – Anfänge reichen in das erste Jahrzehnt des Jahrhunderts –, als der Staat an den Universitäten und Technischen Hochschulen die Institute für Leibesübungen – in jüngster Zeit in Institute für Sport und Sportwissenschaften umbenannt – für eine vollwertige und in sich abgeschlossene Universitätsausbildung einrichtete. Etwas später wurde der Berufsverband der Gymnastiklehrenden e. V. gegründet, in dem sich Gymnastiklehrende und Gymnastikschulen organisierten.

Am 20. 11. 1955 riefen 19 Schulleiter von staatlich anerkannten bzw. genehmigten Ausbildungsstätten für Gymnastik den „Bund Deutscher Gymnastik Schulleiter (BDGS)“ in Frankfurt ins Leben, um die Ziele und das Berufsbild nach außen intensiver vertreten zu lassen.

Die Entwicklungen im staatlichen Bildungs- und im Vereinswesen ließen die Schulleiter auf ihrer Jahreshauptversammlung am 21./22. 11. 1970 in Berlin zu der Überzeugung kommen, daß der Name BDGS nicht mehr den Ansprüchen und Gegebenheiten entspricht. Sie einigten sich in einer Abstimmung auf die zukünftige Benennung „Verband Deutscher Sport- u. Gymnastikschulen e. V.“ in der Überzeugung, damit den vielfältigen Ausbildungsinhalten in ihren Schulen gerecht zu werden. Leibeserziehung, Gymnastik, Sport als Oberbegriff sind erst spät als Bildungsmittel den deutschen Schulen eingegliedert worden.

Im außerschulischen Bereich lassen sich Gymnastik, Sport (Reiten, Fechten, Tanzen usw.) bis in die Antike zurückverfolgen. So realisieren die Gründer und Initiatoren im 20. Jahrhundert (ähnlich wie GUTHS MUTHS, Adolf SPIESS im 18. Jahrhundert) ihre Ideen in Gymnastikschulen mannigfacher Art, wobei jeder seine Schule prägt.

Diese Einrichtungen entwickelten sich völlig frei und unabhängig vom Staat in Formen der persönlichen Verantwortung bis zur Stiftung.

Daraus resultiert auch die individuelle Vielfalt der Gymnastikschulen im deutschsprachigen Raum. Vergleichbare Entwicklungen in andern Räumen sind bisher nicht bekannt geworden.

Die Gymnastik hat sich durchgesetzt. Wir finden sie heute überall im schulischen und außerschulischen Bereich, in den Ausbildungs- und Prüfungsordnungen wieder. Aus der Vielfalt ergeben sich unterschiedliche Auffassungen und Ausbildungsinhalte.

Leider hat sich in unserm Sprachraum das Wort Gymnastik für den umfassenden Begriff der Leibesübungen, der Gymnastik, des Sports nicht durchgesetzt, wie im französischen, englischen, nordischen, sondern das Wort *Sport* steht für die Inhalte von Gymnastik, Turnen, Tanz, Spiel usw. ohne exakte Definierung.

Während der Staat seine Einrichtungen mit Steuermitteln voll finanziert, erfüllen die Sport- u. Gymnastikschulen ihre Aufgaben in der Gesellschaft zum größten Teil mit eigenen Mitteln. Erst in letzter Zeit finanziert der Staat in einem Bundesland diese Einrichtungen fast voll, während einige wenige Länder sich mit kleinen Prozentsätzen (z. B. 18 % der Kosten eines Fachschülers) an den Kosten beteiligen, andere diesen Bildungsreinrichtungen überhaupt keine Zuschüsse gewähren.

So ist es nur allzu verständlich geworden, daß in der heutigen Wettbewerbsgesellschaft der einzelne mit Gleichgesinnten zusammengeht und um das Pari in der Finanzierung und Durchsetzung seiner Ideen ringt.

Für die Sport- u. Gymnastikschulen heute ist der VDP die Organisation, die mit ihrer vollen Aussagekraft das Wollen und den täglichen Einsatz abdeckt.

Die Schulen lassen der Persönlichkeit, der individuellen Veranlagung, breiten Raum, um sich das Handwerkszeug für eine Tätigkeit in der Jugenderziehung und Erwachsenenbildung auf der Basis von Gymastik in einer 3jährigen Ausbildung mit staatlichem Abschlußexamen zu erarbeiten.

Natürlich haben sich unsere Ausbildungsinhalte, wie an den staatlichen Ausbildungsinstituten, im Laufe des letzten Jahrzehnts erweitert, verändert, sie sind den Forderungen in der Arbeitswelt von heute gefolgt. Doch die Gymnastik hat ihren Stellenwert behalten.

Es würde den Rahmen dieser Darstellung sprengen, hier Einzelheiten, Lehrziele, Lehrpläne, aufzuführen.

Die in der Fachgruppe Sport- u. Gymnastikschulen im VDP zusammengefaßten Ausbildungsinstitute möchten ihren Teil dazu beitragen, daß

Einzelinitiative, freie Verantwortung, auch in Zukunft in unserer Bildungs- und Arbeitswelt erhalten *bleiben* und weiter ihre Anerkennung in der Gesellschaft finden durch Leistung. Darin ist die stete Verbindung von Eigeninitiative und staatlichem Wollen durch seine Institute eingeschlossen.
Nur so kann in Zukunft unsere gemeinsame gesellschaftspolitische Aufgabe gelöst werden.

Die deutschen Landerziehungsheime

Gerold Becker, Hans-Walter Erbe, Klaus Weidauer

Allgemeines

Bestand

Die in der Vereinigung Deutscher Landerziehungsheime zusammengefaßten Internatsschulen bilden, im Vergleich etwa mit den großen Verbänden konfessioneller Schulen, eine verhältnismäßig kleine Gruppe. Ihr gehören heute folgende Schulen an (geordnet nach dem Gründungsjahr):

1898 Erste Gründung durch Hermann LIETZ, woraus die Stiftung Deutsche Landerziehungsheime – Hermann-Lietz-Schulen entstanden ist, zu der heute folgende Schulen gehören:
- 1904 Schloß Bieberstein, Kreis Fulda
- 1924 Schloß Buchenau bei Bad Hersfeld
- 1928 Spiekeroog (Nordsee)
- 1941 Schloß Hohenwehrda bei Hünfeld

1905 Stiftung Landerziehungsheim Schondorf am Ammersee (Oberbayern)

1909 Stiftung Landschulheim am Solling, Holzminden

1910 Odenwaldschule, Ober Hambach über Heppenheim (Bergstraße)

1920 Schulen Schloß Salem, Salem (Baden)

1925 Stiftung Landerziehungsheim Neubeuern Neubeuern am Inn, Kreis Rosenheim (Oberbayern)

1926 Landschulheim Burg Nordeck über Gießen

1928 Niederdeutsches Landerziehungsheim Marienau, Post Dahlenburg, Kreis Lüneburg

1930 Urspringschule, Evangelisches Landerziehungsheim, Schelklingen, Kreis Ehingen a. d. Donau (Württemberg)

1932 Schule Birklehof, Hinterzarten (Schwarzwald)

1936 Landerziehungsheim Reichersbeuern (Oberbayern)

1949 Landerziehungsheim Stiftung Louisenlund, Post Fleckeby, Kreis Eckernförde

Außerdem sind der Vereinigung Deutscher Landerziehungsheime folgende Schulen angeschlossen:

1813 Zinzendorf-Gymnasium der Herrnhuter Brüdergemeine, Königsfeld (Schwarzwald)

1948 Landerziehungsheim Schloß Stein, Stein a. d. Traun
1957 Landerziehungsheim Honneroth (Westerwald)

Trotz der verhältnismäßig kleinen Zahl kann man nur mit Einschränkung von einem einheitlichen Schul- oder Internatstyp sprechen: Jede dieser Schulen hat ihren eigenen Charakter. Das Gemeinsame und Verbindende liegt zunächst darin, daß sich alle bei ihrer Gründung und lange Zeit danach – mit Ausnahme des auf Herrnhuter Traditionen zurückgehenden Zinzendorf-Gymnasiums in Königsfeld – auf die Ideen von Hermann LIETZ beriefen.
Die Odenwaldschule ist eine integrierte Gesamtschule, alle anderen Schulen sind Gymnasien und folgen, sofern sie nicht eigene Reformprogramme entwickelt haben, den Lehrplänen der staatlichen Gymnasialzüge.

Geschichte

Hermann LIETZ (geb. 28. April 1868) hatte in seiner Jugend in Greifswald und Stralsund Schulerfahrungen gemacht, die sein späteres Urteil über die Verhältnisse an staatlichen Schulen beeinflußten und ihn zu der Überzeugung brachten, daß es notwendig sei, Gegenmodelle zu entwickeln. Nach dem Studium der Theologie und Philosophie und der Promotion legte er 1892 die Oberlehrerprüfung ab (Philosophie, Deutsch, Religion, Hebräisch).
Nach einigen Jahren wechselnder Lehrtätigkeit an staatlichen und privaten Schulen, unterbrochen in den Ferien durch soziale Arbeit mit Berliner Arbeiterkindern, kam er 1896 für ein Jahr zu Cecil REDDIE an die englische Internatsschule Abbotsholme. Was er dort sah und miterlebte, brachte ihn, zusammen mit den früheren Erfahrungen, zu dem Entschluß, am 28. April 1898 das erste Deutsche Landerziehungsheim in Ilsenburg am Harz zu gründen.
Es ist deutlich, daß er dabei mit seinen Zielvorstellungen und weitgehend auch mit der von ihnen geprägten Praxis Gedanken und Hoffnungen zu verwirklichen unternahm, die auch andere bewegten, so daß innerhalb weniger Jahre eine Reihe weiterer Gründungen erfolgte, die bei allen Unterschieden im einzelnen doch so viele gemeinsame Züge aufwiesen, daß sich die von LIETZ für seine Schulen gewählte Bezeichnung „Landerziehungsheim“ als eine Art Gattungsbezeichnung durchsetzte.

Gemeinsam waren ihnen bestimmte pädagogische Grundüberzeugungen:

- Wesentliche Bildungsaufgaben (z. B. Bildung des Charakters, Erziehung der Emotionen, Ausbildung der Handfertigkeit) bleiben in einer Schule, die sich nur auf das Unterrichten im herkömmlichen Sinne beschränkt, ungelöst. Schule ist aber für mehr und anderes als nur für Wissensvermittlung verantwortlich. Nicht nur die traditionell von der Schule geförderten intellektuellen Fähigkeiten sind wichtig und förderungswürdig. Andere Anlagen (z. B. musische Begabungen, manuelle Geschicklichkeit, auch soziale Fähigkeiten) werden als prinzipiell gleichrangig angesehen.

– Daher muß auch der außerunterrichtliche Bereich bewußt in pädagogische Verantwortung übernommen und müssen die Regeln und Strukturen des gemeinsamen Lebens sorgfältig überlegt werden. Die Grenze zwischen Unterricht und außerunterrichtlichen Veranstaltungen, zwischen Schule und Internat wird fließend. (Lietz: „In früherer Zeit fiel der Schule in der Hauptsache nur der Unterricht als Aufgabe zu. Für die Erziehung sorgten im allgemeinen Elternhaus und Umgebung. Heute muß die Schule die Aufgaben der Erziehung zum Teil mit übernehmen und darf sich mit der Erledigung des bloßen Unterrichts nicht mehr begnügen.")

– Die Bereitschaft einer Schule, sich auf die Einmaligkeit des Einzelkindes und seine besonderen Gaben und Fähigkeiten einzulassen, erweist sich besonders deutlich an denjenigen, die vom Durchschnitt abweichen, den einseitig Begabten, aber auch den Schwierigen, den Frühreifen, den Spätentwicklern, den Originellen, den Abweisenden. Es ist deutlich, daß sich in den Landerziehungsheimen von Anfang an immer ein nicht unerheblicher Anteil von Schülern (und Lehrern!) gesammelt hat, die im Routinebetrieb des öffentlichen Schulwesens mit seinen geringen Toleranzspielräumen zerbrochen wären oder zerbrochen waren.

– Das Milieu, die Atmosphäre, in der ein Kind oder ein Jugendlicher lebt, erzieht ihn dauernd und vielleicht nachhaltiger als aller Unterricht. Deshalb sind Stil des Heimes, seine Lage, seine Größe, die täglichen Bräuche so außerordentlich wichtig. Manche von den damals gefundenen Lösungen (ob mit oder ohne jugendbewegten Einschlag) wirken heute vielleicht ein wenig altmodisch, aber hinter die Grundeinsicht, daß auch die Bedingungen, unter denen ein Kind günstiger oder ungünstiger aufwächst, arrangierbar sind und deshalb vom Erzieher verantwortet werden müssen, wird man nicht zurückkönnen.

– Die erzieherische Funktion der Altersgruppe (die auch die Jugendbewegung sich zunutze gemacht hatte) ist von den Landerziehungsheimen verstanden, bejaht und bewußt eingesetzt worden: in fast allen Heimen haben die Untergruppen („Familien", Wohngemeinschaften, Mentorate oder ähnliches) ein gewisses Maß an autonomem Eigenleben entfaltet.

Diese gemeinsamen pädagogischen Grundüberzeugungen setzten sich in bestimmte, kennzeichnende Eigenarten des pädagogischen Alltags um, die die einzelnen Landerziehungsheime bei aller Unterschiedlichkeit im Detail untereinander doch sehr ähnlich (und von anderen Internaten mehr oder weniger deutlich unterscheidbar) machen. Zu nennen wären etwa:

- Die weitgehende Ersetzung des auf seine „Lehrfunktion“ reduzierten Lehrers durch den Erwachsenen, der sich selbst zugleich als Lehrer und Erzieher versteht und in einer Art ständigen Dialogs mit seinem Schüler lebt. (LIETZ: „Das ganze Jahr hindurch lebte ich mit den Schülern und für sie auch in den Ferien.“)
- Eine ungewöhnlich starke Identifikation der Lehrer mit ihrem Beruf, bis hin zu einer gewissen (manchmal nicht unproblematischen) Abkapselung von der Außenwelt und anderen als Landerziehungsheim-Problemen.
- Die Bereitschaft zur Individualisierung des pädagogischen Geschehens, d. h. Bereitschaft, sich für die individuellen Probleme eines Kindes individuelle Lösungen zu überlegen.
- Geduld und die Fähigkeit, lange abzuwarten und auch bei Fehlschlägen neue Versuche zu unternehmen.
- Die zumindest bis in die fünfziger Jahre hinein starke Ausprägung des individuellen Stils und der besonderen Bräuche und Traditionen in den einzelnen Heimen.
- Das entschlossene Ernstnehmen des Kindes als Gesprächspartner und Gegenüber, das sich etwa in den Institutionen wie der „Schulgemeinde“ ausdrückt, einer abstimmungsberechtigten Vollversammlung aller Schüler und Lehrer, wie sie manche Landerziehungsheime besessen haben.

Der Anfang der Landerziehungsheime muß im Zusammenhang mit den Emanzipationsbewegungen der Jahrhundertwende und den beginnenden reformpädagogischen Bemühungen dieser Zeit gesehen werden. Zugleich ist an ihm deutlich geworden, daß es privater Initiative (und wahrscheinlich nur ihr) gelingen konnte, Gegenmodelle zum staatlichen Schulwesen zu entwerfen und zu realisieren, die in der Folgezeit einen nicht unerheblichen Einfluß auf die Veränderung gerade dieses staatlichen Schulwesens gehabt haben.

Hermann LIETZ' Entwurf eines neuen Typs von Schule ist für alle Gründungen der folgenden Jahrzehnte Vorbild und – auch in der Auseinandersetzung mit ihm – Anregung gewesen, so für die „großen Gründer“ der ersten Zeit: Julius LOHMANN (Schondorf), Gustav WYNE-

KEN (Wickersdorf), Paul GEHEEB (Odenwaldschule), Alfred KRAMER (Holzminden) und in gewisser Weise auch für Kurt HAHN (Salem). Sie haben seinen Entwurf um einen – allerdings entscheidenden – Gedanken erweitert. An die Stelle der patriarchalischen Struktur der LIETZschen Heime versuchten sie eine stärkere Beteiligung der Schüler und Lehrer an allen Entscheidungen zu setzen (die „Schulgemeinde").

Der Beitrag der Landerziehungsheime heute

Was ist nun aus den Landerziehungsheimen und den Überlegungen, die zu ihrer Gründung geführt haben, geworden?
Ihre Entwicklung war nicht festgelegt, denn sie hatten kein weltanschauliches oder religiöses Programm, das für alle verbindlich gewesen wäre und eine gemeinsame Pädagogik begründet hätte (der kulturkritische Zug der Anfangszeit konnte kein Ersatz dafür sein). Das Fehlen eines solchen Programms ist aber auch stets die große Chance der Landerziehungsheime gewesen: Sie standen von vornherein allen Konfessionen und allen Geistesrichtungen offen. Die Gefahr der Unverbindlichkeit, die damit verbunden sein könnte, war geringer als die Chance, die in dem Zwang lag, die Pluralität anerkennen und Konflikte austragen zu müssen. WYNEKEN hat es freilich als Kritik gemeint, wenn er von den Landerziehungsheimen sagte, „daß sie keine eigentliche Idee verkörpern, sondern zufälligen Zeitumständen ihre Entstehung verdanken". Er hat recht. Sie sind aber eben nicht an die Zeitumstände ihrer Entstehung gebunden geblieben, sondern haben stets auf neue Aufgaben mit neuen Lösungen geantwortet. In den Heimen waren immer auch Menschen, die durch die Zeitumstände besonders geschädigt waren; etwa in der Zeit nach 1933, nach dem Ende des Zweiten Weltkriegs oder in den Jahren des Wohlstands. An solchen Extremfällen wurden jeweils allgemeine Schwierigkeiten der Zeit sichtbar. Probleme, die sich überall stellten, zeigten sich in dem überschaubaren Rahmen der Heime früher und deutlicher. Wege zu ihrer Lösung konnten zielbewußter als anderswo gesucht und beschritten werden.
Worin besteht also der Beitrag der Landerziehungsheime zu dem allgemeinen Bildungswesen?
Alle Heime sehen es als ihre Aufgabe an, nicht nur gute Schüler auszubilden, sondern sich für die gesamte Entwicklung der jungen Menschen verantwortlich zu fühlen. Dieser Aufgabe entsprechen sie mit einem sozial orientierten Unterricht, ganz wesentlich aber auch durch die Gestaltung des außerunterrichtlichen Lebens. Neben den kognitiven Fähigkeiten sollen musische Begabung, manuelle Geschicklichkeit und soziale Fähigkeiten entwickelt werden.

Dabei haben sich im Laufe der Zeit in den einzelnen Schulen Schwerpunkte gebildet: Einige betonen die handwerkliche Ausbildung; die Odenwaldschule hat sie in einer Abwandlung als Polytechnischen Unterricht in ihr Gesamtschulangebot aufgenommen. Andere legen mehr Wert auf ein Training in den sozialen Diensten, so z. B. Salem mit seiner Ausbildung in der Schulfeuerwehr, dem Seenotrettungsdienst oder dem Technischen Hilfswerk. Wieder andere, z. B. Birklehof, pflegen besonders den musischen Bereich: Chor, Instrumentalmusik, Theaterspielen.

Hierfür ist es wichtig und charakteristisch, daß Schule und Heim nicht nebeneinanderher existieren, sondern aufeinander bezogen sind, ja räumlich und personell eine Einheit bilden.

Die Lage der Heime auf dem Lande könnte den Eindruck idyllischer Abgeschlossenheit erwecken. Tatsächlich sind sie heute nach außen hin offen, sind in alle Fragen des öffentlichen Lebens hineingestellt und zur Auseinandersetzung mit ihnen gezwungen.

Man darf auch nicht übersehen, daß wesentliche Probleme des Lebens nach der Schule in Fragen des menschlichen Zusammenlebens bestehen. Diese stellen sich auch – und sogar deutlicher – in dem engen Raum der Heime. So liegt in der Notwendigkeit, mit Menschen zusammen leben zu müssen, die man sich nicht ausgesucht hat, eine sehr wirksame Vorbereitung auf das Leben nach der Schule.

Die Heime wollen nicht Räume einer konfliktlosen Harmonie und patriarchalischen Ordnung sein; sie wären dazu gar nicht in der Lage und würden damit ihrer Aufgabe auch nicht entsprechen. Es kommt vielmehr darauf an, neben den Gesamtinteressen die Möglichkeiten von Konflikten zwischen den verschiedenen Gruppen des Heimes anzuerkennen und das Leben mit Konflikten zu üben. Die Schüler können so unter den im Heim gegebenen Bedingungen Verhaltensweisen lernen, die für später wichtig sind, anders, als das in dem engeren Rahmen der Familie mit seiner vorgegebenen Struktur möglich ist. Die einzelnen Heime haben dafür jeweils verschiedene Formen gefunden.

Eine besondere Aufgabe sehen die Heime darin, auf den einzelnen einzugehen, ihn in seiner Besonderheit, seinen Schwierigkeiten und Möglichkeiten zu akzeptieren, ihm zu seiner individuellen Entwicklung zu helfen und zugleich ihn in seiner Eigenheit seine Rolle in einem größeren sozialen Zusammenhang finden zu lassen. Gerade hierfür ist es wichtig, eine Umwelt zu bieten, in der nicht nur die intellektuellen Kräfte angesprochen werden.

Bei alledem ist es notwendig, daß vor allem auch Zeit und Raum vorhanden sind für das ganz persönliche Gespräch zwischen dem Erwachsenen

und dem Schüler. Durch die Struktur der Internate wird das möglich: In fast allen Heimen wohnen die Kinder in kleinen Gruppen mit den Erwachsenen zusammen, in Kameradschaften, Familien, Mentoraten.
In den Fragen, die dem Heranwachsenden Schwierigkeiten machen und ihn in Konflikte bringen, kann ihm menschliche Hilfe geleistet werden: in seinem Verhältnis zum Mitschüler oder Erwachsenen, in seiner Angst und seiner Langeweile, in Fragen der Koedukation, des Haschisch und der Drogen, in den Fragen nach dem Sinn der Arbeit in der Schule und nach dem Sinn des Lebens überhaupt. Der Erwachsene, den er sich dafür wählt, kann ihm bei seiner Suche nach eigenen Verhaltensweisen helfen. In den pädagogischen Konferenzen werden all diese Fragen von der ganzen Erzieherschaft reflektiert. Mehr als früher vertraut man dabei nicht bloß dem pädagogischen Fingerspitzengefühl des „geborenen Erziehers“, sondern arbeitet auch mit Fachleuten zusammen. Einige Schulen haben einen eigenen Schulpsychologen.
In diesem allgemeinen pädagogischen Konzept gewinnt der Unterricht immer stärkere Bedeutung; man will den Schüler nicht als neutrales Objekt des Unterrichts sehen, sondern die Forderungen an seinen Fähigkeiten und seinen Schwierigkeiten orientieren (Nordeck und Honneroth haben sich das zur Sonderaufgabe gemacht).
Dem entsprechen äußere Formen, die vielfach an staatlichen Schulen nicht möglich oder noch nicht üblich sind:

- pädagogische Konferenzen, die nicht dazu dienen, die Leistungen der Schüler zu beurteilen, sondern über die Arbeit der Erwachsenen zu reflektieren;
- der Unterricht in kleineren Klassen, die ein stärkeres Eingehen auf den einzelnen ermöglichen;
- persönliche Hilfe außerhalb des Unterrichts, die sich in dem Zusammenleben zwischen Schülern und Erwachsenen leichter ermöglichen läßt;
- besondere Formen des Unterrichts, wie Binnendifferenzierung und der Gruppenunterricht, durch den die Fähigkeit zur Kooperation entwickelt und der einzelne ermutigt wird;
- die Teilung der Jahrgangsklassen in Kurse mit unterschiedlichen Anforderungen;
- die Möglichkeit der Wahl zwischen Alternativangeboten von Fächerkombinationen, Leistungsgruppen oder Lerninhalten.

Oft muß es bei Reformen der Methode bleiben, wenn der staatlichen Schulaufsichtsbehörde nicht ein größerer Spielraum abzuringen ist. Wo es möglich war, sind einzelne Heime aber auch zu einer Reform des Programms und zu einer Einbeziehung neuer Gegenstände wie Pädago-

gik, Theologie oder Politik in den Unterricht übergegangen. Beispiele dafür sind die folgenden Einzeldarstellungen der Odenwaldschule, der Hermann-Lietz-Schulen und des Birklehofs. Daneben wären zu nennen die Marienauer Oberstufenreform, das Schorndorfer Programm für die Unterstufe, das Sozialwissenschaftliche Gymnasium für Mädchen in Reichersbeuern.
In der Regel werden diese Versuche jetzt wissenschaftlich begleitet; sie geschehen in Zusammenarbeit mit Universitätsinstituten oder Forschungsgruppen. Zu Hilfe kommen den Landerziehungsheimen die langjährigen Erfahrungen in den Bereichen der Durchlässigkeit und der Differenzierung, der Auflösung des Klassenverbandes sowie der Ganztagsschule mit ihrer Aufgabenstellung, Unterricht und Freizeit in eine sinnvolle Beziehung zueinander zu setzen. Wesentlich ist dabei, daß von seiten des Staates sowohl die nötige Förderung als auch flexible Freiheitsräume zugestanden werden, die es den Landerziehungsheimen ermöglichen, die auftretenden pädagogischen Probleme, die stets zugleich pädagogische Probleme des gesamten Schulwesens sind, sachangemessen und modellhaft zu bewältigen.

Einzeldarstellungen

Klaus Weidauer

Die Schule Birklehof in Hinterzarten/Schwarzwald

Gescheiterte Schulreformen

Die Schule Birklehof entwickelte in den Jahren 1955/56 einen Plan zur Reform der Oberstufe, dessen Gedanken dann in den Empfehlungen des Deutschen Ausschusses und in abgewandelter Form im Saarbrücker Rahmenabkommen wiederkehren. Der Birklehof war damals ein altsprachliches Gymnasium. Der Plan sah vor, statt der 3. Fremdsprache andere Fächer durch Wahl zum Kernfach machen zu können, z. B. alle naturwissenschaftlichen Fächer, also Chemie, Biologie und Physik, letztere mit einem speziellen Mathematikkurs; außerdem Geographie, die musischen Fächer und als neues Fach: Politik. Der Plan erlaubte also, das starre Schema eines Schultyps zu verlassen und in den letzten Jahren nach Wahl Schwerpunkte in allen Bereichen zu bilden. Das Engagement im Wahlfach wirkte sich auch als Motivation in den anderen Fächern aus.
Nach Einführung des Saarbrücker Abkommens gab jedoch die Kultusverwaltung ihre bisherige liberale Haltung gegenüber dieser Reform

auf und stellte sich auf den Standpunkt, daß die Oberstufenreform mit diesem Abkommen abgeschlossen sei; weitere Reformen seien nicht „nötig“. Die Schule mußte daher das Reformprogramm wieder in den Rahmen des Abkommens zurücknehmen.
Unter dem Eindruck der Mängel des Saarbrücker Abkommens folgte 1965 ein neuer Entwurf. Er sah eine freiere Kombination der Fächer in der Oberstufe vor: Schwerpunkte entweder in den Sprachen (mit drei Sprachen), den naturwissenschaftlichen oder auch wieder den musischen Fächern oder im soziologisch-historisch-politischen Bereich. Zu seinen Grundsätzen gehörte:

- Die Kombination der Fächer sollte klarere Bildungsprofile ergeben, als das Saarbrücker Abkommen zuließ;
- der Unterricht sollte mehr den individuellen Fähigkeiten des Schülers angepaßt werden;
- Unter- und Oberprima sollten eine Einheit bilden; an die Stelle der bisherigen Jahrgangsklassen sollten drei Kurse A, B, C treten;
- eine Versetzung zum festgesetzten Jahrestermin sollte entfallen, dafür sollte häufiger im Laufe des Jahres darüber entschieden werden, welche Schüler in den einzelnen Fächern in den nächsten Kurs aufrücken oder in den vorhergehenden Kurs zurückgehen müssen.

Ein Vergleich mit den Empfehlungen des Bildungsrates zeigt, daß in diesem Entwurf von 1965 einiges vorweggenommen ist, was heute für das staatliche Schulwesen geplant wird. Auch dieser Entwurf scheiterte jedoch am Einspruch der Kultusverwaltung, die ihn nicht mit den Tendenzen des Zentralabiturs vereinbaren zu können glaubte. Statt auf Gleichwertigkeit der Ausbildung bestand man in Baden-Württemberg auf Gleichartigkeit um der Einheitlichkeit und leichteren Überprüfbarkeit willen.
Der Birklehof hat sich daraufhin auf das ihm Mögliche beschränkt: eine Teilung der Jahrgangsklassen Fach für Fach, in Kurse mit inhaltlich und methodisch variierendem Angebot. Hier bleibt ein Spielraum für die freie Wahl der Schüler. Die Kurse setzen sich weniger nach dem Gesichtspunkt der Leistung als nach gruppendynamischen Gesichtspunkten zusammen.
Die Geschichte der Schulreform am Birklehof nach 1955 steht hier beispielhaft auch für viele andere Freie Schulen, deren Reformvorschläge daran scheiterten, daß die Kultusverwaltungen die in Art. 7 Grundgesetz garantierte Gleichwertigkeit des Lehrplans in Gleichartigkeit umdeuteten und damit zugleich das öffentliche Schulwesen um diskutable Modellversuche brachten.
Heute wird auf dem Birklehof nach dem Plan der Reformierten Ober-

stufe in der Sekundarstufe II unterrichtet, der freiere Kombinationen der Fächer und individuellere Schwerpunktbildung ermöglicht. Aber auch zu diesem Plan lassen sich Alternativen denken, deren Erprobung, sofern sie auf dem Niveau des Strukturplans begründet sind, in freier Initiative möglich sein muß.

Ausbildung musikalisch Hochbegabter

Der Birklehof blieb mit seinen weiteren Entwürfen dann mehr auf den außerunterrichtlichen Bereich verwiesen. 1965 wurde der „Plan zur Ausbildung und Erziehung musikalischer Spitzenbegabungen im Schulalter“ in Zusammenarbeit mit Frau Professor Edith PICHT-AXENFELD, dem Komponisten Professor Wolfgang FORTNER und dem Pädagogen und früheren Leiter Professor Dr. Georg PICHT entwickelt. Ziel des Planes ist es, musikalisch hochbegabten Kindern eine frühzeitige und intensive musikalische Ausbildung zukommen zu lassen. Das geschieht in enger Zusammenarbeit mit den Lehrkräften der Staatlichen Hochschule für Musik im nahegelegenen Freiburg. Der Beitrag des Birklehofes besteht darin, daß er diesen Kindern neben der musikalischen Ausbildung eine Schulausbildung mit dem Abschluß des Abiturs ermöglicht. „Rhythmus und Gliederung des Schulunterrichts müssen je nach Begabung des einzelnen Kindes auf die Erfordernisse der musikalischen Ausbildung abgestimmt werden. Das läßt sich nur durch individuell angelegte Ausbildungspläne erreichen ...“ Der Birklehof kann das mit dem Kurssystem und einer beweglicheren Stundenplangestaltung.

Spielstunden für die Unterstufe

In der Spielstunde sollen die Zehn- bis Zwölfjährigen soziale Verhaltensweisen lernen, die sie oft bisher in der Schule und im Elternhaus gerade nicht gelernt haben. Das geschieht nicht in Wettkampf- und Konkurrenzsituationen, denn nicht das ist das Ziel, daß der einzelne oder eine Mannschaft sich durchsetzt und Konkurrenten besiegt; im Gegenteil: die bei diesen Kindern oft vorhandenen Aggressionen sollen abgebaut und die Fähigkeit zur Kooperation soll entwickelt werden. Das war der Ausgangspunkt für die Überlegungen, die zu diesem Projekt geführt haben. Dem entspricht die Art der Spiele, die in immer neuen Variationen erfunden werden müssen. Geübt wird das gemeinsame Planen und Organisieren, der Rollenwechsel. Bestimmte Fähigkeiten werden geschult wie das Beobachten, das Zuhören, Schulung der sprachlichen und nichtsprachlichen Ausdrucksfähigkeit (Pantomime, Gestalten von Material in Gruppenarbeit), körperliche Geschicklichkeit und Kooperationsfähigkeit. Was in der Spielstunde geübt wird, soll seine Fortsetzung in

einem sozial orientierten Unterricht finden, der Interaktionen der Schüler bewußt provoziert und in der Aufgabenstellung vorsieht.
Darüber hinaus hilft die Spielstunde in ihrer speziellen Zielsetzung bei der Integration von externen Schülern und von Schülern aus oft sehr unterschiedlichem häuslichem Milieu. Die Erfahrungen, die hier gemacht werden, sind nützlich auch für die Lösung der Aufgaben, die sich in Zukunft an Gesamtschulen und Tagesschulen stellen.

Psychologische Einzelfall-Hilfen

Therapie für Legastheniker: Legasthenische (lese- und rechtschreibschwache) Schüler müssen besonders gefördert werden, wenn unter dieser partiellen Schwäche nicht ihre gesamten Schulleistungen und ihre Persönlichkeitsentwicklung leiden sollen; deshalb ist auf dem Birklehof ein auf die jeweilige Alters- und Leistungsstufe zugeschnittenes Training eingeführt worden: in sehr kleinen Gruppen (zwei bis drei Schüler) behandelt die Schulpsychologin die Legasthenie und ihre Folgen. Diese Spezialkurse werden ab Klasse 7 dann in Englisch fortgesetzt, da in diesem Fach die Schwierigkeiten für Legastheniker besonders groß sind.
Spiel- und Gesprächstherapie: Andere Hilfen durch die Psychologin werden in der Spieltherapie (bei Störungen im Kontaktverhalten) oder in Gesprächstherapie und Verhaltenstraining (bei Konzentrationsschwierigkeiten) bei Bedarf angeboten.

Meertinus P. D. Meijering

Die Hermann-Lietz-Schule

Im Jahre 1898 gründete Hermann Lietz in Ilsenburg am Harz mit wenigen Schülern das erste kleine Heim der Hermann-Lietz-Schule, eine Keimzelle, aus der die Landerziehungsheime hervorgingen. Unter seiner und seines Nachfolgers Alfred Andreesen Leitung wuchs die Zahl der Lietz-Heime im Laufe von mehr als vier Jahrzehnten bis auf acht an, und zwar durch Neugründungen in Thüringen, Osthessen und Ostfriesland. Die Grenzziehungen in Mitteleuropa nach dem Ende des Zweiten Weltkrieges brachten für die Hermann-Lietz-Schule die schmerzliche Zäsur einer Zweiteilung mit sich, bei der die vier thüringischen Heime verlorengingen. Es blieb eine Gruppe von drei eng benachbarten osthessischen Heimen: *Bieberstein,* dem einzigen noch von Lietz gegründeten derzeitigen Oberstufenheim, *Hohenwehrda* mit der Mittelstufe und *Buchenau* mit der Unterstufe. Das entlegene Heim auf *Spiekeroog,* das in besonderem Maße durch seine Lage und Aufgabenstellung von dem Lietz-Nachfolger Andreesen geprägt wurde, führt die Mittel- und

Oberstufe. In allen Heimen der Hermann-Lietz-Schule findet man heute die Koedukation, nachdem frühere Trennungen von Jungen- und Mädchenheimen im Bereich von Mittel- und Oberstufe aufgegeben wurden.

Nach der Zahl der Schüler ist die Oberstufe in der Hermann-Lietz-Schule am stärksten vertreten. Diese Entwicklung schuf manche Problematik im Hinblick auf die überkommenen Traditionen handwerklicher Gilden und der praktischen Arbeit, die zwar in der Unterstufe noch in herkömmlicher Weise pädagogisch zur Wirkung kommen, mit zunehmendem Alter der Schüler jedoch mehr und mehr durch schulische Pflichten und Intentionen in den Hintergrund gedrängt werden. So verschwand manche vertraute und geliebte Struktur dieser bisher als wertvolle Stütze schulischer Arbeit verstandenen besonderen Einrichtungen, wie etwa die Landwirtschaft, der Hermann-Lietz-Schule. Dennoch sollte man auch heute trotz oder gerade wegen des Leistungsdrucks, der, von den Hochschulen kommend, die Oberstufen auch der Hermann-Lietz-Schule erfaßt, nicht ohne Not auf den Einsatz der Gilden und praktischen Arbeiten im Erziehungs- und Ausbildungsbemühen verzichten. So versucht die Hermann-Lietz-Schule ihren praktischen Bildungsangeboten einen wissenschaftlichen oder auch sozialen, auf jeden Fall jedoch nach außen hin wirkenden und von dorther gegenkontrollierten Aspekt zu verleihen, der den Schülern der Oberstufe über ihre Tätigkeiten in Gilden zu korrespondierendem Kontakt mit der Umwelt der Heime verhilft. Als Beispiele hierfür seien das Spiekerooger Seewasseraquarium, das im Sommer öffentlich zugänglich ist, der Spiekerooger Deichbau, der nur mit botanisch-ökologischem Wissensfundament betrieben werden kann, oder die künstlerischen Bemühungen Biebersteiner Primaner um die innere Ausgestaltung eines Fuldaer Krankenhauses genannt.

Die Reform der Oberstufe ist in Bieberstein vor einigen Jahren, in Spiekeroog 1975 in Angriff genommen worden. Das erworbene Kurssystem gab neben den Leistungsmöglichkeiten, die sich dem Schüler in seinem individuellen Fächerkanon boten, der Hermann-Lietz-Schule die Chance, ihrer obligatorischen Jahresarbeit einen neuen definierten Platz im schulischen Programm zuzuweisen. Wie in der Vergangenheit profitiert die Thematik so mancher Primanerarbeit von den in wissenschaftlich akzentuierten Gilden erworbenen Anregungen, wodurch eine wissenschaftspropädeutische Jahresarbeit im echten Sinne entstehen kann, die späteren Studenten zur wirksamen Hilfe wird. So wurden z. B. zahlreiche historische und naturkundliche Jahresarbeiten mit einem Thema aus dem Umkreis der Insel Spiekeroog bzw. des osthessischen Berglands angefertigt, die den allgemeinen Kenntnisstand über diese

Gebiete wesentlich heben konnten. Andererseits gaben zeitgeschichtliche Themen reichlich Gelegenheit zu kritischem Quellenstudium.
Als Landerziehungsheim bemüht sich die Hermann-Lietz-Schule um Erziehung, was in unserer Zeit eine verstärkte Zuwendung zu jüngeren Schülern erfordert. Hier steht die Hermann-Lietz-Schule vor der dringenden Aufgabe, durch differenzierte schulische Angebote im Bereich von Unter- und Mittelstufe einen der Entwicklungsgeschwindigkeit der Kinder stärker angepaßten Unterricht zu betreiben, der im Verein mit traditionellen Organisationsformen der kleinen Gruppe wie Familie, Gilde oder Arbeitsgemeinschaft zur Wirkung gebracht werden kann. Insofern wächst dem Landerziehungsheim mit seinen besonderen Möglichkeiten der individuellen Hinwendung zum Schüler und zu dessen persönlicher Problematik eine Funktion zu, die staatliche Großschulen nicht übernehmen können oder wollen. In der Unter- und Mittelstufe ist die „Familie“, wenn auch in mit dem Alter der Schüler schwindender Intensität, weiterhin der enge Verband, in dem zwischenmenschliche Beziehungen von Lehrern zu Schülern stützend und fördernd wirken können. Zur Oberstufe hin lockert sich diese Familie, die Blicke der Schüler kehren sich nach außen, und dem Familienvater obliegt es nunmehr, diese Hinwendung zur Außenwelt beratend zu begleiten.
Ohne sich auf eine besondere gesellschaftliche Schicht oder einen menschlich wie schulisch besonderen Typus von Schülern zu spezialisieren, stellt sich die Hermann-Lietz-Schule der besonderen Problematik, die heute in vielen Familien unserer Gesellschaft entstanden ist, in der Kinder ihr Heim verloren, mit allen Folgen, die familiäre Entwurzelung mit sich bringt. Das bedeutet, daß die Hermann-Lietz-Schule auch denen im ursprünglichen Sinne ein Heim bieten möchte, die schon verlernten, von häuslichen Ordnungen her Gutes zu erwarten. Sie arbeitet mit ihren vier Heimen in der Zuversicht, vielen verschiedenartigen jungen Menschen Hilfen zu geben, die sie anderenorts vergeblich suchten oder suchen würden: Wo nämlich schulische Einrichtungen inhuman wachsen und sich menschliche Bindungen zwischen Lehrenden und Lernenden immer wieder verflüchtigen.

Walter Schäfer

Die Odenwaldschule

Die Odenwaldschule ist eine integrierte Gesamtschule. Sie wurde es schrittweise bei dem Bemühen, die Schüler des Heimes und von Ober Hambach ohne Veränderung ihres Schulortes halten und eingliedern zu können und für jeden Entwicklungsgang das angemessene Schulangebot mit entsprechenden Abschlüssen anzubieten. Das führte über die additive, kooperative, teilintegrierte, differenzierte zur integrierten Gesamtschule. Die Formen ergaben sich bei der jeweiligen Problemlösung. Die Namen fügte die Diskussion hinzu, sie sind als solche belanglos.

Der Schulkindergarten

In ihm sind die vorschulpflichtigen Kinder der Mitarbeiter und seit einigen Jahren Kinder von Ober Hambach, damit in verschiedenen Formen die Kooperation geübt wird, der Phantasie konkrete Möglichkeiten der Entfaltung gegeben, dem Verstehen angemessene Gegenstände geboten werden. Nach und nach soll diese Einrichtung vorschulischen Charakter annehmen.

Die Grundstufe (1. bis 4. Schuljahr) und die Orientierungsstufe (5. und 6. Schuljahr)

In ihr werden die Schüler in das schulische Programm eingeführt. Unterschiedlichkeiten der Vorbildung und der Begabung werden durch innere Differenzierung berücksichtigt. Neben die noch üblichen Fächer, in denen die neuen Entwicklungen beachtet werden, treten in den Klassen 3 bis 6 ein ungefächerter Werkunterricht und eine ungefächerte Naturlehre. Darin werden in Projekten Interesse geweckt und Methoden des Verstehens gefördert, die das Einsetzen der ausgegliederten Fächer zu einer eingesehenen Notwendigkeit und zu keinem Phasenereignis machen. Der ungefächerte Grammatikkurs der 6. Klasse ist die letzte Veranstaltung dieser Art, bis in der 7. Klasse eine spürbare Veränderung der Schulorganisation eintritt.

Die gemeinsame Mittelstufe (7. bis 10. Schuljahr)

In diesen Klassen wird zwar noch jahrgangsweise unterrichtet, die Klasse (der Jahrgang) ist aber nur noch eine soziale Einheit für Spiele, Festlichkeiten, SMV, Wanderungen. In Deutsch, Englisch und Mathematik wird fachweise außendifferenziert, wobei die Lerngeschwindigkeit naturgemäß eine Rolle spielt, aber nicht die einzige und oft nicht die ausschlaggebende. Förderliche Freundschaften, behinderte Kommunikationsfähigkeit, Teilausfälle (z. B. Legasthenie) usw. können konstituierende Elemente der Außendifferenzierung werden.

Der Wechsel, der bis zu 20 % der Schüler berührt, die recht unterschiedlichen Zugehörigkeiten haben dieses Instrument der Förderung bestätigt. Gelegentlich werden die verschiedenen Gruppen zusammengelegt. Bei entsprechenden Abschlußarbeiten ergab sich ein vergleichbarer Standard.

Alle anderen Fächer bis auf Leibesübungen und Religion werden in Wahlkursen (Lang- und Kurz- oder Grund- und Intensivkurse) unterrichtet. Die Langkurse sind Fächer der Schülerwahl; in ihnen wird eine eindringliche Sach- und Methodenlehre gepflegt. Wenigstens ein Langkurs sollte in jedem Fach belegt sein. Der Kurzkurs lehrt in exemplarischer Weise das Grundwissen der nicht gewählten – aber in der Mittelstufe obligatorischen – Fächer. Stundenverteilung zwischen Kurz- und Langkurs 1 : 2.

Englisch ist die 1., Französisch die 2., Latein die 3. Sprache. Französisch kann im 7., 9. und 11. Schuljahr begonnen werden. Alle Schüler haben in der Mittelstufe ein Werkfach (Metall, Holz, Textil, Design, Elektronik) mit 3 Wochenstunden zu betreiben. Statt der 2. Sprache kann eines von den genannten Fächern als Wahlfach betrieben werden. Dazu kommen: Materialkunde, Technisches Zeichnen, Entwurfszeichnen. Auf Wunsch können Zwischenprüfungen vor den entsprechenden Innungen abgelegt werden.

Je nach Qualifikation kann mit dem Hauptschulabschluß – dem Realschulabschluß – oder dem Gymnasialschulabschluß (Abitur) die Schullaufbahn beendet werden. Da bisher der Hauptschulabschluß mit dem Ende des 9. Schuljahres gegeben wird, wurden alle verbleibenden Schüler einheitlich mit Abschluß der 10. Klasse geprüft (Abitur I).

Die gemeinsame Oberstufe (11. bis 13. Schuljahr)

Mit dieser Stufe, die auf die Arbeitsergebnisse und Methodenlehre der Mittelstufe aufbaut, wird wieder eine ganz neue Unterrichtsorganisation geboten, an deren Ende mit dem 12. Schuljahr die Fachhochschulreife, mit dem 13. Schuljahr die allgemeine Hochschulreife erreicht werden kann. Die Angebote und Gruppen sind jahrgangsübergreifend. Weitere Fachabschlüsse sowohl im Rahmen der Fachoberschule, aber auch anderer Art lassen sich bei dieser Organisation bei größeren Schülerzahlen leicht einfügen. Pflichtfächer sind in der Oberstufe: Religion, Deutsch, moderne Fremdsprache, Mathematik, Sozialwissenschaften, Naturwissenschaften, Kunst, Musik, Gestaltung, Sport, Gesamtunterricht. Dazu wählt der Schüler zwei Fächer als Leistungsfächer. Davon ist eines aus dem Bereich der Fremdsprachen oder Sozialwissenschaften oder der Naturwissenschaften oder der Mathematik.

Während in den Leistungsfächern verstärkt in einem Gebiet zu arbeiten ist, sollen die Lernziele der anderen Fächer den Normalanforderungen für die jeweiligen Abschlüsse gerecht werden. Schüler, die den Abschluß einer Fachoberschule anstreben, wählen als eins von beiden Leistungsfächern Metall, Holz, Textil oder Design. Das zweite Wahlfach ist bei

Metall und Holz aus den Naturwissenschaften und dem Bereich der Mathematik zu wählen; bei Textil und Design aus dem Bereich der Sozialwissenschaften, Sprache, Deutsch oder Mathematik; dazu kommen Technologie, Technisches Zeichnen und Fachrechnen. Diese Kurse können auch von den anderen Schülern gewählt werden. Jeder muß aus dem Angebot das Notwendige und kann darüber hinaus auch andere Kurse belegen.

Die Teilnahme an einem Wahlfach entbindet den Schüler von der Teilnahme an einem entsprechenden Pflichtfach.

Für jedes Fach ist eine Anzahl von Leistungsnachweisen (Credits) vorgeschrieben. Ein solcher Nachweis wird erst vom ausreichenden Ergebnis an erteilt. Sonst ist der Credit entweder in Eigenarbeit oder in Wiederholung beizubringen.

Die Lehrer bieten in allen Fächern epochenweise mehrere Themen an, unter denen der Schüler frei wählen kann. Einschränkungen können sich nur von der Zahl der Kursteilnehmer oder von der Sache selbst her ergeben.

In jedem Fall steht der Laufbahnberater zur Verfügung. Ihm obliegt auch die Kontrolle der Entscheidungen.

Nach einer größeren Übungsarbeit im 11. Schuljahrgang ist in der Folgezeit je eine Semester-(Halbjahres-)Arbeit in den beiden Wahlfächern anzufertigen.

Günter Fischer

Die Schule Marienau/Niedersachsen

Die Schule Marienau ist ein staatlich anerkanntes Gymnasium mit reformierter Oberstufe.

Sie bringt seit 1972 den Beweis dafür, daß auch kleine Systeme (270 Schüler) das Oberstufenmodell der KMK-Vereinbarung in seinen Strukturen, aber auch nach seinem Sinn verwirklichen können.

Die Schule Marienau ist eine Heimschule. Sie versteht ihre Arbeit sozialpädagogisch. Nicht nur im schulischen Bereich ergänzt sie das öffentliche Schulwesen, sondern auch im Heimbereich. Weder die normalen Vormittagsschulen noch die zunehmenden Mammutschulen aller Art vermögen mit ihrer vor allem kognitiven Unterrichtung den Schülern in ihrer Entwicklung gerecht zu werden. Vor allem aber haben sie keine erzieherischen Möglichkeiten, den Schülern Hilfe zu leisten, die unverschuldet in schulische oder seelische Not gerieten.

Neben der Schule weist auch die Familie oft ein Erziehungsdefizit auf. Die allen modernen Curriculabemühungen zugrunde liegende, stillschweigende Voraussetzung, daß in dieser Hinsicht in Familie und

Schule ausreichend vorgesorgt sei, kann generell nicht aufrechterhalten werden.

„Sie trifft sehr oft nicht zu bei Kindern,
- denen die Eltern oder ein Elternteil fehlen,
- deren beide Eltern berufstätig sind,
- deren Eltern oft umziehen müssen oder im Ausland leben,
- für die die erwünschte Schule nur auf zeitraubenden Wegen erreichbar ist,
- deren Eltern in Konflikten leben, die die Erziehung substantiell behindern.

Sie trifft aber gerade heute auch oft nicht zu bei Kindern,
- die den Erziehungsstil der Eltern nicht anerkennen,
- denen die soziale und schulische Umwelt zu unüberschaubar geworden ist,
- deren Eltern sich selbst nicht kompetent fühlen, schwerwiegende pädagogische Probleme zu lösen,
- deren Umwelt einem gedeihlichen Heranwachsen im Wege steht.

Daß diese Probleme keineswegs schichtenspezifisch sind, beweisen die vielfältigen Bemühungen öffentlicher Stellen, sie zu lösen (Beratungsstellen, Freizeitheime, Wohngemeinschaften, Fürsorge usw.). Dabei nehmen öffentliche Stellen zunehmend die freilich längst nicht ausreichenden Angebote der freien Träger in Anspruch (Zusammenarbeit mit Jugend- und Fürsorgeämtern; Ermöglichung der Aufnahme von Industriestipendiaten und Gastarbeiterkindern; Bereitstellung von Stipendien aus eigenen Mitteln usw.).
Eine wichtige Rolle der Schülerheime wird zu wenig erkannt: in manchen Fällen wird durch die Aufnahme in ein Schülerheim und den dadurch ermöglichten Milieuwechsel verhindert, daß ein Kind eine Entwicklung nimmt, die zu sozialer Entgleisung und der späteren Einweisung in Erziehungsheime oder Jugendstrafanstalten führt.
Neben diesen sozialen Aufgaben im engeren Sinne besteht jedoch auch ein erhebliches pädagogisches Interesse am Angebot verschiedener Formen der Gruppenerziehung. Für eine große Anzahl von Kindern ist die Gruppenerziehung eine besonders günstige Form des sozialen Lernens, für Personalisation und Sozialisation der Schüler. Einzelkinder etwa oder Kinder in einer ungünstigen Position innerhalb einer Geschwisterkette können in der ganz andersartigen gesellschaftlichen Konstellation eines Heimes lernen, sich in dieser Gesellschaft und damit sich selbst zu verwirklichen.“ (Heimschulen und Schülerheime in freier Trägerschaft, Denkschrift der Arbeitsgemeinschaft Freier Schulen.)

Die Schule Marienau ist ein sozialpädagogisches „Erziehungs“-Heim. Im pädagogischen Zusammenspiel von Unterricht und Erziehung, in der Entwicklung jugendgemäßen Gruppenlebens und durch mannigfaltige Freizeitangebote versucht die Schule auf dem Weg von der Mitbestimmung zur Selbstbestimmung die vielfältigen, oft individuellen Probleme der Kinder zu lösen.
Die Schule Marienau arbeitet eng mit den Landessozialämtern und den Jugendämtern zusammen. Gemeinsam gründeten wir mit dem Landessozialamt Niedersachsen den Verein „Therapeutische Hilfe an der Schule Marienau e.V.“

Die staatlichen Ämter erkennen die ergänzende Aufgabe im Bereich des öffentlichen, sozialen Erziehungshilfewesens an durch Überweisung von gefährdeten Kindern, aber auch durch zusätzliche finanzielle Mittel, die der Schule Marienau den Bau von neuen Häusern ermöglichen, in denen kleine Wohngruppen intensiv betreut werden können, und durch Übernahme von Kosten für zusätzliche therapeutische Dienste in Unterricht und Erziehung. Dadurch wird die Schule Marienau nicht zu einer Heimsonderschule, wohl aber zu einem Erziehungsheim, das den Sonderproblemen heutiger Schüler besser gerecht werden kann.
Die Schule Marienau ist ein Landerziehungsheim. Die pädagogischen Grundüberzeugungen, wie sie auf Seite 157 dargestellt werden, finden in der Schule Marienau durch die staatliche Unterstützung im Unterrichts- und Erziehungsbereich konsequente Umsetzung. Die Lage auf dem Lande schafft erst die Atmosphäre, ein jugendgemäßes Eigenleben zu entwickeln. Sie stellt ein bewußt hergestelltes pädagogisches Milieu dar. In ihm wird die Personalisation und Sozialisation der Kinder ermöglicht, in ihm wird der Weg zur Selbstbestimmung beschreitbar. Die Lage auf dem Lande, in noch unverschmutzter Umwelt, ist jedoch keine Idylle. Die Kinder bringen die Probleme der Umwelt mit; sie werden für diese Umwelt und ihre Veränderung erzogen.
Das Landerziehungsheim „Schule Marienau“ ist keine patriarchalisch geleitete Familienersatz-Idylle. Es ist eine sozialpädagogische, demokratisch verfaßte Schule. Damit kann sie in einer Zeit, in der Erziehung und Bildung der reinen kognitiven Unterrichtung gewichen sind, wieder verstärkt Modelle entwickeln, die auch dem staatlichen Schulwesen die Augen dafür öffnen, daß das Aufwachsen Jugendlicher ohne eine helfende Erziehung für die Jugendlichen und den Staat selbst verhängnisvoll ist. Damit hat sich erneut der Ansatz der Landerziehungsheimpädagogik, wie er einmal in den Gründerjahren entwickelt wurde, als auch für die heutige Zeit gültig erwiesen. Lediglich die Formen haben sich gewandelt. Auch die Einstellung des Staates zu diesen Schulen scheint in einer Wandlung begriffen. Jugend- und Sozialämter können heute unsere Partner werden.

3. Dokumentation

Stellungnahme zur Mitbestimmung an Freien Schulen (1972)

I. Freiheitsraum der Schule in freier Trägerschaft

Freie Schulen haben schon von ihrer Entstehung her das Bestreben und die Möglichkeit, grundlegende Elemente eines demokratischen Bildungswesens zu verwirklichen.

Der vom Grundgesetz gewährte Freiheitsraum der Schulen in freier Trägerschaft (sogenannte Privatschulen) wird von ihr insofern demokratisch legitimiert, als die Erziehungsberechtigten Bildungsweg und Erziehungsziel für ihre Kinder frei durch Wahl bestimmen. Freie Schulen werden durch freie Initiative ihrer Träger gegründet, nicht durch administrative Anordnung. Damit wird eine umfassende pädagogische und organisatorische Autonomie verwirklicht, die auch die Mitbestimmung aller an der Schule Beteiligten (Eltern, Lehrer, Schüler) enthält. Die einzelnen Freien Schulen haben diese Mitbestimmung in verschiedenen Kooperationsformen entwickelt und erprobt (z. B. Waldorfschulen, Landerziehungsheime u. a.).

II. Besondere Formen der schulischen Mitbestimmung

Die Freien Schulen begrüßen die derzeitigen Bemühungen, durch Gesetzentwürfe dem pädagogischen Gedanken der Mitbestimmung im staatlichen Schulwesen stärkere Bedeutung einzuräumen. Allerdings muß deutlich gesehen werden, daß Mitbestimmung nur dann sinnvoll praktiziert werden kann, wenn der einzelnen Schule ein hohes Maß an Autonomie zuerkannt wird. Diese für das gesamte Schulwesen zu fordernde Autonomie war von jeher entscheidende Voraussetzung für die Arbeit der Freien Schule. Neben die freie Trägerschaft und die freie Schulwahl der Eltern traten besondere innerorganisatorische Kooperationsformen. Die Verschiedenartigkeit dieser in Jahrzehnten erprobten Möglichkeiten zeigt, daß einerseits die komplexe Erziehung zur Mitbestimmung nur plural erfolgen kann, andererseits gewachsene Selbstverwaltungsinstitutionen bestehen, die nicht ohne Schaden preisgegeben werden können.

Deshalb muß gefordert werden, daß staatliche Mitbestimmungsgesetze die Entwicklung eigener Mitbestimmungsformen im Freien Schulwesen ausdrücklich ermöglichen.

III. Kompetenzkriterien

Eine einheitliche Formalisierung der Mitbestimmung und die Abgrenzung der Kompetenzen innerhalb der in der Schule kooperierenden Gruppen ist nicht sinnvoll und wünschenswert. Die Vielschichtigkeit und Verschiedenartigkeit der Entscheidungsbereiche und ihre innere Abhängigkeit von der der Schule zukommenden Autonomie stellen jeweils an Sachkenntnis und Kompetenz der Entscheidenden unterschiedliche Anforderungen, je nachdem, ob es sich um Curricula, Methoden oder Personalfragen handelt oder ob es um Notengebung, Disziplinarmaßnahmen oder Unterrichtsorganisation geht.
Für Mitbestimmungsmodelle können folgende Kriterien aufgestellt werden:

1. Die Mitbestimmungsmodelle müssen offene und korrigierbare Systeme des sozialen Lernens sein. Die Beteiligung von Schülern ist als Lernziel anzusehen.
2. Die Entscheidung ist als Meinungsbildungsprozeß zu verstehen, wobei den Schwerpunkt die Beratung und nicht die Abstimmung bilden soll.
3. Die von der Entscheidung unmittelbar Betroffenen sollen an der Entscheidung beteiligt werden.
4. Notwendige Informationen sind bereitzustellen; die Beteiligung von Sachverständigen ist zu ermöglichen.

Soweit nicht der Bereich umfassender materialer Selbstverwaltung für die einzelne Schule gegenüber der Unterrichtsverwaltung vergrößert wird, läuft eine Mitwirkung der verschiedenen Gruppen an der Schule Beteiligter auf rein formale demokratische Geschäftigkeit hinaus, die anstelle tatsächlicher Mitwirkung letztlich den Betroffenen nur Erlebnisse der Ohnmacht vermittelt.

Stellungnahme zur Neugestaltung der gymnasialen Oberstufe (1972)

(zum „Entwurf einer Vereinbarung zur Neugestaltung der gymnasialen Oberstufe in der Sekundarstufe II“ der KMK)

I. Die Freien Schulen halten seit längerer Zeit eine Umgestaltung der Sekundarstufe II für erforderlich: aufgrund konkreter schulischer Erfahrungen und allgemeiner pädagogischer Erwägungen. Sie haben selbst Versuche zur Reform der Sekundarstufe II unternommen und verschiedene Modelle entwickelt. Der Entwurf der KMK enthält eine Reihe von Vorschlägen, denen die Freien Schulen positiv gegenüberstehen, wenn auch generell eine leichtere Lesbarkeit mit Rücksicht auf eine allgemeine öffentliche Diskussion gerade mit Eltern und Schülern zu wünschen gewesen wäre.
Die Arbeitsgemeinschaft gibt folgende differenzierte Stellungnahme ab.

II. Der Zielsetzung der geplanten Reform, soweit diese nur auf „vertieftes wissenschaftspropädeutisches Verständnis und erweiterte Spezialkenntnisse“ hinausläuft, können die Freien Schulen nicht zustimmen: Sie sind durchaus der Überzeugung, daß Lernen und Arbeiten in der Schule auf Verstehen, Können und Leistung hinauslaufen müssen. Diese Prozesse sollten aber nicht aus pragmatischen Gesichtspunkten ohne pädagogische und anthropologische Begründung noch stärker als bisher auf weitgehend hochschulbezogene intellektuelle Leistungsfähigkeit eingeengt werden. Gegenüber dieser Fremdbestimmung sehen die Freien Schulen die Notwendigkeit, die Schule bis in die Sekundarstufe II im Sinne der Begabungsförderung auf die ganze Breite der menschlichen und sozial bedeutsamen Fähigkeiten auszurichten, also auch auf den künstlerisch-kreativen, den handwerklich-technischen, den ethisch-religiösen Bereich.

III. Demgegenüber befürworten die Freien Schulen alle diejenigen Neuerungen, die eine freiere Lehrplangestaltung und eine stärkere Berücksichtigung der Schüler in ihren Interessen und Fähigkeiten ermöglichen. Sie sehen besonders in folgenden Punkten echte Fortschritte gegenüber dem bisherigen System:
in der Freiheit, neue Unterrichtsinhalte in den Lehrplan aufzunehmen;
in der Möglichkeit, Neigungsschwerpunkte zu bilden;

in der Möglichkeit, im Wahlbereich neben dem theoretischen Unterricht die praktische Anwendung mit einzubeziehen;
in der Tatsache, daß die bisherige Leistungsbewertung in Frage gestellt wird;
in der Abschaffung der Gymnasial-Typen.
Die Freien Schulen stimmen aber nicht den unter Punkt 2, S. 9 ff. aufgeführten, diese Möglichkeiten wieder in Frage stellenden Varianten zu.

IV. Zu einzelnen Vorhaben müssen die Freien Schulen Bedenken anmelden:

1. *Zur Differenzierung.* Soweit die äußere Differenzierung in Betracht gezogen wird, schlagen sie aus ihrer Erfahrung statt der Leistungsdifferenzierung eine Differenzierung nach Begabung und Neigung vor. Neben den Formen äußerer Differenzierung sollte auch die Binnendifferenzierung mit ihren spezifischen pädagogischen Möglichkeiten und Vorteilen berücksichtigt werden. Binnendifferenzierung ist zum einen stark mit der pädagogischen Konzeption einer Reihe von Freien Schulen verbunden; zum anderen bietet sie kleineren Schulen die Möglichkeit, die berechtigten Ziele der Reform zu erreichen.

2. *Zur Leistungsbewertung.* Die vorgesehene Punktbewertung ermöglicht sicher eine genauere Klassifizierung der Schülerleistung. Sie macht aber die Bewertung der Schülerleistung nach wie vor nicht transparent. Hierfür wären neue Kriterien und Formen der Leistungsbeurteilung zu entwickeln.

3. *Zum Schulabschluß.* Die Freien Schulen begrüßen den Versuch, den Schulabschluß weniger als bisher von einer punktuellen Leistungsprüfung abhängig zu machen. Bei dem vorgesehenen Verfahren entsteht aber die Gefahr, daß die Klassen 12 und 13 insgesamt unter den Leistungsdruck eines Langzeitabiturs geraten und unter den Zwang einer Normierung des Unterrichtsangebots im Hinblick auf Zwischentests. Soll die Arbeit in den Leistungskursen voll zur Geltung kommen, müßten sie auf die spezifischen Möglichkeiten der Lehrer abgestellt werden, zugleich aber auch Gegenstand des Abiturs sein können. Sollen die Leistungskurse in diesem Sinne wirksam werden, sind sie kaum mit der Einrichtung eines Zentralabiturs zu vereinbaren.

4. *Zum Curriculum.* Die Freien Schulen müssen das Recht behalten, durch Begrenzung des Fächer- und Kurs-Angebotes eine eigene Profilierung zu entwickeln. Dies darf nicht als Verletzung der Gleichwertigkeit angesehen werden. Andernfalls würde die Existenz der Freien Schulen mit ihrem besonderen pädagogischen Angebot, das einem ausgesprochenen gesellschaftlichen Interesse entspricht, eingeschränkt werden.

5. *Zur Finanzierung.* Die geplante Reform macht aller Voraussicht nach den Ausbau der Schulen zur Ganztagsschule erforderlich. In jedem Fall wird der Aufwand an Räumen, Unterrichtsmitteln und Lehrern größer. Die Freien Schulen fordern, daß sie dementsprechend eine stärkere finanzielle Unterstützung durch das Bundesland erhalten. Ebenfalls sollte eine großzügige Handhabung der Beurlaubung von Lehrern zum Unterrichten an Freien Schulen garantiert werden.

6. Die Oberstufenreform ist ohne eine entsprechende Reform der Mittelstufe fragwürdig. Die Freien Schulen empfehlen eine curriculare Anpassung der Mittelstufe, die dem KMK-Entwurf entspricht.

7. Die Freien Schulen halten es für unerläßlich, daß die Reformvorhaben in den Bundesländern in möglichst größter Übereinstimmung durchgeführt werden. Andernfalls entstehen für die Schüler erhebliche Schwierigkeiten beim Überwechseln von einem Bundesland zum andern.

V. Die in der Arbeitsgemeinschaft vertretenen Schulverbände und Schulen möchten im Sinne dieser Grundsätze an der Weiterentwicklung und Ausgestaltung des vorgelegten Entwurfs mitarbeiten. Dies gilt insbesondere für die neu zu erstellenden Curricula.

Stellungnahme zur Bildungsverwaltungsreform (1974)

(zu den Empfehlungen der Bildungskommission des Deutschen Bildungsrats „Verstärkte Selbständigkeit der Schule und Partizipation der Lehrer, Schüler und Eltern“)

I. Die Bildungskommission schlägt in ihrer Empfehlung „Verstärkte Selbständigkeit der Schule und Partizipation der Lehrer, Schüler und Eltern“ eine größere Selbständigkeit der einzelnen Schule und eine umfassende Teilhabe aller am Schulleben Beteiligten vor. Dies gehört seit langem zu den Grundsätzen der Schulen in freier Trägerschaft. Stärkere Betonung der eigenen pädagogischen Initiative der Lehrenden und der mit einer Mitverantwortung verbundenen Mitwirkung der Schüler und Eltern haben sich als Ausgangspunkt einer allgemeinen Spontaneität und Einsatzbereitschaft in der Praxis immer wieder bewährt. Wo auch immer die Freie Schule ihren Schwerpunkt im einzelnen setzt – sei es in der praktischen Unterrichtsgestaltung, sei es im ideellen Ansatz –: ihre autonome Struktur ist ihr verbindendes und zugleich kreatives Element. Deshalb begrüßen es die Freien Schulen, daß der Deutsche Bildungsrat für alle Schulen mehr Möglichkeiten der Verselbständigung und Teilhabe empfiehlt. Die Empfehlungen der Bildungskommission enthalten keine umstürzenden Neuerungen; sie beschreiben vielmehr in erfreulich konkreter und praxisnaher Weise einige Reformen, die den Schulen in staatlich-kommunaler Trägerschaft Selbständigkeit und Entscheidungsfreiheit zugestehen, wie sie stets bei den Freien Schulen zu finden war und wie sie in anderen gesellschaftlichen Bereichen längst selbstverständliche Errungenschaften sind. Die Gesamtverantwortung des Staates wird dabei nicht bestritten.

II. Die Praxis der Freien Schulen bestätigt wichtige Grundsätze der Empfehlungen: *„Partizipation der Beteiligten ist nur sinnvoll, wenn die Schule eigene Verantwortung erhält. Die verstärkte Selbständigkeit trägt der Tatsache Rechnung, daß die komplexen Vorgänge des Unterrichts nicht bis ins einzelne zentral bestimmt werden können. Die Partizipation der Beteiligten trägt der Tatsache Rechnung, daß eine Institution nicht unabhängig von den in ihr tätigen Menschen wirksam entscheiden und handeln kann.“* In diesem Zusammenhang ist besonders zu begrüßen, daß die Eigenverantwortung und Teilhabe nicht auf Randgebiete – z. B. auf Fragen der Ordnung und Verwaltung – beschränkt werden, sondern vor allem den zentralen pädagogischen Bereich, den konkreten Unterricht, nämlich die „Organisation von Lernprozessen" betreffen. Es leuchtet im Blick auf eine „pragmatische Curriculumentwicklung" ein, daß anstelle der herkömmlichen Lehrpläne „Richtlinien neuer Art" vorgeschlagen werden, die neben einem verbindlichen Rahmen Anregungen und Angebote zu selbständiger Ausfüllung des Rahmens enthalten. Diese „Experimentierklauseln" ermöglichen es, Rücksicht auf die jeweilige Schülerstruktur zu nehmen und der Schule ein eigenes Profil zu geben. Wenn der Bildungsrat *„etwa ein Zehntel der Unterrichtszeit der Schule zur eigenverantwortlichen Ausfüllung unter Beachtung der allgemeinen Prinzipien überlassen"* möchte, so können die Freien Schulen zwar diese quantitative Betrachtungsweise eines selbständigen Spielraums nicht nachvollziehen, doch ist die Tendenz zur Eröffnung eigener Verantwortungsbereiche zu begrüßen.

III. Die Freien Schulen befürworten im einzelnen aufgrund ihrer Zielvorstellungen und Erfahrungen vor allem folgende Vorschläge:
- Die Beziehungen zwischen Schulaufsicht und Schule wandeln sich „vom Anordnungs- zum Kooperationsverhältnis";
- sinnvolle Möglichkeiten, den Unterricht (vornehmlich in der Sekundarstufe II) zu differenzieren, gibt es auch in kleineren Systemen (etwa in zweizügigen Schulen);
- in den Rahmenrichtlinien muß „dem Pluralismus wissenschaftlicher Theorie Rechnung getragen werden;
- eine effektive und funktionsfähige Partizipation entspricht im Bereich der Schule nicht ohne weiteres parlamentarischer oder betrieblicher Mitbestimmung;
- die Lehrer sollen die wichtigsten Träger der schulischen Entscheidungsprozesse sein und – z. B. bei der Entwicklung neuer Curricula – mehr als bisher zusammenarbeiten;
- die institutionalisierte Schülermitwirkung soll eine „produktive Konfliktaustragung" und außerdem „Engagement und Aktivität möglichst vieler Schüler" ermöglichen;
- die stärkere Beteiligung der Eltern soll vor allem die Kommunikation zwischen Elternhaus und Schule fördern und zu einem gegenseitigen Lernprozeß führen.

IV. Wenn die Bildungskommission im Blick auf die „empfohlene begrenzte Verselbständigung der Schule" meint: „je nach den Verhältnissen kann dies schneller oder langsamer geschehen", dann ist realistische Skepsis unüberhörbar. Die Minderheitsvoten von fünf Mitgliedern der

Kommission und das bisherige überwiegend kritische Echo in der Öffentlichkeit bestätigen diese Skepsis. Die Freien Schulen würden es bedauern, wenn sich die Vorschläge des Bildungsrats nicht bald in die Praxis aller Schulen umsetzen ließen. Resignation und Protest sind die Folgen stagnierender Reformen. Die von der Bildungskommission vorgeschlagene Partizipation verspricht, die nicht selten vorhandene Kluft zwischen Planern und Praktikern zu überwinden. Diese Chance sollte nicht versäumt werden. Die Freien Schulen sehen bei einer Verwirklichung der Reformvorschläge vor allem zwei schwer lösbare Zielkonflikte:

1. Es besteht ein Widerspruch zwischen einer (scheinbar) objektivierten Leistungsmessung und einer partizipatorischen Unterrichtsgestaltung. Die Bildungskommission möchte zwar die Bewertung von Schülerleistungen als „angstfreie Selbstkontrolle" angesehen wissen, müßte aber zur Lösung dieses Konflikts, der die Schule angesichts des Berechtigungswesens und des Numerus clausus schwer belastet, weiterführende Vorschläge machen.
2. Es besteht ein gewisser Widerspruch zwischen der intendierten Selbständigkeit der Schule und der in einem gewissen Umfang notwendigen Einheitlichkeit des Schulwesens. Hier unterstreichen die Freien Schulen mit Nachdruck die Stellungnahme der Bildungskommission: „Mehr als diese Einheitlichkeit des Schulwesens ist die individuelle Förderung und Entfaltung des einzelnen Schülers und damit ein gewisses Maß an Mannigfaltigkeit und Verselbständigung die Voraussetzung der Chancengleichheit."

V. Die in der Arbeitsgemeinschaft vertretenen Schulverbände und Schulen sind bereit, an der Weiterentwicklung und Verwirklichung der Empfehlungen der Bildungskommission mitzuarbeiten und dabei die Erfahrungen einzubringen, die Freie Schulen bisher gemacht haben. Dabei könnte sich zeigen,

- daß die „Verantwortung für eine mitgestaltete Schule" am stärksten gefördert würde durch die freie Wahl der Schule;
- daß es bei der Praxis von Selbständigkeit und Teilhabe nicht so sehr um „Prozesse der Kritik und Kontrolle", sondern vielmehr um die Weckung von Spontaneität, gestalterischer Phantasie und Eigenverantwortung geht;
- daß sich mit der Durchführung der Empfehlungen *allein* an den Schulen noch nichts ändert, sondern daß lediglich Bedingungen geschaffen werden, unter denen eine Verbesserung unseres Schulwesens möglich wird.

Autorenverzeichnis

Antpöhler, P., Arthur, Ordinariatsdirektor, Leiter des Schuldezernates im Bischöflichen Generalvikariat Trier.

Bauer, Herbert, Prodekan in Nürnberg, Landesvorsitzender des Gesamtverbandes Evangelischer Erzieher in Bayern. Mitglied des Vorstands der Arbeitsgemeinschaft Freier Schulen. Veröffentlichungen in religionspädagogischen Zeitschriften.

Becker, Gerold Ummo, Leiter der Odenwaldschule, Ober Hambach; Vorstandsmitglied der Vereinigung Deutscher Landerziehungsheime. Veröffentlichungen vor allem zu Fragen des Schulbaus und der Jugendkunde.

Bölckow, Walter, Dr., Oberstudiendirektor, Leiter der Wichern-Schule, Hamburg.

Brehm, Anton, Leiter des pädagogischen Ausschusses des Freien Katholischen Modellschulwerks Ravensburg-Weingarten e. V.

Csordás, Sr. Michaele OSB, Leiterin der Heimschule Kloster Wald.

Dietzfelbinger, Ernst, Dr., Oberstudiendirektor i. K., Leiter der Wilhelm-Löhe-Schule, Nürnberg. Veröffentlichungen zu pädagogischen Fragen.

Dikow, Joachim, Dr., Leiter der Hauptabteilung Schule und Erziehung des Bischöflichen Generalvikariates Münster, Vorsitzender der Katholischen Landeskonferenz für Schule und Erziehung in Nordrhein-Westfalen, Mitglied des Vorstands der Arbeitsgemeinschaft Freier Schulen. Veröffentlichungen zu schulpolitischen Fragen sowie zu Fragen der Ganztagsschule.

Erbe, Hans-Walter, Dr., Oberstudiendirektor i. R. (früher Leiter der Stiftung Landschulheim am Solling, Holzminden). Zahlreiche Veröffentlichungen über pädagogische und schulpolitische Themen.

Fackler, Richard, Dr., berät und betreut als Oberrechtsrat im Bischöflichen Ordinariat München und Freising 150 Freie katholische Gymnasien und Realschulen in Bayern. Mitglied des Vorstands der Arbeitsgemeinschaft Freier Schulen.

Fischer, Günter, Dr., Leiter der Schule Marienau. Mitglied des Arbeitsausschusses der Arbeitsgemeinschaft Freier Schulen in Niedersachsen. Veröffentlichungen vor allem zu Fragen des Schulspiels und des Schultheaters und zum Bereich der audiovisionellen Medien.

Friemelt, Ansgar, Studiendirektor und Schulleiter der Heinrich-Brügger-Schule an der Fachklinik für Kinder und Jugendliche in Wangen/Allgäu.

Gutbrod, Heinrich, Oberstudiendirektor i. K. (früher Schul- und Internatsleiter des Gymnasiums Wilhelmsdorf mit Internaten); Vorsitzender des Evangelischen Schulbundes in Südwestdeutschland.

Heckel, Hans, Dr., Ministerialdirigent a. D., em. Professor für Recht und Verwaltung des Bildungswesens im Deutschen Institut für internationale pädagogische Forschung, Frankfurt. Zahlreiche Veröffentlichungen zum Schulrecht, u. a. Deutsches Privatschulrecht, 1955; Schulrecht und Schulpolitik, 1967; Schulrechtskunde, 4. Aufl., 1969.

Homeyer, Josef, Dr., Sekretär der Deutschen Bischofskonferenz, der gemeinsamen Synode der Bistümer in der Bundesrepublik Deutschland und des Verbandes Deutscher Diözesen.

Kranich, Ernst-Michael, Dr., seit 1962 Leiter des Pädagogischen Seminars des Bundes der Freien Waldorfschulen in Stuttgart mit Lehrauftrag über pädagogische Anthropologie und Didaktik des naturwissenschaftlichen Unterrichts. Mitglied des Vorstands des Bundes der Freien Waldorfschulen. Veröffentlichungen zu Grundfragen der Anthropologie, zur Vorschulerziehung und zum naturkundlichen Unterricht.

Klemens, Ulrich, Leiter der von Bodelschwinghschen Anstalten, Bethel.

Meijering, P. D. Meertinus, Dr., Vorstandsmitglied der Stiftung Deutsche Landerziehungsheime Hermann-Lietz-Schule und beauftragt mit der Oberleitung der Schule.

Picht, Georg, Dr., ordentlicher Professor für theologische Philosophie an der Universität Heidelberg. Von 1946 bis 1955 Leiter des Landerziehungsheims Schule Birklehof, Hinterzarten. Leiter der Forschungsstätte der evangelischen Studiengemeinschaft. Mitglied des Deutschen Ausschusses für das Erziehungs- und Bildungswesen. Zahlreiche Veröffentlichungen zu politischen, philosophischen und pädagogischen Themen, u. a. „Die deutsche Bildungskatastrophe“, 1964; „Die Verantwortung des Geistes“, 1965; „Mut zur Utopie“, 1969.

Potthast, Karl-Heinz, Oberstudiendirektor i. K., Leiter der Hans-Ehrenberg-Schule, Sennestadt. Vorsitzender des Arbeitsausschusses der Arbeitsgemeinschaft Evangelischer Schulbünde in der Bundesrepublik, des Evangelischen Schulbundes in Nordwestdeutschland und Berlin sowie der Arbeitsgemeinschaft Freier Schulen in Nordrhein-Westfalen. Mitglied der Landessynode und geschäftsführender Vorsitzender des Comenius-Instituts. Mitglied des Vorstands der Arbeitsgemeinschaft Freier Schulen. Zahlreiche Veröffentlichungen zu pädagogischen Fragen.

Reichel, Günter, Pfarrer der Evangelisch-Lutherischen Landeskirche in Bayern. Seit 1972 Schulreferent der Schulen in freier Trägerschaft in Neuendettelsau.

Reichel, Waldemar, Dr., Oberstudiendirektor i. R. (zuletzt Direktor des Zinzendorf-Gymnasiums, Königsfeld).

Rosenboom, Johannes, Oberstudiendirektor i. K., Leiter des Paul-Schneider-Gymnasiums mit Internaten, Meisenheim am Glan, Kreis Kreuznach, der Evangelischen Kirche im Rheinland.

Schäfer, Walter, Dr., Oberstudiendirektor i. R. (früher Leiter der Odenwaldschule, Ober Hambach); Professor an der Universität in Heidelberg. Mitherausgeber der Schriftenreihe „Aus den Deutschen Landerziehungsheimen" und „Erziehung und Unterricht heute". Zahlreiche Veröffentlichungen zur Schul- und Unterrichtsorganisation sowie zu didaktischen und methodischen Fragen, u. a. „Paul Geheeb, Briefe", 1970.

Vogel, Johann Peter, Dr., Rechtsanwalt in Berlin. Berater von Verbänden Freier Schulen und wissenschaftlicher Gesellschaften. Geschäftsführendes Vorstandsmitglied der Arbeitsgemeinschaft Freier Schulen, Vorsitzender der Arbeitsgemeinschaften Freier Schulen in Baden-Württemberg und Niedersachsen. Veröffentlichungen auf schulrechtlichem, arztrechtlichem und musikwissenschaftlichem Gebiet.

Weidauer, Klaus, Dr., Leiter der Schule Birklehof, Hinterzarten. Vorstandsmitglied der Vereinigung Deutscher Landerziehungsheime und Mitglied des Vorstands der Arbeitsgemeinschaft Freier Schulen.

Bildung und Erziehung

Heft 5 / Oktober 1974, Ernst Klett Verlag (ISBN 3-12-976850-5)

Alternativen zum Bildungssystem:

„Die von Ivan Illich eingeleiteten Rufe nach einer „Entschulung" der Gesellschaft oder zumindest nach der Einrichtung „freier Schulen" zielen auf eine totale Ausschaltung der staatlichen und öffentlich-rechtlichen Instanzen von der Einflußnahme auf den Bildungsbereich. Im Gegensatz dazu wird unter dem Begriff „Recurrent Education" eine Theorie präsentiert, welche die Organisation des freiwilligen, auf dem Wechsel von gesellschaftlich notwendiger Arbeit und (auf dem Pflichtschulbesuch aufbauender) Weiterbildung beruhenden Lernens durch neu zu schaffende staatliche bzw. öffentlich-rechtliche Institutionen vorsieht ... Das vorliegende Heft will einen Beitrag zur Diskussion dieser Thematik leisten, indem — größtenteils ausländische — Autoren vorgestellt werden, die zur Frage nach Alternativen zu den bestehenden Schulsystemen von den beiden erwähnten Ansätzen her Stellung nehmen."